고퀄리티 저자직강
무료 제공

😀 현직 세무사의 친절하고 자세한 필기이론 무료강의

KB210580

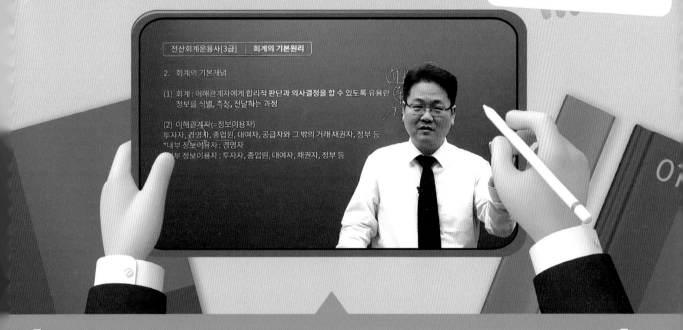

전산회계운용사[3급] | 회계의 기본원리

2. 회계의 기본개념

(1) 회계 : 이해관계자에게 합리적 판단과 의사결정을 할 수 있도록 유용한
    정보를 식별, 측정, 전달하는 과정

(2) 이해관계자(=정보이용자)
    투자자, 경영자, 종업원, 대여자, 공급자와 그 밖의 거래 채권자, 정부 등
    *내부 정보이용자 : 경영자
    *외부 정보이용자 : 투자자, 종업원, 대여자, 채권자, 정부 등

전산회계운용사 합격에 필요한 모든 필기이론 완벽 강의

수강방법

① 시대에듀
(www.sdedu.co.kr) 접속

② 무료강의

③ 자격증 / 면허증

④ 경제 / 금융 / 회계

⑤ 전산회계운용사 필기

※ 강의 신청일로부터 100일 동안 무제한 무료시청 가능합니다.

2025 무료동영상 강의를 제공하는
전산회계운용사 3급 필기

Always **with you**

사람의 인연은 길에서 우연하게 만나거나 함께 살아가는 것만을 의미하지는 않습니다.
책을 펴내는 출판사와 그 책을 읽는 독자의 만남도 소중한 인연입니다.
시대에듀는 항상 독자의 마음을 헤아리기 위해 노력하고 있습니다. 늘 독자와 함께하겠습니다.

머리말

회계학은 체계적인 학문이지만 공부하다 보면 어렵다는 것을 실감합니다. 그래서 본 교재의 특정한 부분에서는 핵심내용에 보다 쉽게 접근하는 방법을 소개하고 있습니다. 다소 내용이 직설적이더라도 해당 방식이 여러분의 회계학 학습에 도움이 될 것이라 확신합니다.

일단 공부를 시작하게 되면 중간에 잘 모르는 부분이 있더라도 끝까지 보는 것이 중요합니다. 회계시스템을 한 번 보고 완전히 이해하여 주요 내용을 완벽히 암기한다는 것은 거의 불가능에 가깝습니다. 따라서 여러 번 읽고 외우고 연습하여 자기 것으로 소화하는 과정이 반드시 필요합니다.

시험목적에 맞는 개념설명과 함께 그에 따른 예제와 연습문제를 구성하였고 최신 기출문제를 통해 과거 출제된 유형과 시험경향을 분석하여 앞으로의 시험을 대비하고자 하였습니다.

회계학은 논리적인 학문이지만 이 교재에서는 기술적인 스킬을 보다 강조합니다. 적절한 노력이 투입된다면 들어간 시간 이상의 효과가 점수로 나타날 것입니다. 또한 보다 좋은 점수를 받기 위해 반드시 기출된 문제를 풀어보시길 바랍니다. 문제은행 방식의 시험을 준비하는데 있어 기출문제 학습은 매우 중요합니다!

본 교재가 여러분들의 전산회계운용사 3급 자격취득에 도움이 되었으면 하는 바람입니다. 합격의 영광이 있기를 기원하며 이 시험을 통해 더 높은 수준의 공부를 시작하는 계기가 되기를 희망합니다. 여러분들은 많은 것을 이룰 수 있는 사람들입니다!

또한 교재가 출간될 수 있도록 도움주신 편집자분들께 지면을 통해 감사의 마음을 전합니다.

편저자 **고민석** 올림

자격시험 안내

🔼 종목소개

방대한 회계정보의 체계적인 관리 필요성이 높아짐에 따라 전산회계운용 전문가에 대한 기업 현장의 수요도 증가하고 있습니다. 전산회계운용사 3급은 회계원리에 관한 지식을 갖추고 기업체 등의 회계실무자로서 회계정보시스템을 이용하여 회계업무를 처리할 수 있는 능력의 유무를 평가합니다.

🔼 시험과목 및 평가방법

등급		시험과목	출제형태	시험시간	합격기준(100점 만점)
1급	필 기	재무회계 원가관리회계 세무회계	객관식 60문항	80분	과목당 40점 이상이고 전체 평균 60점 이상
	실 기	회계시스템의 운용	컴퓨터 작업형	100분	70점 이상
2급	필 기	재무회계 원가회계	객관식 40문항	60분	과목당 40점 이상이고 전체 평균 60점 이상
	실 기	회계시스템의 운용	컴퓨터 작업형	80분	70점 이상
3급	필 기	회계원리	객관식 25문항	40분	60점 이상
	실 기	회계시스템의 운용	컴퓨터 작업형	60분	70점 이상

※ 계산기는 일반계산기만 지참 가능하며, 실기프로그램은 CAMP sERP, New sPLUS 중 택 1

🔼 시험일정 및 접수방법

구 분	내 용
시험일	상시(시험개설 여부는 시험장 상황에 따라 다름)
접수기간	개설일로부터 4일 전까지 인터넷 접수 또는 방문 접수
합격발표	대한상공회의소 자격평가사업단 홈페이지(license.korcham.net) 또는 고객센터(02-2102-3600) • 필기 : 시험일 다음 날 오전 10시 • 실기 : 시험일이 속한 주를 제외한 2주 뒤 금요일
검정수수료	필기 : 17,000원 / 실기 : 22,000원 ※ 인터넷 접수 시 수수료 1,200원 별도 부과

🔼 응시자격 ▍ 제한없음

🔺 전산회계운용사 3급 필기 출제기준

과목명	주요항목(능력단위)	세부항목(능력단위요소)	세세항목
회계원리	회계와 순환과정	회계의 기초	회계의 기초개념, 분류, 역할 등
			재무상태와 경영성과의 이해
			재무보고를 위한 개념체계
		회계순환과정	회계의 순환과정과 각 절차의 목적
			전표회계
			결산의 절차 및 결산정리의 이해
			당기순손익 계산의 이해
	재무제표 작성	재무제표 작성	재무상태표
			포괄손익계산서
	재무제표 요소	현금및현금성자산	현 금
			요구불예금
			현금성자산
		금융자산	금융자산의 의의, 취득 및 평가, 처분
			금융상품과 지분상품의 구분
		매출채권과 매입채무	외상매출과 외상매입(운반비 포함)
			매출처원장과 매입처원장
			어 음
			매출채권의 손상
		기타채권과 채무	대여금과 차입금, 미수금과 미지급금
			선급금과 선수금, 가지급금과 가수금
			예수금
		재고자산	취득원가의 결정
			원가배분 : 수량의 흐름, 단가의 결정
			재고자산 단가 결정의 효과
		유형자산	취득원가 결정
			감가상각, 제거(처분)
			취득 후 지출
		무형자산	무형자산의 인식, 분류
		자 본	자본의 의의, 분류
			개인기업의 자본
		수익과 비용	수익의 개념과 회계처리
			비용의 개념과 회계처리
			종업원급여

이 책의 구성과 특징

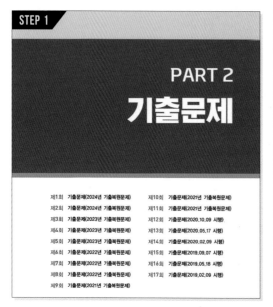

최신 기출문제 17회분 수록

2021년 기출 비공개 및 상시시험 전환 이후 진행된
기출복원 11회분을 포함한 최신 기출문제 17회분 수록

과년도 기출문제 7회분 온라인 추가 제공

문제은행 방식으로 출제되는 시험의 특징에 맞추어
과년도 기출문제 7회분 온라인 추가 제공 (p.186 참고)

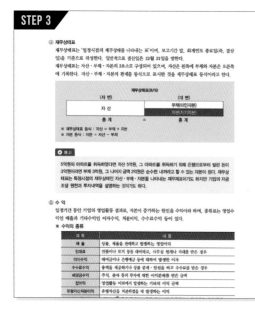

출제기준 및 회계기준 완벽 반영

빈출도 및 최신 회계기준에 맞추어 집필된 이론

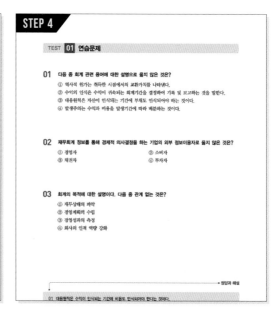

풍부한 예시&예제와 연습문제

이해를 돕기 위한 다양한 예시&예제와
이해도 점검을 위한 단원별 연습문제 수록

이 책의 차례

이 책의 차례

제2편

기출문제

제3편

정답 및 해설

PART 1
이 론

아이들이 답이 있는 질문을 하기 시작하면 그들이 성장하고 있음을 알 수 있다.

– 존 J. 플롬프 –

회계원리

01 회계의 기본원리

회계의 정의를 살펴보기에 앞서 간략히 부기에 대한 내용을 확인한다. 왜냐하면 이후 내용에서 복식부기라는 단어를 자주 접하게 되기 때문에 부기의 개념과 회계와의 대략적인 차이점을 여기서 검토하는 것이 필요하다.

1 부기의 기본개념

(1) 부 기

부기란 기업의 경영활동을 통해 발생하는 재화와 채권·채무 등의 경제가치 변화를 일정한 원리원칙에 의하여 계산·기록·정리하는 과정이다.

(2) 기록·계산 방법에 의한 부기의 분류

① 단식부기 : 일정한 원리원칙이 없이 현금의 수입과 지출을 중심으로 기입하는 회계처리방법으로 현금출납장이나 가계부가 대표적인 예이다.

② 복식부기 : 하나의 거래를 일정한 대차평균의 원리(오른쪽(대변)과 왼쪽(차변)의 합이 같다는 개념으로 추후 학습할 예정)에 따라 차변과 대변에 기록하는 방식이다. 일정한 원리원칙에 의해 재화(물건 등)의 증감은 물론 손익(손실과 이익)의 발생을 조직적으로 기록, 계산하여 기장하는 방식으로 정확한 재무상태와 손익상태를 파악할 수 있다. '자산 = 부채 + 자본'의 기본구조를 갖는다.

단식부기	복식부기
• 필요한 거래사실만 임의적으로 장부에 기록 • 기장[주] 오류 발견이 어려움 • 주관적, 임의적으로 기록	• 거래를 체계적으로 장부에 기록 • 자기검증으로 오류 발견이 용이 • 객관적 원리, 원칙에 의하여 기록

주) 기장 : 거래 내용을 장부에 적는 행위

(3) 부기와 회계의 차이점

회계는 기업의 이해관계자들이 합리적인 의사결정을 할 수 있도록 유용한 정보를 식별, 측정, 전달하는 과정이며, 부기는 그 회계의 정의 안에 포함된 작은 원과 같은 것으로 일종의 재무정보 산출을 위한 기술적인 부분이라 할 수 있다.

2 회계의 기본개념

(1) 회 계

회계는 부기에 의하여 얻어진 회계장부를 인식·측정·식별하여 기업의 이해관계자들(투자자, 주주, 채권자, 거래처, 경영자, 종업원, 정부기관 등)이 합리적인 판단과 의사결정을 할 수 있도록 기업실체에 관한 유용한 정보를 식별하고 측정하여 전달하는 과정이다.

(2) 회계의 목적

회계는 기업의 회계 정보이용자(= 이해관계자)가 한정된 자원을 효율적으로 배분하기 위하여 합리적인 의사결정에 필요한 유용한 정보를 제공하는 데 기본 목적이 있다.

정보이용자	정보수요
투자자	투자위험을 감수하는 자본제공자와 그들의 투자자문가는 투자에 내재된 위험과 투자수익에 대한 정보에 관심을 갖는다(주식의 매수, 매도, 보유 의사결정 및 배당능력 평가에 필요한 정보를 필요로 함).
경영자	경영방침 및 경영계획 수립을 위한 자료를 제공한다.
종업원	고용주인 기업의 안정성과 수익성에 대한 정보에 관심을 갖는다(기업보수, 퇴직급여, 고용기회 제공능력을 평가할 수 있는 정보 제공).
대여자	대여금과 대여금에 대한 이자가 지급기일에 적절히 지급되는지를 결정하는 데 도움을 줄 수 있는 정보를 필요로 한다.
공급자와 그 밖의 거래 채권자	기업의 지급기일 내 지급능력을 결정하기 위한 정보를 필요로 한다.
고 객	특정 기업과 장기간 거래관계를 유지하고 있거나 의존도가 높은 경우에 그 기업의 존속가능성에 대한 정보에 관심을 갖는다.
정부와 유관기관	기업활동 규제, 조세정책 결정(과세결정의 기초자료 제공), 국민소득 등 통계자료의 근거로 사용한다.
일반 대중	기업의 성장과 활동범위에 관한 추세와 현황에 대한 정보를 얻을 수 있다.

이를 내부 정보이용자와 외부 정보이용자로 구분하면 다음과 같다.

☆ 내부 정보이용자	경영자
외부 정보이용자	투자자, 종업원, 대여자, 채권자, 주주, 고객, 정부, 일반 대중 등

(3) 회계 정보이용자에 따른 기업회계의 구분

① 재무회계

기업의 외부 이해관계자(주주, 채권자 등)의 합리적인 의사결정을 위해 유용한 정보를 제공하는 것을 목적으로 하는 회계를 말한다. 그러나 외부 정보이용자가 요구하는 정보는 다양하므로 모든 정보수요를 충족시키는 것은 현실적으로 불가능하다. 그러므로 재무회계는 일반적으로 인정된 회계원칙(GAAP)에 따라 일반목적의 재무제표를 작성하여 회계 정보이용자들이 필요로 하는 공통적인 정보를 정기적으로 제공한다.

② 관리회계

　기업의 내부 이해관계자인 경영자가 계획을 수립하고 합리적인 의사결정을 할 수 있도록 유용한 정보를 제공하는 것을 목적으로 하는 회계이다. 관리회계는 경영자의 의사결정에 필요한 정보를 제공하는 것이 목적이므로 일정한 기준이나 양식에 제약을 받지 않고 필요할 때에 수시로 정보를 제공한다.

구 분	☆ 재무회계	☆ 관리회계
정보이용자	외부 이해관계자(주주, 채권자 등)	내부 이해관계자(경영자)
목 적	외부 이용자의 의사결정을 위한 정보 제공	내부 이용자의 의사결정을 위한 정보 제공
정보의 성격	과거 지향적	미래 지향적
작성근거	일반적으로 인정된 회계원칙	일반적인 기준 없음
보고수단	재무제표	특수목적 보고서

> **··· 참고**
>
> '정보이용자 ≒ 이용자 ≒ 이해관계자' 같은 개념이다.

(4) 회계단위(장소적 범위)

　기업의 자산·부채·자본의 증감 변화와 그 원인을 기록·계산하는 장소적 범위를 회계단위라 한다.
　예 본점과 지점, 본사와 공장

(5) 회계기간(시간적 범위)

　기업의 경영활동은 영업을 개시하여 폐업에 이르기까지 계속적으로 이루어지지만 일정기간 동안의 경영성과를 명백히 계산하기 위하여 6개월 또는 1년 등의 적당한 기간을 구분·설정하는데, 이것을 회계연도 또는 회계기간이라 하며, 1년을 초과할 수 없다.

① 기초 : 회계기간의 첫날
② 기중 : 보고기간 동안
③ 기말 : 회계기간의 마지막 날
④ 개인기업 : 1월 1일부터 12월 31일까지
⑤ 법인기업 : 정관에 규정

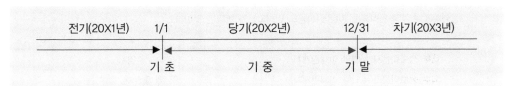

01 다음 중 회계 관련 용어에 대한 설명으로 옳지 않은 것은?

① 역사적 원가는 취득한 시점에서의 교환가치를 나타낸다.
② 수익의 인식은 수익이 귀속되는 회계기간을 결정하여 기록 및 보고하는 것을 말한다.
③ 대응원칙은 자산이 인식되는 기간에 부채도 인식되어야 하는 것이다.
④ 발생주의는 수익과 비용을 발생기간에 따라 배분하는 것이다.

02 재무회계 정보를 통해 경제적 의사결정을 하는 기업의 외부 정보이용자로 옳지 않은 것은?

① 경영자   ② 소비자
③ 채권자   ④ 투자자

03 회계의 목적에 대한 설명이다. 다음 중 관계 없는 것은?

① 재무상태의 파악
② 경영계획의 수립
③ 경영성과의 측정
④ 회사의 인적 역량 강화

●정답과 해설

01 대응원칙은 수익이 인식되는 기간에 비용도 인식되어야 한다는 것이다.

02

내부 정보이용자(= 내부 이해관계자)	경영자
외부 정보이용자(= 외부 이해관계자)	주주, 채권자, 정부 등

03 회계의 목적과 회사의 인적 역량 강화는 특별한 관련이 없다.

정답 01 ③ 02 ① 03 ④

3 거 래

(1) 거래의 의의

회계상의 거래란 회계주체인 자산·부채·자본(수익, 비용)의 변동을 초래하는 모든 사건으로서 화폐액으로 표시 가능한 것을 말한다. 즉, ① 재무상태의 변동과 ② 화폐액으로 표시 가능이라는 두 가지 조건을 충족시킬 수 있는 경제적 사건을 말한다.

구 분	사 례
회계상 거래	화재, 도난, 분실, 대손, 감가 등
공 통	현금의 수입과 지출, 상품매매, 채권·채무의 증가와 감소, 비용의 지급, 수익의 수입 등
☆일반적인 거래 (회계상 거래 아님)	임대차계약, 상품 주문, 종업원 채용 등

예제

다음 중 회계상 거래는 ○, 회계상 거래가 아닌 것은 ×로 표기하여라.

(1) 화재로 인하여 창고 건물 3,000,000원이 소실되다.　　　　　(　　)
(2) 현금 1,000,000원을 출자하여 영업을 개시하다.　　　　　(　　)
(3) 상품 500,000원을 주문하다.　　　　　(　　)
(4) 김포상점에서 상품 300,000원을 외상으로 매입하다.　　　　　(　　)
(5) 종업원의 급여 800,000원을 주기로 하고 채용하다.　　　　　(　　)
(6) 거래처의 파산으로 외상매출금이 회수불능(대손)되다.　　　　　(　　)
(7) 상품 400,000원을 매출하고, 대금은 월말에 받기로 하다.　　　　　(　　)
(8) 월세 5,000원을 주기로 하고, 건물의 임대차 계약을 맺다.　　　　　(　　)
(9) 현금 820,000원을 도난당하다.　　　　　(　　)

풀이

회계상 거래가 되기 위해서는 자산, 부채, 자본의 증감변화가 있어야 한다. 따라서 화재로 인한 손실·대손·도난 등은 회계상 거래가 된다. 그러나 단순히 상품을 주문하거나 종업원 채용계약, 단순 임대차계약 등은 일상생활에서는 거래이나 회계상 거래는 아니다.

정답

(1) ○, (2) ○, (3) ×, (4) ○, (5) ×, (6) ○, (7) ○, (8) ×, (9) ○

(2) 거래의 8요소

지금부터는 복잡한 암호문을 만들려고 한다. 이 암호문을 통해 회사에서 일어나는 모든 일들을 처리할 것이다. 암기보다 이해하면서 내용을 본다면 더 정확하고 쉬운 접근이 가능하다.

➕ 예시

고급 음식점을 만들어 장사를 한다고 가정해보자.

사업을 시작하기에 앞서 우선 어느 정도의 규모로 할 것인지 결정하고, 그에 따른 자금소요는 얼마나 되는지를 검토한다.

사업장을 빌리기 위한 자금, 사업장을 꾸미고 관련된 시설을 설치하는 인테리어, 운영에 들어가는 여러 가지 비용이 무엇이 있는지를 아래 표로 정리할 수 있다.

여러 가지 자금을 필요로 하는 분야 (주로 큰 돈이 들어감)	해당 자금을 조달하기 위한 방법
• 사업장을 빌리기 위한 자금(임차보증금) • 사업장 인테리어 • 주방시설장치 • 차량 등	• 남의 돈(빚) • 내 돈

이번에는 고급 음식점을 운영하면서 어떤 돈이 지출되고 벌리는지 생각해 보자.

사업을 위해 쓰는 돈	버는 돈
• 인건비 • 식재료비 • 월 세 • 전화요금, 수도요금, 전기요금 등	• 음식을 팔아 돈을 번다(매출).

이를 도식화하면 다음과 같다. 전체 흐름은 반시계방향으로 진행된다.

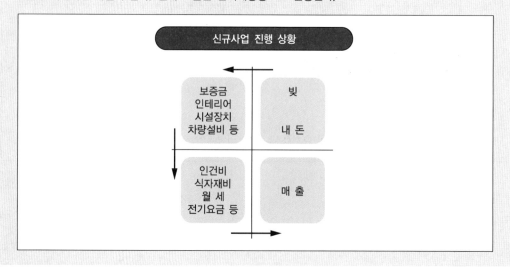

이를 우리가 공부하는 회계적인 접근 방식으로 바꾼다면 다음과 같다.

여러 가지 자금을 필요로 하는 분야	해당 자금을 조달하기 위한 방법
• 주로 눈에 보이는 사업장 모습 → 자산	• 남의 돈(빚) → 부채 • 내 돈 → 자본
• 사업을 위해 쓰는 돈 → 비용	• 버는 돈 → 수익

사람들은 자신에 대한 정보를 제공할 때 밝고 좋은 면을 우선 부각시킨다. 따라서 자산을 먼저 등장시키고 이후 이에 대한 자금조달의 원천인 부채와 자본을 얘기한다.

예를 들어 누군가와 사는 곳에 대해서 말한다면 집의 시세가 어떻게 되었는지를 먼저 언급하고 이후 그 집을 얻기 위해 얼마의 빚을 졌으며 순수한 내 돈은 얼마나 들어갔는지를 설명할 것이다(경우에 따라서는 생략하기도 한다).

반면, 사업을 할 때는 돈을 잘 번다라고 떠벌리고 다니지 않고 자신이 사업을 위해 얼마나 많은 돈을 집어넣는지를 얘기한다. 실제 사업을 하려면 항상 어떤 비용 지출이 선행된다. 그리고 나서 벌어들이기 시작한다.

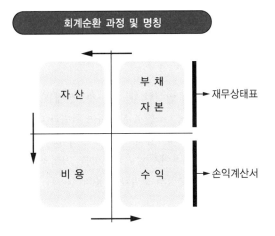

이제 복잡한 암호문에 쓰일 8가지 알파벳을 자산, 부채, 자본, 비용, 수익을 가지고 만들어 볼 것이다. 암호문이란 회사에서 발생되는 수많은 거래를 오른쪽과 왼쪽의 표시를 통해 짧게 줄여 분개하는 것이다.

편의상 왼쪽을 차변, 오른쪽을 대변이라 한다(이는 회계의 오래된 전통으로 원래 역사적 의미가 있으나 우리의 관심사항은 아니므로 고민하지 말고 외운다).

자기 자리에 있을 때를 (+)증가라고 하고 남의 자리에 가면 불편해서 (−)감소라고 한다.

자산은 왼쪽이 자기의 본래 자리이므로 왼쪽에 있을 때 자산의 증가라고 하고 남의 자리, 즉 오른쪽 부채와 자본쪽으로 갔을 때 자산의 감소라고 부른다. 이런 식으로 부채와 자본도 동일하게 적용하여 오른쪽에 부채(자본)가 있다면 부채(자본)의 증가, 왼쪽으로 건너가면 부채(자본)의 감소라고 한다.

비용과 수익은 증가와 감소라고 하지 않고 발생과 소멸이라고 한다. 왼쪽에 비용이 있다면 비용의 발생, 오른쪽 수익이 있다면 수익의 발생이다. 반면, 각각 반대쪽으로 이동할 경우 비용(수익)의 소멸이라 할 수도 있지만 일반적으로 이 부분은 거래의 8요소에 포함시키지는 않고 있다.

거래의 8요소를 요약하면 다음과 같다(시험에 직접적으로 출제되지는 않지만 이후 학습에서 매우 중요한 내용이므로 반드시 암기한다).

〈거래의 8요소〉

차 변	대 변
자산의 증가	자산의 감소
부채의 감소	부채의 증가
자본의 감소	자본의 증가
비용의 발생	수익의 발생

(3) 거래의 8요소와 결합관계

복식부기시스템에서는 회사의 거래가 발생할 때 이를 재무상태표 요소인 자산·부채·자본의 증감과 손익계산서 요소인 수익·비용의 발생·소멸로 분류하여 차변과 대변에 각각 같은 금액을 기록함으로써(거래의 이중성), 그 기록의 합계액(대차합계)이 항상 일치하도록(대차평균의 원리) 되어 있다. 이때 이러한 5가지 요소가 결합이 되어 이루어지는 거래유형을 '거래의 8요소'라 하며 다음과 같은 결합관계로 요약할 수 있다. 그런데 이 중 수익의 소멸과 비용의 소멸은 실제거래에서 거의 드물게 발생하므로 일반적인 거래요소에서 제외한다.

이제 필요한 것은 자산·부채·자본·수익·비용의 개념과 어떤 내용으로 구성되어 있는지를 아는 것이다. 왜냐하면 차변과 대변에 따라 그 의미가 180도 달라지기 때문이다.

구 분	내 용
자 산	과거사건의 결과로 기업이 통제하는 현재의 경제적자원
부 채	과거사건의 결과로 기업이 경제적자원을 이전해야 하는 현재의무
자 본	기업의 자산에서 모든 부채를 차감한 잔여지분
수 익	일정기간 동안 기업의 영업활동의 결과로 자본이 증가하는 원인
비 용	일정기간 동안 기업의 영업활동의 결과로 자본이 감소하는 원인

좀 더 구체적으로 살펴보면

구 분		계정과목
재무상태표 계정과목	자산계정	현금, 예금, 매출채권, 미수금, 대여금, 상품, 토지, 건물, 차량운반구, 비품, 기계장치, 보증금 등
	부채계정	매입채무, 차입금, 미지급금, 예수금 등
	자본계정	자본금, 자본잉여금, 이익잉여금 등
포괄손익계산서 계정과목	수익계정	매출, 임대료수익, 이자수익, 유형자산처분이익 등
	비용계정	매출원가, 종업원급여, 복리후생비, 보험료, 접대비, 임차료 등

① 자 산

자산이란 과거사건의 결과로 기업이 통제하는 현재의 경제적자원을 말한다.

※ 자산의 종류

계정과목	내 용
현 금	기업이 보유하고 있는 현금(지폐와 동전)
보통예금	입·출금이 자유로운 예금
당좌예금	지불수단의 편의를 위해 당좌수표를 발행하여 돈을 인출하기 위해 가입한 예금
정기예금	일정금액을 일정기간 동안 금융기관에 맡기고 일정한 기한 후에 일정금액과 이자를 받기로 한 예금
정기적금	목돈을 만들기 위해 일정기간 동안 일정금액씩 금융기관에 맡기고 일정한 기한 후에 목돈을 받기로 한 예금
상 품	상기업에서 판매를 목적으로 구입한 물건
제 품	제조기업에서 판매를 목적으로 만들어낸 물건
비 품	영업활동에 사용할 목적으로 구입한 책상, 컴퓨터, 에어컨 등
소모품	영업활동에 사용할 목적으로 구입한 사무용품 등
매출채권	상품을 외상으로 판매하고 돈 받을 권리(외상매출금 + 받을어음)
미수금	상품 이외의 자산을 외상으로 처분한 경우 돈 받을 권리
선급금	상품 등을 매입하기로 하고 먼저 지급한 계약금
단기대여금	1년 이내에 회수하기로 하고 빌려준 돈
장기대여금	1년 이후에 회수하기로 하고 빌려준 돈
단기금융상품	펀드 등 금융상품으로 만기가 결산일부터 1년 이내인 것
당기손익-공정 가치측정금융자산	단기간 보유목적으로 취득한 주식과 채권
토 지	회사가 보유하고 있는 땅
건 물	회사가 보유하고 있는 건물
차량운반구	영업용으로 사용하는 승용차, 승합차, 트럭 등
기계장치	제품생산을 위해 구입한 기계 등

② 부 채

부채란 과거사건의 결과로 기업이 경제적자원을 이전해야 하는 현재의무를 말한다. 경영활동 과정에서 타인으로부터 금전을 빌리거나 외상으로 상품을 매입한 경우에 발생하는 갚아야 할 빚을 의미한다.

※ 부채의 종류

계정과목	내 용
매입채무	상품을 외상으로 매입하고 지급할 의무(외상매입금 + 지급어음)
미지급금	상품 외의 물품을 외상으로 구입한 경우 지급할 의무
단기차입금	결산일로부터 1년 이내의 기간을 만기로 빌려온 돈
장기차입금	결산일로부터 1년 이후에 지급할 조건으로 현금을 빌려온 경우
선수금	상품 등을 판매하기로 하고 미리 받은 계약금
사 채	기업이 일반대중으로부터 자금을 조달할 목적으로 발행하는 채권

③ 자 본

자본이란 기업이 소유하고 있는 자산총액에서 부채총액을 차감한 잔액으로 순자산, 자기자본, 소유주지분이라고도 하며 다음과 같은 등식이 성립한다.

$$자 산 - 부 채 = 자본(순자산)$$

※ 자본의 종류

㉠ 법 인

과 목	내 용
자본금	회사의 주주가 출자한 재산(주식의 액면가액)
이익잉여금	회사의 경영활동으로 인한 순이익의 합계액

㉡ 개인기업

과 목	내 용
자본금	회사의 기업주가 출자한 재산
인출금	기업주의 기중 자본금 인출과 관련한 변동사항 처리

예제

다음 ( ) 안에 알맞은 금액을 산출하시오.

구 분	자 산	부 채	자 본
A회사	(1)	₩1,100,000	₩2,300,000
B회사	₩5,000,000	(2)	₩3,500,000
C회사	₩4,300,000	₩1,800,000	(3)

정답 ■

(1) ₩3,400,000, (2) ₩1,500,000, (3) ₩2,500,000

※ 위 예제보다 좀 더 심화된 개인기업의 추가출자금과 인출액을 고려한 문제는 제5장 자본 제1절 개인기업의 자본을 참고

예제

다음을 자산, 부채, 자본으로 분류하시오.

(1)	현 금	( )	(2)	제 품	( )	(3)	상 품	( )
(4)	사 채	( )	(5)	토 지	( )	(6)	자본금	( )
(7)	대여금	( )	(8)	비 품	( )	(9)	이익잉여금	( )
(10)	금융자산	( )	(11)	정기예금	( )	(12)	건 물	( )
(13)	미지급금	( )	(14)	기계장치	( )	(15)	보통예금	( )
(16)	단기차입금	( )	(17)	매출채권	( )	(18)	매입채무	( )
(19)	선급금	( )	(20)	선수금	( )	(21)	장기차입금	( )
(22)	미수금	( )	(23)	당좌예금	( )	(24)	차량운반구	( )

정답 ■

• 자산 : 1, 2, 3, 5, 7, 8, 10, 11, 12, 14, 15, 17, 19, 22, 23, 24
• 부채 : 4, 13, 16, 18, 20, 21
• 자본 : 6, 9

④ 재무상태표

재무상태표는 '일정시점의 재무상태를 나타내는 표'이며, 보고기간 말, 회계연도 종료일(즉, 결산일)을 기준으로 작성한다. 일반적으로 결산일은 12월 31일을 말한다.

재무상태표는 자산·부채·자본의 3요소로 구성되어 있으며, 자산은 왼쪽에 부채와 자본은 오른쪽에 기록한다. 자산·부채·자본의 관계를 등식으로 표시한 것을 재무상태표 등식이라고 한다.

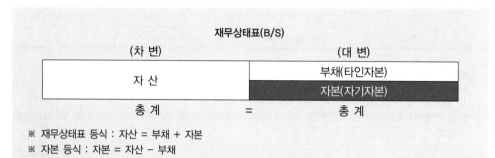

재무상태표(B/S)

(차 변)	(대 변)
자 산	부채(타인자본)
	자본(자기자본)
총 계 =	총 계

※ 재무상태표 등식 : 자산 = 부채 + 자본
※ 자본 등식 : 자본 = 자산 − 부채

> ➕ **예시**
>
> 5억원의 아파트를 취득하였다면 자산 5억원, 그 아파트를 취득하기 위해 은행으로부터 빌린 돈이 3억원이라면 부채 3억원, 그 나머지 금액 2억원은 순수한 내꺼라고 할 수 있는 자본이 된다. 재무상태표는 특정시점의 재무상태인 자산·부채·자본을 나타내는 재무제표이기도 하지만 기업의 자금조달 원천과 투자내역을 설명하는 것이기도 하다.

⑤ 수 익

일정기간 동안 기업의 영업활동 결과로, 자본이 증가하는 원인을 수익이라 하며, 종류로는 영업수익인 매출과 기타수익인 이자수익, 처분이익, 수수료수익 등이 있다.

※ 수익의 종류

과 목	내 용
매 출	상품, 제품을 판매하고 발생하는 영업이익
임대료	건물이나 토지 등을 대여하고, 사무실 월세나 지대를 받은 경우
이자수익	대여금이나 은행예금 등에 대하여 발생한 이자
수수료수익	용역을 제공하거나 상품 중개·알선을 하고 수수료를 받은 경우
배당금수익	주식, 출자 등의 투자에 대한 이익분배를 받은 금액
잡이익	영업활동 이외에서 발생하는 기타의 이익 금액
유형자산처분이익	유형자산을 처분하였을 때 발생하는 이익
자산수증이익	결손보전[주] 등을 목적으로 주주 등으로부터 무상으로 증여받은 자산 금액
채무면제이익	결손보전 등을 목적으로 채권자에 의해 채무를 면제받은 금액

주) 결손보전 : 손실을 메꾸다.

⑥ 비 용

일정기간 동안 기업의 영업활동 결과로, 자본이 감소하는 원인을 비용이라 하며, 종류로는 매출원가, 이자비용, 처분손실, 수수료비용, 접대비, 기부금 등이 있다.

※ 비용의 종류

과 목	내 용
매출원가	상품, 제품의 매출액에 대응하는 상품, 제품의 원가
종업원급여	직원에게 근로의 대가로 지급하는 금액
복리후생비	직원의 복리를 위해 지급하는 금액 예 직원식대, 직원회식비
임차료	토지, 건물 등의 부동산을 빌리고 지급하는 금액
접대비	영업 목적상 접대를 위하여 지출하는 금액
광고선전비	판매를 위한 홍보, 선전 등을 위한 지출액
여비교통비	업무상 교통요금과 출장경비 등으로 지급하는 금액
통신비	전화, 인터넷, 우편 등의 이용 금액
수도광열비	수도, 전기, 가스 등의 이용 금액
보험료	보험료 지급 금액
수선비	건물, 기계장치 등의 수리비
차량유지비	차량운행을 위한 유류비, 부품비 및 차량수리비
도서인쇄비	신문, 도서 등의 구입액 및 인쇄비
이자비용	차입금 등에 대한 이자로 지급하는 금액
수수료비용	용역의 제공을 받고 지급하는 수수료 금액
기부금	영업과 무관하게 기부하는 금품 및 물품의 금액

⑦ 손익계산서

손익계산서는 '일정기간 동안의 경영성과를 나타내는 표'를 의미한다. 일반적으로 기업의 회계기간은 1월 1일부터 12월 31일까지의 기간을 의미한다.

손익계산서(I/S)

(차 변)		(대 변)
비 용		
당기순이익		수 익
총 계	=	총 계

당기순이익 등식은 다음과 같다.

$$수 익 - 비 용 = 당기순이익$$

다음 계정을 수익과 비용으로 분류하시오.

(1)	종업원급여 ( )	(2)	배당금수익 ( )	(3)	여비교통비 ( )
(4)	임대료 ( )	(5)	수수료수익 ( )	(6)	매 출 ( )
(7)	기부금 ( )	(8)	접대비 ( )	(9)	잡이익 ( )
(10)	소모품비 ( )	(11)	세금과공과 ( )	(12)	수수료비용 ( )
(13)	도서인쇄비 ( )	(14)	잡손실 ( )	(15)	통신비 ( )
(16)	운반비 ( )	(17)	이자수익 ( )	(18)	채무면제이익 ( )
(19)	재해손실 ( )	(20)	임차료 ( )	(21)	복리후생비 ( )
(22)	광고선전비 ( )	(23)	차량유지비 ( )	(24)	수선비 ( )
(25)	매출원가 ( )	(26)	이자비용 ( )		

정답 ■

• 수익 : 2, 4, 5, 6, 9, 17, 18
• 비용 : 1, 3, 7, 8, 10, 11, 12, 13, 14, 15, 16, 19, 20, 21, 22, 23, 24, 25, 26

(4) 거래의 8요소와 계정 및 계정과목

본격적인 거래의 8요소를 이용한 암호문(분개)을 만들기 앞서 일상에서의 경제활동에 관한 기록을 어떻게 하는지 확인하는 것이 필요하다.

➕ 예시

왕초보씨의 한 달간의 경제활동은 다음과 같고 이와 관련한 가계부(용돈기입장)를 작성해 본다.

X월 1일 아버지로부터 용돈 ₩500,000을 받아 X월 5일 ₩100,000을 책 구입하는 데 사용했고, X월 10일 학원 수강료로 ₩200,000을 지급하였다. X월 15일 친구와 영화관람으로 ₩50,000을 지급하였으며, X월 20일 어머니로부터 용돈 ₩100,000을 받았다. X월 25일 부모님 선물구입으로 ₩50,000을 지출하였다.

왕초보씨는 용돈 내역을 파악하기 위하여 다음과 같이 일자별로 기재하였다.

X월	1일	아버지로부터 용돈 받음	₩500,000
	5일	서적구입	₩100,000
	10일	학원 수강료	₩200,000
	15일	영화관람	₩50,000
	20일	어머니로부터 용돈 받음	₩100,000
	25일	부모님의 선물구입	₩50,000

이를 일정한 형식에 맞춰 수입과 지출로 구분하면 다음과 같다.

날 짜		적 요	수 입	지 출
X월	1일	아버지로부터 용돈 받음	₩500,000	
	5일	서적구입		₩100,000
	10일	학원 수강료		₩200,000
	15일	영화관람		₩50,000
	20일	어머니로부터 용돈 받음	₩100,000	
	25일	부모님의 선물구입		₩50,000
			₩600,000	₩400,000

현금의 수입과 지출에 대한 정리만으로도 수입과 지출을 쉽게 확인할 수 있으며 현재 잔액도 계산할 수 있다. 위의 형식을 좀 더 단순화하여 아래와 같이 작성할 수 있으며, 이를 계정이라 한다(우체국에서 고객으로부터 받은 우편물을 배달지역에 따라 서울, 부산, 대구, 대전, 광주 등으로 분류할 것이다. 이렇게 분류하는 상자를 계정이라고 생각하면 된다).

(증가 : 수입)		현 금		(감소 : 지출)	
X/1	용 돈	500,000	X/5	서적구입	100,000
X/20	용 돈	100,000	X/10	학원 수강료	200,000
			X/15	영화관람	50,000
			X/25	선물구입	50,000

회계에서는 이와 같은 방식으로 어떤 항목의 증가와 감소를 구분하여 기록하는 장소를 계정이라고 하고 이때 자산·부채·자본·수익·비용에 속하는 개별적인 계정의 명칭을 계정과목이라고 한다.

(5) 거래의 이중성 ☆

거래의 결합관계에서 본 바와 같이 어느 한 쪽에 계정과 금액이 발생하면 그 반대쪽에도 계정과 금액이 발생하기 마련이다. 이와 같이 거래는 항상 동일한 금액의 원인과 결과가 되어 회계처리 시 양쪽에 영향을 미치게 된다. 이것을 거래의 이중성이라고 한다.

또한, 모든 거래는 서로 대립되어 양쪽에서 같은 금액이 발생한다. 회계는 이 양쪽의 변동을 동시에 기록하는 특징이 있다.

(6) 대차평균의 원리 ☆

모든 회계상의 거래는 반드시 어떤 계정의 차변과 다른 계정의 대변에 같은 금액을 기입(거래의 이중성)하므로, 아무리 많은 거래가 기입되더라도 계정 전체를 보면 차변금액의 합계와 대변금액의 합계는 반드시 일치하게 되는데, 이것을 '대차평균의 원리'라 한다.

이와 같은 대차평균의 원리에 의하여 복식부기는 기장이 완료된 후 기장이 정확히 되었는지 여부를 스스로 검증하는 능력인 '자기검증능력'을 가진다.

01 회계상 거래는 적어도 두 가지 이상의 계정에 영향을 주게 되는데 이러한 현상을 무엇이라고 하는가?

① 단식부기
② 거래의 이중성
③ 현금흐름표
④ 발생주의

02 다음에서 설명한 용어로 가장 알맞은 것은?

> 아무리 많은 거래가 기입되더라도 거래 전체를 통해서 본다면 차변 금액의 합계와 대변 금액의 합계는 반드시 일치하게 된다.

① 혼합거래
② 거래의 8요소
③ 결산정리
④ 대차평균의 원리

● 정답과 해설

01 회계상 거래는 항상 동일한 금액이 원인과 결과가 되어 회계처리 시 양쪽에 영향을 미치게 되는데 이를 거래의 이중성이라고 한다.

02 회계상의 거래는 반드시 어떤 계정의 차변과 다른 계정의 대변에 같은 금액을 기입하므로, 전체 거래의 차변과 대변의 합계금액은 항상 일치하게 되는데, 이것을 '대차평균의 원리'라 한다.

정답 01 ② 02 ④

03 다음 중 회계상의 거래가 아닌 것은?

① 현금 ₩200,000을 도난당하다.
② 화재로 인하여 장부금액 ₩100,000의 점포가 소실되다.
③ 사원을 부산에 출장 보내고 현금 ₩20,000을 개산하여 지급하다.
④ 월 급여 ₩50,000을 지급하기로 약속하고 사원을 채용하다.

04 다음 중 재무상태표 등식으로 옳은 것은?

① 자산 = 부채 + 자본
② 자산 = 부채 − 자본
③ 부채 = 자산 + 자본
④ 자본 = 부채 − 자산

05 다음 중에서 회계상의 거래에 해당하지 않는 것은?

① 대표이사에게 현금 ₩50,000을 단기 대여하다.
② D상회로부터 외상매출금 중 ₩70,000을 현금으로 회수하다.
③ 종업원에게 월정급여 ₩100,000을 지급하는 조건으로 고용하여 업무에 투입하다.
④ 주주에게 배당으로 현금 ₩500,000을 지급하다.

●─ 정답과 해설

03 회계상 거래가 되기 위해서는 자산, 부채, 자본의 증감변화가 있어야 한다. 따라서 주문, 계약(사무실 임차), 약속, 임직원 영입, 보관 등은 회계상 거래에 해당되지 아니한다.
※ 개산하다 : 대강 계산하다.

04 재무상태표 등식 : 자산 = 부채 + 자본

05

구 분	사 례
회계상 거래	화재, 도난, 분실, 대손, 감가 등의 자산 감소
공 통	현금의 수입과 지출, 상품매매, 채권·채무의 증가와 감소, 비용의 지급, 수익의 수입 등
일반적인 거래 (회계상 거래 아님)	임대차계약, 상품 주문, 종업원 채용(고용), 약속 등

정답 03 ④ 04 ① 05 ③

06 다음 자료를 이용하여 자본을 계산하면 얼마인가?

가. 매출채권	₩200
나. 현 금	₩300
다. 매입채무	₩60
라. 차입금	₩400
마. 미지급금	₩40
바. 건 물	₩2,000

① ₩1,600 ② ₩1,800

③ ₩2,000 ④ ₩2,200

07 거래의 이중성 원리에 의해 현금이 지급되는 결과가 발생할 수 있는 거래로 옳지 않은 것은?

① 상품을 매입하다.
② 소모품을 구입하다.
③ 차입금을 상환하다.
④ 외상매출금을 회수하다.

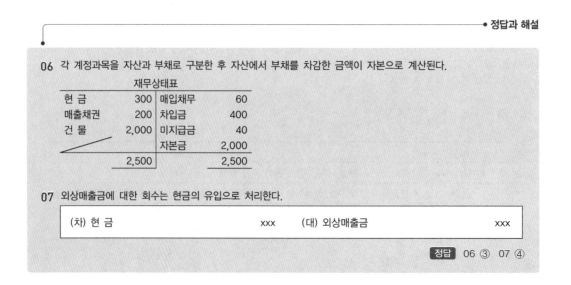

● 정답과 해설

06 각 계정과목을 자산과 부채로 구분한 후 자산에서 부채를 차감한 금액이 자본으로 계산된다.

재무상태표

현 금	300	매입채무	60
매출채권	200	차입금	400
건 물	2,000	미지급금	40
		자본금	2,000
	2,500		2,500

07 외상매출금에 대한 회수는 현금의 유입으로 처리한다.

(차) 현 금	xxx	(대) 외상매출금	xxx

정답 06 ③ 07 ④

08 다음은 (주)상공의 재무상태 및 재무성과에 대한 자료이다. 기말자산과 기말자본을 계산한 것으로 옳은 것은?

가. 기초자산	₩500,000
나. 기초부채	₩200,000
다. 기말부채	₩300,000
라. 기중 수익총액	₩600,000
마. 기중 비용총액	₩400,000

	기말자산	기말자본
①	₩600,000	₩300,000
②	₩600,000	₩400,000
③	₩800,000	₩400,000
④	₩800,000	₩500,000

09 대차평균의 원리에 관한 설명으로 옳은 것은?

① 자본의 증가는 반드시 자산의 감소를 가져온다.

② 장부기록에 대한 자기검증능력을 갖게 된다.

③ 자산의 총액은 부채총액에서 자본총액을 차감한 금액과 일치한다.

④ 모든 회계 거래를 분개하였을 때 차변의 합계액보다 대변의 합계액이 커야 한다.

● 정답과 해설

08 • 기초자산 500,000 − 기초부채 200,000 = 기초자본 300,000
  • 총수익 600,000 − 총비용 400,000 = 순손익 200,000
  • 기초자본 300,000 + 순손익 200,000 = 기말자본 500,000
  • 기말자본 500,000 + 기말부채 300,000 = 기말자산 800,000

09 거래가 발생하면 거래의 이중성에 의하여 차변과 대변에 기입되고, 금액도 일치하게 되며, 많은 거래가 발생하더라도 계정 전체로 본다면 차변과 대변의 합계액은 일치하게 되는데 이것을 대차평균의 원리라 한다. 이 대차평균의 원리에 의하여 복식부기는 자기검증능력을 갖게 된다.

정답 08 ④ 09 ②

4 분 개

(1) 분개의 개념

분개란 '회계상의 거래를 어느 계정에 기입할 것인가?', '기입할 금액은 얼마인가?', '어느 계정의 차변·대변에 기입할 것인가?' 등을 미리 결정하는 절차를 말한다. 암호문을 만든다는 것은 바로 분개를 한다는 의미이다.

이제부터 암호문(분개)의 세계로 들어가 보자.

회사에서 일어나는 많은 일들은 짧은 암호문을 이용해서 모두 표현되고 있다. 우리는 긴 회계상 거래 문장을 어떻게 차변과 대변을 이용해서 표현하는지 그 방법을 배워야만 한다.

처음 분개를 할 때는 다음과 같은 순서로 진행하는 것을 권한다.

① 분개를 하기 위해서는 어떤 내용이 나왔을 때 그 소속을 파악하는 것이 중요하다.
  - **TIP >** 예를 들어 지금 문제에 나온 것이 자산, 부채, 자본, 비용, 수익 중 어느 것에 속하는지를 확인하여야 정확한 분개를 할 수 있다.

② 가장 확실한 것부터 먼저 하자!
  - **TIP >** 일반적으로 현금이 가장 이해하기 쉽다. 현금부터 잡고 들어간다. 만일 현금이 없다면 현금을 대체할 만한 다른 것을 찾아 본다.

③ 항상 오른쪽과 왼쪽은 같다.
  - **TIP >** 따라서 한쪽이 완성되면 다른 쪽에 무엇이 있을지 고민해 본다.

➕ 예시

'경리부 직원의 야근식대 10,000원을 현금 지급하다.'를 분개한다고 가정해보자.

1. 직원의 야근식대는 어느 소속인지(비용)와 그에 대응되는 것은 무엇인지(자산) 확인하여야 한다.
2. 그 다음 확인된 것을 먼저 반영하는데 처음 공부하는 경우라면 현금이 가장 이해하기 쉽다. 따라서 현금이 지출되었다(= 나갔다, 감소되었다)는 사실이 분개라는 암호문을 만드는 데 있어 어디에 위치하는 것이 맞는지 파악해야 한다.

(차) 복리후생비(비용의 발생)	10,000	(대) 현 금(자산의 감소)	10,000

3. 그렇다면 차변에 비용이 올 때 구체적으로 어떤 이름을 붙여야 하는지 고민하게 되는데 이러한 어려움을 극복하기 위해서는 비용의 계정과목과 세부적인 내용까지 알고 있어야 한다.

(2) 분개 사례 검토

① 자산의 증가와 자산의 감소 거래

[예] (주)시대는 상품 ₩10,000을 현금으로 매입하다.

(차) 상 품(자산의 증가)　　　10,000　　(대) 현 금(자산의 감소)　　　10,000

② 자산의 증가와 부채의 증가 거래

[예] (주)시대는 상품 ₩1,000을 외상으로 매입하다.

(차) 상 품(자산의 증가)　　　1,000　　(대) 매입채무(부채의 증가)　　　1,000

③ 자산의 증가와 자본의 증가 거래

[예] (주)시대는 현금 ₩500,000을 출자하여 사업을 시작하다.

(차) 현 금(자산의 증가)　　　500,000　　(대) 자본금(자본의 증가)　　　500,000

④ 자산의 증가와 수익의 발생 거래

[예] (주)시대는 대여금에 대한 이자 ₩5,000을 현금으로 받다.

(차) 현 금(자산의 증가)　　　5,000　　(대) 이자수익(수익의 발생)　　　5,000

⑤ 부채의 감소와 자산의 감소 거래

[예] (주)시대는 매입채무 ₩10,000을 현금으로 지급하다.

(차) 매입채무(부채의 감소)　　　10,000　　(대) 현 금(자산의 감소)　　　10,000

⑥ 부채의 감소와 부채의 증가 거래

[예] (주)시대는 매입채무 ₩5,000을 차입금으로 상환하다.

(차) 매입채무(부채의 감소)　　　5,000　　(대) 차입금(부채의 증가)　　　5,000

⑦ 비용의 발생과 자산의 감소 거래

[예] (주)시대는 광고선전비 ₩15,000을 현금으로 지급하다.

(차) 광고선전비(비용의 발생)　　　15,000　　(대) 현 금(자산의 감소)　　　15,000

⑧ 비용의 발생과 부채의 증가 거래

[예] (주)시대는 접대비 ₩10,000을 미지급하다.

(차) 접대비(비용의 발생)　　　10,000　　(대) 미지급금(부채의 증가)　　　10,000

예제

다음 사항을 분개하시오(거래의 8요소 반영).

> (1) 상품 250,000원을 매입하고 대금은 외상으로 한다.
> (2) 영업용 책상과 의자를 100,000원에 구입하고, 대금은 월말에 지급하기로 하다.
> (3) 상품 300,000원을 매입하고, 대금은 현금으로 지급하다.
> (4) 현금 1,000,000원을 출자하여 영업을 개시하다.
> (5) 상품 50,000원을 매출하고, 대금은 외상으로 하다.
> (6) 외상매출금 30,000원을 현금으로 회수하다.
> (7) 이달분 종업원급여 500,000원을 현금으로 지급하다.
> (8) 전화요금 및 인터넷 사용료 120,000원을 현금으로 지급하다.
> (9) 상품판매를 알선하고, 중개수수료 80,000원을 현금으로 받다.
> (10) 사무실 월세 250,000원을 현금으로 지급하다.
> (11) 상품 350,000원을 매출하고, 대금은 현금으로 받다.
> (12) 단기차입금 500,000원과 그 이자 20,000원을 현금으로 지급하다.
> (13) 단기대여금 800,000원과 그 이자 30,000원을 현금으로 회수하다.

정답

(1)	(차) 매입(=상품)(자산의 증가)	250,000	(대) 외상매입금(부채의 증가)	250,000
(2)	(차) 비품(자산의 증가)	100,000	(대) 미지급금(부채의 증가)	100,000
(3)	(차) 매입(=상품)(자산의 증가)	300,000	(대) 현금(자산의 감소)	300,000
(4)	(차) 현금(자산의 증가)	1,000,000	(대) 자본금(자본의 증가)	1,000,000
(5)	(차) 외상매출금(자산의 증가)	50,000	(대) (상품)매출(수익의 발생)	50,000
(6)	(차) 현금(자산의 증가)	30,000	(대) 외상매출금(자산의 감소)	30,000
(7)	(차) 종업원급여(비용의 발생)	500,000	(대) 현금(자산의 감소)	500,000
(8)	(차) 통신비(비용의 발생)	120,000	(대) 현금(자산의 감소)	120,000
(9)	(차) 현금(자산의 증가)	80,000	(대) 수입수수료(수익의 발생)	80,000
(10)	(차) 지급임차료(비용의 발생)	250,000	(대) 현금(자산의 감소)	250,000
(11)	(차) 현금(자산의 증가)	350,000	(대) (상품)매출(수익의 발생)	350,000
(12)	(차) 단기차입금(부채의 감소)	500,000	(대) 현금(자산의 감소)	520,000
	이자비용(비용의 발생)	20,000		
(13)	(차) 현금(자산의 증가)	830,000	(대) 단기대여금(자산의 감소)	800,000
			이자수익(수익의 발생)	30,000

··· 참고

상품에 관한 회계처리는 2분법과 3분법이 있다. 실기프로그램에서는 2분법(매입 시 상품, 매출 시 상품매출)이, 이론에는 3분법이 다루어진다. 3분법의 경우 상품을 매입할 때 '매입'으로, 매출할 때 '매출'로 표기된다.

(3) 분개를 이용한 거래의 종류 검토

거래의 8요소인 자산·부채 및 자본의 증감과 수익·비용의 변동 여부에 따라 거래를 분류하면 교환거래, 손익거래, 혼합거래가 있다.

① 교환거래

자산·부채·자본의 자체 또는 상호 간에 증감이 발생하는 거래로 수익과 비용에는 아무런 관계가 없는 거래를 말한다.

> 예 상품을 구입하고 현금 ₩100을 지급하다.
> (차) 매입(=상품)(자산의 증가)   100   (대) 현 금(자산의 감소)   100

② 손익거래

자산·부채·자본의 증감 원인으로 수익이나 비용이 작용하는 거래이다.

> 예 직원 인건비를 현금으로 ₩100을 지급하다.
> (차) 종업원급여(비용의 발생)   100   (대) 현 금(자산의 감소)   100

③ 혼합거래

거래가 발생하면 교환거래가 차변·대변에 이루어지고 손익거래가 동시에 발생하는 거래를 말한다. 주된 교환거래 속에 손익거래가 부수적으로 작용하는 거래이다.

> 예 대여금 ₩200과 이자수익 ₩10을 현금으로 수령하다.
> (차) 현 금(자산의 증가)   210   (대) 대여금(자산의 감소)   200
>   이자수익(수익의 발생)   10

01 다음 거래에 대한 요소의 결합관계를 나타낸 것으로 옳은 것은?

> 주식회사 상공은 차입금 ₩1,000,000과 그 이자 ₩120,000을 현금으로 지급했다.

① (차) 자산의 증가   (대) 부채의 증가
                                  수익의 발생

② (차) 자산의 증가   (대) 자산의 감소
                                  수익의 발생

③ (차) 부채의 감소   (대) 자산의 감소
         비용의 발생

④ (차) 자산의 증가   (대) 자산의 감소
         비용의 발생

02 다음 중 자본의 증가를 가져오는 거래로 옳지 않은 것은?

① 단기대여금에 대한 이자 ₩350,000을 현금으로 받다.
② 건물의 일부를 빌려주고 사용료 ₩750,000을 현금으로 받다.
③ 상품 판매의 중개를 하고 수수료 ₩100,000을 현금으로 받다.
④ 소지하고 있던 약속어음이 만기가 되어 어음대금 ₩800,000을 현금으로 받다.

● 정답과 해설

01 (차) 단기차입금(부채의 감소)   (대) 현금(자산의 감소)
       이자비용(비용의 발생)

02 어음이 만기가 되어 현금으로 대금을 회수한 것은 자산의 증가와 자산의 감소가 동시에 나타나는 것으로 수익이 발생하지 않아 자본의 증가를 가져오지는 않는다.

① (차) 현금(자산의 증가)	350,000	(대) 이자수익(수익의 발생)	350,000
② (차) 현금(자산의 증가)	750,000	(대) 임대료(수익의 발생)	750,000
③ (차) 현금(자산의 증가)	100,000	(대) 수수료수익(수익의 발생)	100,000
④ (차) 현금(자산의 증가)	800,000	(대) 받을어음(자산의 감소)	800,000

정답 01 ③ 02 ④

03 다음 항목 중 잔액이 대변에 발생하는 것은?

① 선급금

② 예수금

③ 미수금

④ 단기대여금

● 정답과 해설

03		
자 산	차변 잔액 발생(선급금, 미수금, 단기대여금)	
부 채	대변 잔액 발생(예수금)	
자 본	대변 잔액 발생	

정답 03 ②

5 장 부

기업의 회계기간 중 경영활동에 있어서 발생하는 거래를 조직적으로 계속해서 기록, 계산하기 위한 지면을 장부라 하며 주요부와 보조부로 구분한다.

주요부	분개장	거래의 발생순서대로 기입하는 장부(병립식, 분할식)
	총계정원장	거래가 발생하여 분개장에 기입된 거래의 내용을 계정과목별로 구분해서 전기하여 기록할 수 있도록 설정되어 있는 장부(표준식, 잔액식)
보조부	보조기입장	현금출납장, 당좌예금출납장, 매입장, 매출장, 받을어음기입장, 지급어음기입장 등
	보조원장	상품재고장, 매입처원장, 매출처원장 등

(1) 분개장(병립식 양식)

분개장

(병립식)

① 일 자	② 적 요	③ 원 면	차 변	대 변
	(차변 계정과목)		④ (금액기록)	
	(대변 계정과목)			④ (금액기록)
	거래 내용을 간단히 기록			
⑤				
	⑥ 다음 면으로			

※ 분개장의 기입방법

①	일자란	거래가 발생한 일자를 적는다.
②	적요란	분개한 계정과목을 ( )로 묶어서 기입하고, 거래 내용을 간단명료하게 적는다. 그리고 같은 쪽에 둘 이상의 계정과목이 있는 경우에는 그 위에 '제좌'라고 기입한다.
③	원면란	분개를 전기한 원장의 면수나 계정계좌의 번호를 기입한다.
④	금액란	차변과 대변의 금액을 각각 기입한다.
⑤	거래의 구분	한 거래의 분개가 끝나면 붉은 색으로 줄을 그어 각각의 거래를 구분한다. 여기서 주의해야 할 점은 한 거래의 분개를 두 면에 걸쳐 기입해서는 안 된다는 것이다.
⑥	면의 이월	각 면 마지막 줄의 적요란에 붉은 색으로 '다음 면으로'라고 기입하고 차변과 대변의 합계금액을 각각 기입한다. 그리고 다음 면의 첫째 줄의 적요란에 '앞면에서'라고 기입하고 금액란에는 앞면의 차변과 대변의 합계금액을 각각 기입한다.

(2) 전 표

회계 실무에서는 수많은 거래에 대해 분개장을 작성하기보다는 효율을 높이기 위해 전표를 이용하여 업무처리하고 있다. 전표는 장부조직을 간소화하고 거래발생 사실을 입증하는 서류 등을 첨부하여 결제를 받기 때문에 책임소재를 명확히 할 수 있는 장점이 있다. 또한 각 부서별로 기장사무를 나눠 처리할 수 있다.

① 전표의 종류

3전표제	입금전표	적색 바탕, 차변이 현금으로만 구성 (차) 현 금　　　　100　　(대) 상 품　　　　100
	출금전표	청색 바탕, 대변이 현금으로만 구성 (차) 임차료　　　　100　　(대) 현 금　　　　100
	대체전표	흑색 바탕, 그 외 나머지 (차) 상 품　　　　100　　(대) 외상매입금　　　　100

② 전표의 특징
　　㉠ 분개장 대신 사용하여 장부조직을 간소화한다.
　　㉡ 분과제도에 의해 기장업무를 각 부서에서 분담하고 신속하게 처리한다.
　　㉢ 거래 발생 사실에 대한 증명과 책임소재를 명확하게 한다.

(3) 총계정원장

기업이 경영활동을 함으로써 자산·부채·자본이 증감 변동함은 물론 수익과 비용이 발생하게 되는데, 이를 기록·계산하기 위하여 구분하고 한데 모은 장부를 총계정원장 또는 원장이라 한다.

이 원장의 기록이 기초가 되어 재무상태표와 손익계산서가 작성되는 것이므로, 원장은 기본이 되는 중요한 장부이다. 따라서 이를 분개장과 더불어 주요(장)부라 한다.

총계정원장

현 금

(표준식)

일 자	적 요	분 면	금 액	일 자	적 요	분 면	금 액

현 금

(잔액식)

일 자	적 요	분 면	차 변	대 변	차 또는 대	잔 액

(4) 전 기

분개를 계정에 옮기는 작업을 전기라 한다. 이들 계정이 설정되어 있는 장부를 원장 혹은 총계정원장이라 부른다. 원장에 전기하는 방법은 해당 계정을 찾아 분개의 차변금액은 해당 계정의 차변에, 분개의 대변금액은 해당 계정의 대변에 기입하고, 적요란에는 상대방 계정과목을 기입한다. 이때 상대방 계정과목이 둘 이상일 때에는 적요란에 '제좌'라 기입한다. 전기를 하는 이유는 거래 발생 시 분개만 보고는 각 계정의 잔액이 정확하게 파악되지 않기 때문이다. 재무제표를 작성하기 위해서는 각 계정의 잔액을 알아야 한다.

지금까지 다룬 내용을 다른 예로 정리해 보면 다음과 같다.

> **➕ 예시**
>
> **우체국에 우편물을 보내기 위해 고객이 긴 줄로 대기하는 모습을 상상해 보자.**
>
> 첫 번째, 창구에서 우편물을 순서대로 접수 받는다.
>
> | | |
> |---|---|
> | • 1번 고객 : 광주 | • 2번 고객 : 대전 |
> | • 3번 고객 : 대구 | • 4번 고객 : 부산 |
> | • 5번 고객 : 광주 | • 6번 고객 : 인천 |
> | • 7번 고객 : 부산 | • 8번 고객 : 인천 |
> | • 9번 고객 : 인천 | |
>
> 두 번째, 접수는 순서대로 받지만 발송 작업을 위해서 도착지별로 구분하여 지역별 함에 담아야 한다(중량에 따라 요금부과).
>
> - 광주 : 1번(3,000원), 5번(5,000원)
> - 대전 : 2번(4,000원)
> - 대구 : 3번(6,000원)
> - 부산 : 4번(5,000원), 7번(4,000원)
> - 인천 : 6번(5,000원), 8번(5,000원), 9번(5,000원)
>
> 우리가 배운 회계적인 지식을 동원해서 일부 내용을 변환하면 첫 번째는 분개장, 두 번째는 총계정원장으로 비유할 수 있다.

(5) 전기의 과정 ☆

이 부분은 무척 까다롭다. 일반적인 방식으로 먼저 설명하고 그 이후 보다 쉽게 접근하는 방법을 소개한다.

계정의 형식은 학습상 T자형을 많이 사용한다. 실제 장부를 보면 적색으로 선이 그어져 있고 왼쪽에 날짜·적요·분면·금액란이 기재되어 있고, 오른쪽도 동일한 내용이 기재되어 있다. 이를 단순화 시키면 아래 예시와 같은 영어 대문자 T와 유사해서 이를 T-계정이라고 부른다.

> **➕ 예시**
>
> ① 거 래
>   6월 1일 상품 ₩100,000을 외상으로 매입하다.
>
> ② 분 개
>
> | (차) 매입(=상품) | 100,000 | (대) 외상매입금(매입채무) | 100,000 |
> |---|---|---|---|

③ 전 기

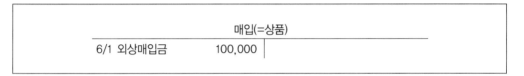

→ 상품 T-계정 차변에 금액 100,000원을 기재하고 상대 계정인 외상매입금을 적는다.
→ 동일한 방식으로 외상매입금 T-계정 대변에 금액 100,000원을 기재하고 상대 계정인 매입(=상품)을 적어 완성한다.
∴ 즉, 분개 시 해당 차변·대변 각 계정과목의 금액을 T-계정에서 그대로 끌어오고, 상대 계정과목을 적는 방식으로 반영한다.

이번에는 총계정원장을 보고 역으로 분개를 할 수 있어야 한다(분개를 총계정원장에 전기하는 것보다 총계정원장에서 분개를 역으로 추적하는 것이 더 어렵다). 이런 내용으로 출제되는 경우가 많다.

매입(=상품)		
6/1 외상매입금	100,000	

이를 분개하면 매입(=상품)은 차변에 금액 100,000원이 있고 대변에 동일한 금액으로 외상매입금으로 처리한다.

(차) 매입(=상품)   100,000   (대) 외상매입금(매입채무)   100,000

이와 같은 방식이 너무 복잡하다고 느껴진다면 다음의 방식으로 접근해 보길 바란다. 생각보다 단순하고 추후 총계정원장으로 전기하는 것과 총계정원장을 원래 분개로 환원하는 작업을 기계적으로 할 수 있게 된다. 이 원리를 통해서 실제 시험장에서는 엄청난 차이를 경험할 수 있을 거라 믿는다.

위 상품과 외상매입금을 끈으로 묶고 T-계정이 탁자라고 생각해 보자. 탁자 밑에 있는 외상매입금을 옆(왼쪽에서 오른쪽으로)으로 잡아 당겨 보면 위에 있던 상품이 탁자에서 밑으로 떨어질 것이다.

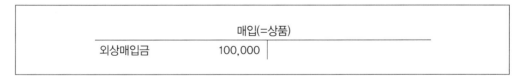

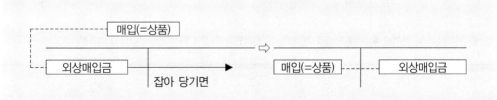

그 내용이 분개이다!

(차) 매입(=상품)　　　　　　　　100,000　　　(대) 외상매입금(매입채무)　　　　　100,000

이번에는 위 분개를 총계정원장으로 전기한다면 차변과 대변을 끈으로 연결시킨 후 이번에는 탁자 위로 공을 올린다는 기분으로 위로 던져 본다. 그럼 매입(=상품)은 탁자 위로 올라가고 외상매입금은 밑에 남아 있는 구조가 될 것이다. 위 그림의 순서를 반대로 진행하면 이해하기 수월하다.

지금과 같은 방식으로 분개를 총계정원장에 전기해 보면 여러 가지 복잡한 생각을 하지 않더라도 기계적으로 작업을 할 수 있다.

예제 전기의 과정

다음 거래를 분개하시오.

> 1. 현금 ₩800,000 출자하여 사업을 시작하다.
> 2. 상품 ₩600,000을 매입하고, 대금 중 ₩200,000은 현금으로 지급, 잔액은 외상으로 하다.
> 3. 사무용 컴퓨터를 현금 ₩300,000에 구입하다.

위 분개를 총계정원장에 전기하시오.

정답

1	(차) 현 금	800,000	(대) 자본금	800,000
2	(차) 매입(=상품)	600,000	(대) 현 금 외상매입금	200,000 400,000
3	(차) 비 품	300,000	(대) 현 금	300,000

총계정원장

	매입(=상품)			현 금	
현 금	200,000		자본금　800,000	매입(=상품)	200,000
외상매입금	400,000			비 품	300,000

	비 품
현 금	300,000

	자본금			외상매입금	
	현 금　800,000			매입(=상품)　400,000	

총계정원장으로 전기한 후 이를 분개로 환원하는 연습하면서 어떻게 해석되어야 하는지 검토한다.

01 종업원의 작업복을 ₩50,000에 구입하고 대금은 신용카드로 결제한 경우에 해당 거래가 기입되어 야 할 전표로 옳은 것은?

① 출금전표
② 입금전표
③ 매입전표
④ 대체전표

02 3전표제도에서 입금전표에 기입될 거래로 옳은 것은?

① 전화요금 ₩10,000을 현금으로 지급하다.
② 보통예금에서 현금 ₩500,000을 인출하다.
③ 외상매입 대금 ₩2,000,000은 어음을 발행하여 지급하다.
④ 업무용 선풍기를 ₩70,000에 구입하고 대금은 신용카드로 결제하다.

03 다음 중 (가)와 (나)에 들어갈 알맞은 용어는?

> 분개된 거래를 원장의 각 계정계좌에 옮겨 기입하는 절차를 (가)(이)라 하고, 한 계정에서 다른 계정으로 계정 잔액을 옮기는 일을 (나)(이)라고 한다.

① (가) 전기, (나) 대체
② (가) 대체, (나) 전기
③ (가) 이월, (나) 기장
④ (가) 기장, (나) 이월

● 정답과 해설

01 (차) 복리후생비 50,000 (대) 미지급금 50,000

출금전표	대변에 현금출금만 있는 경우 사용한다(파란색).
입금전표	차변에 현금입금만 있는 경우 사용한다(붉은색).
대체전표	그 외 차변과 대변을 기록할 때 사용한다(검은색).

02 입금전표, 출금전표, 대체전표 중 현금의 유입(들어오면)이 있으면 입금전표를 사용한다.
(차) 현 금 500,000 (대) 보통예금 500,000

03 전기란 분개한 것을 해당 계정에 옮겨 적는 것을 말하며, 대체란 한 계정에서 다른 계정으로 옮기는 것을 의미한다. 예를 들어 영업용 건물의 공사를 완료할 경우 건설중인자산계정을 건물계정으로 대체한다.

정답 01 ④ 02 ② 03 ①

6 회계의 순환과정

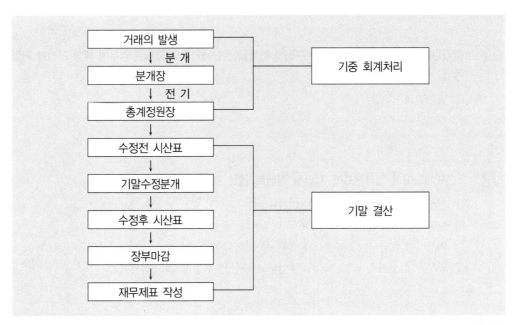

위의 회계순환과정 중에서 분개와 전기는 회계기간 중 발생한 것을 매일 처리하는 것이다. 결산일에 각종 장부를 마감하고 총계정원장의 기록을 기초로 하여 재무상태표와 손익계산서를 만들게 되는데 이를 결산이라 한다.

> **참고**
>
> 역분개는 장부가 마감된 뒤 다음 연도 초일에 직전 연도에 행해진 기말수정분개에 대해 반대의 분개를 하는 것으로 회계의 순환과정에서 재무제표 작성 후 차기에 역분개를 한다.

01 다음 중 결산절차의 순서로 옳은 것은?

> 가. 수정후 시산표 작성
> 나. 수정전 시산표 작성
> 다. 재무제표 작성
> 라. 결산정리와 정리기입

① 나 → 가 → 다 → 라
② 라 → 다 → 나 → 가
③ 나 → 가 → 라 → 다
④ 나 → 라 → 가 → 다

● 정답과 해설

01 수정전 시산표 작성 → 결산정리와 정리기입 → 수정후 시산표 작성 → 재무제표 작성

정답 01 ④

7 결 산

(1) 결산의 의의

결산이란 회계기간 종료 후에 해당 연도의 회계처리를 마감하여, 그 결과인 재무제표를 작성하는 일련의 절차를 말한다.

(2) 결산의 절차

① 결산예비절차

　㉠ 시산표 : 모든 거래를 분개장에 발생 순서대로 분개하고, 이것을 원장에 전기한다. 이와 같이 기입된 총계정원장의 차변·대변의 합계액 또는 잔액을 모아 만든 집계표를 시산표라 하며 다음과 같은 등식이 성립한다.

☆ 기말자산 + 총비용 = 기말부채 + 기초자본 + 총수익

- 시산표의 작성목적 ☆
  - 총계정원장에 전기가 정확한지 여부 검증
  - 회계기간 동안의 거래 총액 파악
  - 결산예비절차로서 재무제표 작성을 위한 기초자료
- 시산표의 종류
  - 합계시산표 : 재무제표를 작성하기 전에 총계정원장의 각 계정(자산·부채·자본 및 수익·비용)의 차변과 대변의 합계금액 집계표

합계시산표

차 변	계정과목	대 변
합 계		합 계

  - 잔액시산표 : 원장 각 계정의 차변 합계액과 대변 합계액을 비교하여 많은 금액에서 적은 금액의 차감 잔액을 많은 쪽에 기입하여 작성한 집계표

잔액시산표

차 변	계정과목	대 변
잔 액		잔 액

  - 합계잔액시산표 : 합계시산표와 잔액시산표의 집계표

합계잔액시산표

차 변		계정과목	대 변	
잔 액	합 계		합 계	잔 액

만약, 차변 합계액과 대변 합계액이 일치하지 않는 경우에는 회계기간 중에 기록한 분개나 전기과정에 오류가 발생한 것이므로 이를 찾아서 수정한 후에 다시 시산표를 작성해서 차변 합계액과 대변 합계액이 일치하는지를 확인한다.

- 시산표의 오류와 조사법
  - 시산표 자체의 차변 합계액과 대변 합계액을 검사
  - 원장 각 계정의 대·차 합계 또는 잔액이 정확하게 시산표에 전기되었는가를 조사
  - 각 계정의 대·차 합계액 또는 잔액을 검사
  - 분개장에서 원장에 전기할 때 전기의 누락, 전기금액의 오기, 이중전기 등의 잘못은 없는지 조사
  - 분개장에 기장된 분개 자체에 잘못은 없는가를 조사
- 시산표에서 발견할 수 없는 오류 ☆
  - 거래 전체의 분개가 누락되거나, 전기가 누락된 경우
  - 분개는 틀렸으나 대차의 금액은 일치하는 경우
  - 어떤 거래의 분개가 이중으로 분개된 경우
  - 분개장에서 원장에 대차를 반대로 전기하였을 경우
  - 다른 계정과목에 잘못 전기하였을 경우
  - 오류에 의하여 전기된 금액이 우연히 일치하여 서로 상계되었을 경우
  - 2개의 오류가 서로 겹쳐서 상계된 경우

ⓛ 재고조사표의 작성 : 시산표에 의해서 각 계정의 기입이 정확하다고 인정되더라도 그 계정의 잔액 중에서 실제로 남아 있는 현재액과 일치되지 않는 것이 있다. 따라서 자산·부채의 현재액을 조사하고, 또 기간 중의 수익·비용의 실제발생을 조사하여 장부 잔액을 실제재고액에 일치시키기 위하여 조사하는 것을 재고조사라 하며, 그 결과에 대해 기재한 표를 재고조사표라고 한다.

ⓒ 결산정리
- 재무상태표상의 기말수정사항
  - 기말재고자산 실사 및 평가에 의한 상품계정의 정리
  - 금융자산의 평가
  - 채권·채무의 재조정과 대손충당금 설정
  - 유형자산의 감가상각비 및 무형자산의 상각액 계상
  - 퇴직급여충당부채의 설정
  - 현금과부족 및 가지급금·가수금 등의 가계정 및 미결산계정의 정리
- 포괄손익계산서상의 기말수정사항
  - 선급비용·미지급비용의 계상
  - 선수수익·미수수익의 계상

ⓔ 정산표 : 잔액시산표는 원장 각 계정의 잔액을 집계하여 작성되는 것이므로, 이 표를 기초로 하여 포괄손익계산서와 재무상태표를 작성할 수 있다. 원장 각 계정의 마감 전에 신속·정확하게 또는 간단한 방법으로 기업의 경영성과와 재무상태를 알기 위하여 작성한 일람표를 정산표라고 한다.

② 결산본절차

    ㉠ 집합손익계정의 설정 : 한 회계기간이 끝나면 그 기간에 발생한 수익과 비용은 해당 계정별로 집계되어 있으므로 기업의 전체적인 수익총액과 비용총액을 알기 어렵다. 그러므로 수익계정과 비용계정의 잔액을 대응시켜 순손익을 산출하기 위하여 손익계정을 설정하여 원장의 수익과 비용을 집계한다.

    ㉡ 수익과 비용계정의 집계와 마감 : 기업의 영업활동의 결과로 발생한 순이익 또는 순손실을 계산하기 위하여 수익과 비용계정의 잔액을 손익계정에 대체한다. 이때 수익에 속하는 각 계정의 대변 잔액을 해당 계정의 차변에 기입하여 소멸시키는 동시에 손익계정의 대변에 대체한다. 또한 비용에 속하는 계정의 차변 잔액을 해당 계정의 대변에 기입하여 소멸시키는 동시에 손익계정의 차변에 대체한다.

• 수익계정	(차) (수익계정)	xxx	(대) 손 익	xxx
• 비용계정	(차) 손 익	xxx	(대) (비용계정)	xxx

    ㉢ 순손익을 자본금계정에 대체 : 손익계정의 차변합계는 비용총액이며 대변합계액은 수익총액이므로, 대변합계액이 많으면 순이익을 표시하고 차변합계액이 많으면 순손실을 표시한다.

• 순이익의 경우	(차) 손 익	xxx	(대) 자본금	xxx
• 순손실의 경우	(차) 자본금	xxx	(대) 손 익	xxx

    ㉣ 자산·부채·자본계정의 마감 : 정리분개에 의하여 원장 각 계정의 정리기입이 끝나고, 수익과 비용계정 잔액을 손익계정에 대체기입한 다음 손익계정에서 산출된 순이익(또는 순손실)을 자본금계정에 대체기입하면, 자산·부채·자본에 속하는 각 계정을 마감하여야 한다.

구 분	계정의 마감	차기 최초일자
영미식 마감법	차기이월로 마감, 이월시산표 작성	전기이월 표시
대륙식 마감법	잔액으로 마감, 잔액계정 마감	개시잔액 표시

③ 결산보고서의 작성

분개장과 원장 및 기타장부의 마감이 끝나면, 기업에 대한 일정기간 동안의 영업결과인 경영성과와 일정시점의 재무상태를 명백히 하기 위하여 포괄손익계산서와 재무상태표를 작성한다.

결산예비절차	수정전 시산표 작성, 재고조사표 작성, 결산정리분개와 기입, 수정후 시산표 작성, 정산표 작성
결산본절차	총계정원장의 마감, 분개장, 수익과 비용계정을 집합손익계정 대체, 기타장부의 마감, 이월시산표(영미식 마감법)
결산 후 재무제표작성	포괄손익계산서, 재무상태표, 현금흐름표, 자본변동표 등

        ※ 보다 세부적인 내용은 제7장 결산수정분개를 통해 확인하기 바랍니다.

01 결산절차 중에서 예비절차에 해당하는 것은?

① 시산표 작성
② 분개장의 마감
③ 재무상태표 작성
④ 총계정원장의 마감

02 다음 중 시산표에 관한 설명으로 옳은 것은?

① 합계시산표의 합계금액은 분개장의 합계금액과 일치한다.
② 잔액시산표 등식은 기말자산 + 총비용 = 기말부채 + 기말자본 + 총수익이다.
③ 합계잔액시산표에는 자산, 부채, 자본이 기입되며 수익, 비용은 기입되지 않는다.
④ 당기순이익은 시산표의 차변에, 당기순손실은 대변에 기입한다.

01

결산예비절차	수정전 시산표 작성, 재고조사표 작성, 결산정리분개와 기입, 정산표 작성, 수정후 시산표 작성
결산본절차	총계정원장, 분개장, 수익과 비용계정 집합손익계정 대체, 기타장부의 마감, 이월시산표(영미식 마감법)
결산 후 재무제표 작성 (결산보고서 작성절차)	포괄손익계산서, 재무상태표, 현금흐름표, 자본변동표 등

02 ② 잔액시산표 등식은 기말자산 + 총비용 = 기말부채 + 기초자본 + 총수익이다.
③ 합계잔액시산표에는 자산, 부채, 자본, 수익, 비용이 기입된다.
④ 당기순이익은 시산표에 직접적으로 표시되지 않으며, 자본으로 합산하여 나타난다(일반적으로 이월이익잉여금으로 표시).

정답 01 ① 02 ①

03 시산표에 대한 설명 중 옳지 않은 것은?

① 시산표의 차변과 대변의 합계가 일치하면 원장의 기입에 오류가 없는 것으로 본다.

② 시산표의 차변과 대변의 합계는 일치하여야 한다.

③ 분개장과 총계정원장의 계정기입이 정확한지를 확인하기 위해서 작성하는 집계표이다.

④ 거래의 분개가 잘못되어 발생한 오류는 정확한 분개를 분개장에 기입하고 이를 해당 계정에 전기하여 수정한다.

04 다음 자료는 결산절차를 나타낸 것이다. 그 순서로 올바른 것은?

> (가) 재무제표 작성   (나) 시산표 작성
> (다) 총계정원장 마감   (라) 기말정리사항의 수정

① (나) → (가) → (다) → (라)

② (나) → (라) → (다) → (가)

③ (가) → (나) → (라) → (다)

④ (라) → (다) → (나) → (가)

● 정답과 해설

03 시산표에서 발견할 수 없는 오류
- 거래 전체의 분개가 누락되거나, 전기가 누락된 경우
- 분개는 틀렸으나 대차의 금액은 일치하는 경우
- 어떤 거래의 분개가 이중으로 분개된 경우
- 분개장에서 원장에 대차를 반대로 전기하였을 경우
- 다른 계정과목에 잘못 전기하였을 경우

04		
결산예비절차	수정전 <u>시산표 작성</u>, 재고조사표 작성, <u>결산정리분개와 기입</u>, 정산표 작성, 수정후 시산표 작성
결산본절차	<u>총계정원장</u>, 분개장, 수익과 비용계정 집합손익계정 대체, 기타장부의 <u>마감</u>, 이월 시산표(영미식 마감법)
결산 후 <u>재무제표 작성</u> (결산보고서 작성절차)	포괄손익계산서, 재무상태표, 현금흐름표, 자본변동표 등

정답 03 ① 04 ②

05 다음은 이월시산표와 관련된 내용이다. 해당하지 않는 것은?

① 결산의 본절차 과정에서 작성한다.

② 영미식으로 마감하였을 때 검증하는 절차이다.

③ 재무상태표를 작성하는 기초자료가 된다.

④ 자산, 부채, 자본, 수익, 비용 순으로 작성한다.

• 정답과 해설

05 이월시산표는 마감 후 자산, 부채, 자본에 속하는 각 계정의 이월 기입이 정확하게 작성되었는지 검증하기 위해 차기 이월액을 집계한 표이다.

합계잔액시산표	결산 전 자산, 부채, 자본, 수익, 비용의 반영
이월시산표	결산 후 자산, 부채, 자본의 내용만 반영

예

차 변	계정과목	대 변
40,000	선급비용	
100,000	외상매출금	
150,000	받을어음	
250,000	이월상품	
⋮	⋮	⋮
	자본금	750,000

• 외상매출금, 받을어음 : 기말매출채권

• 이월상품 : 기말재고자산

• 자본금 : 기말자본금

정답 05 ④

8 당기순손익의 계산

(1) 순이익과 순손실

순손익(순이익과 순손실을 합친 표현)이란 기초자본과 기말자본의 차이에서 자본거래로 인한 증감액과 기타포괄손익에 의한 증감액을 제외한 것을 말한다.

① 순이익

기업의 일정기간 동안의 경영성과(영업활동)에 의하여 수익총액이 비용총액을 초과한 부분

② 순손실

기업의 일정기간 동안의 경영성과(영업활동)에 의하여 비용총액이 수익총액을 초과한 부분

(2) 순손익 계산방법

① 자본유지접근법(재산법)

자본유지접근법은 기초자본과 기말자본을 비교하여 당기순손익을 계산하는 방법이다. 기초자본보다 기말자본이 많으면 차액이 당기순이익이고 기말자본보다 기초자본이 많으면 차액이 당기순손실이다.

> ⊙ 기초자본 < 기말자본 경우 : 기말자본 − 기초자본 = 당기순이익
> ⓛ 기초자본 > 기말자본 경우 : 기초자본 − 기말자본 = 당기순손실

② 거래접근법(손익법)

손익법은 회계기간의 총수익과 총비용을 비교하여 당기순손익을 계산하는 방법이다. 총수익이 총비용보다 크면 그 차액이 당기순이익이고 총비용이 총수익보다 크면 그 차액은 당기순손실이다.

> ⊙ 총수익 > 총비용 경우 : 총수익 − 총비용 = 당기순이익
> ⓛ 총수익 < 총비용 경우 : 총비용 − 총수익 = 당기순손실

자본유지접근법과 거래접근법의 각 방법에 의하여 계산된 당기순손익은 동일하다(자본거래 및 기타포괄손익이 없는 경우라고 가정).

재무제표

※ 효율적인 학습 진행을 위해 제3장부터 제7장까지의 내용을 먼저 학습한 후, 제2장을 마지막으로 보는 것을 권한다.

01 재무제표의 작성과 표시

1 재무제표의 목적과 종류

(1) 재무제표의 목적

재무회계의 목적은 외부 정보이용자가 합리적인 의사결정을 할 수 있도록 기업실체에 관한 유용한 회계정보를 제공하는 것이다. 이러한 재무회계의 목적을 달성하기 위해서 기업은 기업의 경제적 사건과 그에 따른 재무적 변동에 대한 정보를 정보이용자에게 전달할 수단을 필요로 하게 되는데 이런 수단 중 가장 핵심적인 것이 재무제표이다. 또한 재무제표는 위탁받은 자원에 대한 경영진의 수탁책임 결과도 보여준다.

(2) 재무제표 작성기준

일반목적의 재무제표는 한국채택국제회계기준에 근거하여 작성된다.

(3) 재무제표의 종류 ☆

- 재무상태표
- 포괄손익계산서
- 자본변동표
- 현금흐름표
- 주석(유의적인 회계정책의 요약 및 그 밖의 설명으로 구성)

> **⋯◦ 참고**
>
> 재무제표에 해당하지 않는 것 ☆
> - 이익잉여금처분계산서(결손금처리계산서)
> - 시산표
> - 정산표

재무상태표는 일정시점의 재무상태를 나타내는 정태적[주1] 재무보고서이고, 나머지는 일정기간 동안 기업의 활동을 요약·보고하는 동태적[주2] 재무보고서이며, 재무제표는 상호 간에 연계성을 가지고 있다.

주1) 정태적 : 사진처럼 일정시점을 나타냄 예 20XX년 XX월 XX일 현재
주2) 동태적 : 동영상처럼 일정기간을 보여줌 예 20XX년 1월 1일부터 20XX년 12월 31일까지

※ 재무제표의 종류

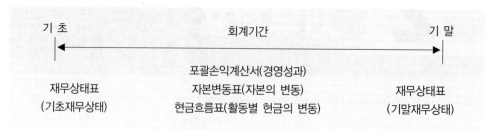

〈발생주의 재무제표의 연관관계〉

재무상태표	유동자산	유동부채			자본변동표
		비유동부채			
		납입자본	자본거래		
		자본조정			
	비유동자산	기타포괄손익누계액	손익거래	포괄손익계산서	
		이익잉여금 / 당기순손익			
		이익잉여금 / 전기이월			

2 재무상태표의 작성과 표시

(1) 재무상태표의 의의

재무상태표는 기업실체의 일정시점에서의 재무상태를 나타내는 재무제표로서 기업의 유동성, 재무적 탄력성, 수익성과 위험을 평가하는 데 유용한 정보를 제공한다. 여기서 재무상태란 일정시점에서의 자산, 부채 및 자본의 구성내용과 크기를 의미한다.

(2) 재무상태표의 구성항목

① 자 산

유동자산	• 현금및현금성자산 : 현금, 당좌예금, 보통예금, 현금성자산 등 • 매출채권및기타채권 : 외상매출금, 받을어음, 단기대여금, 미수금 등 • 기타단기금융자산 : 단기예금, 당기손익-공정가치측정금융자산 등 • 재고자산 : 상품, 제품, 원재료, 재공품, 반제품, 저장품 등
비유동자산	• 대여금및수취채권 : 장기대여금, 장기미수금 등 • 기타장기금융자산 : 기타포괄손익-공정가치측정금융자산, 상각후원가측정금융자산 등 • 투자부동산 등 • 유형자산 : 토지, 건물, 기계장치, 비품, 차량운반구, 건설중인자산 등 • 무형자산 : 영업권, 산업재산권, 광업권, 어업권, 개발비, 컴퓨터소프트웨어 등 • 기타비유동자산 : 임차보증금, 장기선급금 등

② 부 채

유동부채	• 매입채무 : 외상매입금, 지급어음 등 • 기타단기금융부채 : 단기차입금, 미지급금, 예수금, 미지급법인세 등 • 충당부채 : 제품보증충당부채, 경품충당부채 등 • 기타유동부채 : 선수금, 미지급비용, 선수수익 등
비유동부채	• 장기금융부채 : 장기차입금, 장기미지급금, 사채 등 • 퇴직급여충당부채 등 • 기타비유동부채 : 장기선수금, 임대보증금 등

③ 자 본

자본금	보통주자본금, 우선주자본금 등
자본잉여금	주식발행초과금, 감자차익, 자기주식처분이익 등
자본조정	주식할인발행차금, 감자차손, 자기주식처분손실, 자기주식, 주식매수선택권 등
기타포괄손익 누계액	기타포괄손익-공정가치측정금융자산, 해외사업환산손익, 재평가잉여금, 현금흐름위험회피 파생상품평가손익 등
이익잉여금	• 법정적립금 : 이익준비금 등 • 임의적립금 : 사업확장적립금, 감채적립금, 배당평균적립금 등 • 미처분이익잉여금 등

※ 자본의 구분 : 국제회계기준에서는 자본을 크게 납입자본, 이익잉여금, 기타자본구성요소로 구분하고 있으며, 각 국가의 상법을 고려하여 구체적으로 항목을 구분하지 않았다. 따라서 기존 기업회계기준의 자본 분류를 알아야 하는데 발생원천에 따라 자본금, 자본잉여금, 자본조정, 기타포괄손익누계액, 이익잉여금으로 구분하고 있다.

(3) 재무상태표의 기본구조 ☆

재무상태표의 표시방법은 유동성/비유동성 구분법과 유동성 순서배열법이 있다. 유동성 순서배열법을 적용할 경우 모든 자산과 부채는 유동성의 순서에 따라 표시한다. 유동성 순서배열법이 보다 신뢰성 있고 더욱 목적적합한 정보를 제공하는 경우를 제외하고는 유동성/비유동성 구분법으로 재무상태표를 작성한다. 이는 유동자산과 비유동자산, 유동부채와 비유동부채로 구분하여 재무상태표를 표시하며, 구체적인 작성사례양식은 다음과 같다.

① 유동성/비유동성 구분법의 적용

기업이 명확히 식별 가능한 영업주기 내에서 재화나 용역을 제공하는 경우, 재무상태표는 유동성/비유동성 구분법으로 표시한다. 정상영업주기 내에 실현될 것으로 예상되는 자산과 동 기간 내에 결제 기일이 도래하는 부채를 구분하여 보여준다.

② 유동성 순서배열법의 적용

금융회사와 같은 일부 기업의 경우에는 오름차순이나 내림차순의 유동성 순서배열법으로 자산과 부채를 표시하는 것이 유동성/비유동성 구분법보다 신뢰성 있고 더욱 목적적합한 정보를 제공한다. 이러한 기업은 재화나 서비스를 명확히 식별 가능한 영업주기 내에 제공하지 않기 때문이다.

③ 혼합표시방법의 적용

신뢰성 있고 더욱 목적적합한 정보를 제공한다면 자산과 부채의 일부는 유동성/비유동성 구분법으로, 나머지는 유동성 순서배열법으로 표시하는 것이 허용된다. 이러한 혼합표시방법은 기업이 다양한 사업을 영위하는 경우에 필요할 수 있다.

(4) 자산의 분류

자산을 재무상태표에 공시할 때에는 외부 정보이용자들이 이해하기 쉽도록 해당 자산의 성격을 잘 나타낼 수 있는 계정과목을 사용해야 하며, 이들 계정과목은 유동성과 비유동성으로 구분해야 한다.

① 유동자산 ☆

자산은 다음의 경우에 유동자산으로 분류하며, 그 밖의 모든 자산은 비유동자산으로 분류한다.

- 기업의 정상영업주기 내에 실현될 것으로 예상하거나, 정상영업주기 내에 판매하거나 소비할 의도가 있다.
- 주로 단기매매목적으로 보유하고 있다.
- 보고기간 후 12개월 이내에 실현될 것으로 예상한다.
- 현금이나 현금성자산으로서, 교환이나 부채 상환 목적으로의 사용에 대한 제한 기간이 보고기간 후 12개월 이상이 아니다.

정상영업주기는 영업활동을 위한 자산의 취득시점부터 그 자산이 현금이나 현금성자산으로 실현되는 시점까지 소요되는 기간이다. 정상영업주기를 명확히 식별할 수 없는 경우에는 그 기간이 12개월인 것으로 가정한다.

② 비유동자산

유형자산, 무형자산 및 장기의 성격을 가진 금융자산 등을 포함한다.

(5) 부채의 분류

부채를 재무상태표에 공시할 때에는 외부 정보이용자들에게 유용하도록 해당 부채의 성격을 잘 나타낼 수 있는 계정과목을 사용해야 하며, 이들 계정과목은 유동성과 비유동성으로 구분해야 한다.

① 유동부채

부채는 다음의 경우에 유동부채로 분류하며, 그 밖의 모든 부채는 비유동부채로 분류한다.

- 정상영업주기 내에 결제될 것으로 예상하고 있다.
- 주로 단기매매목적으로 보유하고 있다.
- 보고기간 후 12개월 이내에 결제하기로 되어 있다.
- 보고기간말 현재 보고기간 후 적어도 12개월 이상 부채의 결제를 연기할 수 있는 권리를 가지고 있지 않다.

이러한 유동부채에는 매입채무와 미지급비용, 단기금융부채, 당좌차월, 비유동금융부채의 유동성 대체 부분, 미지급배당금, 당기법인세부채 등이 있다.

② 비유동부채

비유동부채에는 사채, 확정급여채무, 장기차입금, 임대보증금 등이 있다.

(6) 자본의 분류

한국채택국제회계기준에서는 자본을 납입자본, 이익잉여금 및 기타자본구성요소로 분류하고 있다.

① **납입자본**

회사와 소유주(주주)와의 자본거래에서 소유주가 회사에 납입한 자본금액을 말한다.

　예 자본금, 주식발행초과금

② **이익잉여금**

기업의 경영활동에서 발생한 이익 중 주주에 대한 배당 등을 통하여 처분된 금액을 차감한 후에 사내에 유보된 잉여금이다.

　예 법정적립금, 임의적립금, 미처분이익잉여금

③ **기타자본구성요소**

회사의 자본 중 자본금과 이익잉여금으로 분류되지 않는 자본항목들이다.

　예 기타자본잉여금, 자본조정, 기타포괄손익누계액

3 포괄손익계산서

(1) 의 의

포괄손익계산서는 주주(소유주)와의 자본거래에 따른 자본의 변동을 제외한 기업 순자산의 변동을 표시하는 보고서이다. 이 중 당기순손익을 통해 기업실체의 일정기간 동안의 경영성과를 나타내며, 총포괄손익은 기업의 미래현금흐름과 수익창출능력 등의 예측에 유용한 정보를 제공한다.

$$\text{(총)포괄손익 = 당기순손익}^{주)} \pm \text{기타포괄손익의 변동(재분류조정 포함)}$$

주) 당기순손익 = 수익 − 비용

이때 기타포괄손익이란 포괄손익 중 수익과 비용으로 실현처리 되지 않은 순자산의 변동액을 말하며, 재분류조정이란 당기나 과거 기간에 기타포괄손익으로 인식되었으나 당기손익으로 재분류된 금액을 말한다.

(2) 포괄손익계산서의 구성항목

포괄손익계산서에는 적어도 당해 기간의 다음 금액을 표시하는 항목을 포함한다.

① **수 익**

ㄱ 매출액 : 매출

ㄴ 기타수익 : 수수료수익, 로열티수익, 보험차익, 외환차익, 당기손익−공정가치측정금융자산처분이익, 당기손익−공정가치측정금융자산평가이익, 유형자산처분이익, 사채상환이익, 외화환산이익, 자산수증이익, 채무면제이익, 잡이익, 임대료

ㄷ 금융수익 : 이자수익, 배당금수익

② 비 용

　　㉠ 기능별 분류 : 기능별 분류란 비용을 매출원가 그리고 물류원가와 관리활동원가 등과 같이 기능별로 분류하는 방법으로 매출원가를 다른 비용과 분리하여 공시하는 것이 특징이다. 이 방법은 성격별 분류보다 기능별로 배분해야 하기 때문에 자의적인 배분이 요구되고 상당한 정도의 판단이 개입될 수 있는 것이 단점이다.

> ☆ 매출원가 = 기초재고액 + 당기매입액 − 기말재고액

　　　• 물류원가(판매비), 관리비 : 종업원급여, 퇴직급여, 통신비, 접대비, 여비교통비, 수도광열비, 복리후생비, 차량유지비, 감가상각비, 대손상각비, 세금과공과, 임차료, 보험료, 광고선전비 등
　　　• 기타비용 : 수수료비용, 외환차손, 외화환산손실, 당기손익−공정가치측정금융자산처분손실, 당기손익−공정가치측정금융자산평가손실, 유형자산처분손실, 재고자산감모손실, 재고자산평가손실, 사채상환손실, 재해손실, 잡손실, 기부금, 기타의대손상각비 등
　　　• 금융원가 : 이자비용 등
　　　• 법인세비용 : 법인세, 지방소득세, 농특세 등
　　㉡ 성격별 분류 : 성격별 분류란 당기손익에 포함된 내용을 그 성격별로 통합하여 표시하는 방법이다. 예 감가상각비, 원재료의 사용, 제품과 재공품의 변동, 광고비 등

(3) 포괄손익계산서 표시방법

① 당기손익과 기타포괄손익은 단일의 포괄손익계산서에 두 부분으로 나누어 표시할 수 있다.

단일의 포괄손익계산서	
당기순손익	xxx
기타포괄손익[주]	xxx
총포괄손익	xxx

주) 기타포괄손익의 종류 : 재평가잉여금변동, 기타포괄손익−공정가치측정금융자산평가손익, 해외사업환산손익 등

② 당기손익 부분은 별개의 손익계산서에 표시할 수도 있다.

별개의 손익계산서		포괄손익계산서	
당기순손익	xxx	당기순손익	xxx
		기타포괄손익	xxx
		총포괄손익	xxx

(4) 수익과 비용 표시

수익과 비용을 포괄손익계산서 또는 별도의 손익계산서에 표시하는 방법 중 중요사항은 다음과 같다.

① 별도 표시

수익과 비용 항목이 중요한 경우 그 성격과 금액을 별도로 공시한다.

② 비용의 분류표시

기업은 비용의 성격별 또는 기능별 분류방법 중에서 신뢰성 있고 더욱 목적적합한 정보를 제공할 수 있는 방법을 적용하여 당기손익으로 인식한 비용의 분석내용을 표시한다.

> **··· 참고**
>
> | 수 익 | 영업수익 | 매출액 |
> |---|---|---|
> | | 영업외수익
(기타수익, 금융수익) | 이자수익, 배당금수익, 로얄티수익, 당기손익-공정가치측정금융자산처분이익, 당기손익-공정가치측정금융자산평가이익, 유형자산처분이익, 사채상환이익, 잡이익 |
> | 비 용 | 매출원가 | |
> | | 판매비와관리비
(물류원가, 관리비 등) | 종업원급여, 퇴직급여, 광고선전비, 접대비, 복리후생비, 통신비, 수도광열비, 세금과공과, 임차료, 보험료, 감가상각비, 대손상각비, 소모품비, 차량유지비, 수수료비용, 교육훈련비 등 |
> | | 영업외비용
(기타비용, 금융원가) | 이자비용, 기타의대손상각비, 당기손익-공정가치측정금융자산처분손실, 당기손익-공정가치측정금융자산평가손실, 유형자산처분손실, 기부금, 사채상환손실 등 |

(5) 포괄손익계산서 당기순손익 계산

※ 기능별 분류

```
      수익(매출액)
  –   매출원가
  ──────────────
      매출총이익
  –   물류원가
  –   관리원가(비)
  ──────────────
      영업손익
  +   기타수익
  –   기타비용
  +   금융수익
  –   금융원가
  ──────────────
      법인세비용차감전순이익
  –   법인세비용
  ──────────────
      당기순손익
```

* 영업손익 계산 시 고려하지 않는 항목
  영업외수익 : 기타수익, 금융수익(이자수익)
  영업외비용 : 기타비용, 금융원가(이자비용)

4 기타 재무제표

(1) 자본변동표

자본변동표는 일정기간 동안의 자본변동에 관한 정보를 제공하는 재무제표이다. 자본변동표는 자본의 각 구성요소별로 당기순손익, 기타포괄손익의 각 항목 및 소유주(주주)와의 자본거래에 따른 변동액을 구분하여 표시한다. 즉 기초시점과 기말시점의 장부금액 조정내역을 자본항목별로 구체적으로 표시한다.

(2) 현금흐름표

① 의 의

현금흐름표는 영업활동, 투자활동, 재무활동별로 기업의 일정기간 동안의 현금및현금성자산의 변동에 관한 정보를 제공하는 재무제표이다.

구 분	내 용
영업활동	재화의 판매, 용역 제공에 대한 현금유입, 재화와 용역의 구입에 따른 현금유출, 종업원과 관련하여 직·간접으로 발생하는 현금유출, 단기매매목적으로 보유하는 계약 관련 등
투자활동	유형, 무형 및 기타장기성자산의 취득과 처분, 대여금의 회수와 대여, 다른 기업의 지분상품과 채무상품의 취득과 처분
재무활동	지분상품의 발행 및 상환, 사채의 발행 및 상환, 금융리스부채의 상환

② 유용성

- 미래현금흐름의 예측과 평가에 유용한 정보제공
- 발생주의에 의해 작성된 포괄손익계산서의 당기순이익에 대한 보완 정보제공
- 배당지급능력, 부채상환능력과 자금조달의 필요성, 투자 및 재무활동에 대한 정보제공

5 주 석

(1) 의 의

재무상태표, 포괄손익계산서, 자본변동표 및 현금흐름표에 표시하는 정보에 추가하여 제공하는 정보이다. 주석은 상기 재무제표에 표시된 항목을 구체적으로 설명하거나 세분화하고, 상기 재무제표 인식요건을 충족하지 못하는 항목에 대한 정보를 제공한다.

01 다음에서 설명하는 재무제표의 종류로 옳은 것은?

> 일정시점 현재의 기업이 보유하고 있는 경제적 자원인 자산과 경제적 의무인 부채, 그리고 자본에 대한 정보를 제공하는 보고서이다.

① 자본변동표   ② 포괄손익계산서
③ 현금흐름표   ④ 재무상태표

02 다음 중 재무제표에 해당하지 않는 것은?

① 재무상태표   ② 포괄손익계산서
③ 시산표   ④ 자본변동표

• **정답과 해설**

01 재무상태표는 일정시점의 재무상태(자산, 부채, 자본)를 나타내는 보고서를 말한다.

02 재무제표의 종류는 다음과 같다.
① 재무상태표
② 포괄손익계산서
③ 자본변동표
④ 현금흐름표
⑤ 주 석

재무제표 ×	시산표, 이익잉여금처분계산서, 정산표 등

정답 01 ④   02 ③

03 다음 자료에서 당기순이익을 계산하면 얼마인가?

가. 총수익	₩3,000,000
나. 총비용	₩1,000,000
다. 기타포괄손익	₩80,000

① ₩1,080,000   ② ₩1,920,000

③ ₩2,000,000   ④ ₩2,080,000

04 재무상태표의 항목을 유동성배열법에 따라 순서대로 바르게 나열한 것 중 옳은 것은?

① 현금및현금성자산 → 단기금융자산 → 매출채권 → 재고자산 → 건물
② 건물 → 현금및현금성자산 → 매출채권 → 재고자산 → 단기금융자산
③ 건물 → 단기금융자산 → 재고자산 → 매출채권 → 현금및현금성자산
④ 현금및현금성자산 → 매출채권 → 건물 → 재고자산 → 단기금융자산

05 기업의 재무상태표를 통하여 얻는 정보로 옳지 않은 것은?

① 기업의 성공적인 자금조절 방법을 예측하는 데 유용한 정보를 제공한다.
② 기업의 재무적 건전성과 재무구조에 대한 유용한 정보를 제공한다.
③ 기업의 유동성과 보유중인 경제적 자원에 대한 유용한 정보를 제공한다.
④ 기업의 경영성과정보를 통해서 기업이 현재의 자원으로부터 현금을 창출할 수 있는 능력을 예측하는 데 유용한 정보를 제공한다.

● 정답과 해설

03 총수익 3,000,000 − 총비용 1,000,000 = 당기순이익 2,000,000
※ 만일 문제에서 총포괄손익을 물어 보았다면
당기순이익 2,000,000 + 기타포괄손익 80,000 = 총포괄손익 2,080,000

04 유동성배열법이란 유동성(현금화가 빠른) 순서에 따른 표시방법을 말한다.

05 경영성과와 현금창출 능력 예측에 관한 정보는 포괄손익계산서에 대한 설명이다.

정답   03 ③   04 ①   05 ④

06 한국채택국제회계기준(K-IFRS)에 따른 포괄손익계산서(기능별)에서 영업이익을 계산하는 방법으로 옳은 것은?

① 순매출액 - 매출원가
② 매출총이익 - (물류원가 + 관리비)
③ 법인세비용차감전순이익 - 법인세비용
④ 매출총이익 + 기타수익 - (기타비용 + 금융원가)

07 다음 중 재무상태표에 대한 설명으로 옳지 않은 것은?

① 부채는 유동부채와 비유동부채로 분류한다.
② 자산에서 유동자산은 당좌자산과 투자자산을 포함하고, 비유동자산은 재고자산, 유형자산, 무형자산, 기타비유동자산을 포함한다.
③ 기업이 일정시점 현재에 보유하고 있는 경제적 자원인 자산, 경제적 의무인 부채 그리고 자본에 대한 정보를 제공하는 재무보고서이다.
④ 자본은 자본금, 자본잉여금, 자본조정, 기타포괄손익누계액 및 이익잉여금(또는 결손금)으로 구분한다.

08 다음 중 재무상태표 계정에 속하지 않는 것은?

① 단기차입금   ② 당기손익-공정가치측정금융자산
③ 임대료   ④ 이익잉여금

●━ 정답과 해설

06 매출총이익 - (물류원가 + 관리비) = 영업이익

07

유동자산	당좌자산, 재고자산
비유동자산	투자자산, 유형자산, 무형자산, 기타비유동자산

08 임대료는 수익으로 포괄손익계산서 계정이다.

정답 06 ② 07 ② 08 ③

09 회계기간에 관한 설명 중 옳지 않은 것은?

① 회계기간은 1년을 초과할 수 없다.

② 인위적으로 구분한 기간으로, 회계연도라고도 한다.

③ 기업의 재무성과와 재무상태를 파악하기 위하여 설정한 시간적인 구분이다.

④ 유동자산과 비유동자산을 구분하기 위한 것이다.

10 상품판매업을 영위하는 (주)상공의 재무상태표를 다음과 같이 작성하였을 때 옳지 않은 것은?

① 자산을 유동자산과 비유동자산으로 구분 표시하였다.

② 서로 다른 거래처에서 발생한 외상매출금과 외상매입금을 서로 상계하여 순액으로 표시하였다.

③ 매출채권에 대한 대손충당금을 차감하여 매출채권을 순액으로 측정하였다.

④ 업무용 차량운반구를 비유동자산으로 구분 표시하였다.

• 정답과 해설

09 유동과 비유동의 구분은 정상적인 영업주기 내에 판매하거나 소비될 의도가 있으며, 보고기간 후 12개월 이내에 실현될 것으로 예상되는 경우이다.

10 회계기준에서 요구하거나 허용하지 않는 한 자산과 부채 그리고 수익과 비용은 상계하지 않는다. 왜냐하면 상계표시할 경우 재무제표 이용자가 발생한 거래, 그 밖의 사건과 상황을 이해하고 기업의 미래현금흐름을 분석하는 데 있어 지장을 줄 수 있기 때문이다.

정답 09 ④ 10 ②

PART 1 이론

자 산

01 현금및현금성자산

1 현금 ☆

현금 ○	통화(지폐, 주화)
	통화대용증권(타인발행수표, 자기앞수표, 우편환증서, 송금수표, 국공채이자표 등), 소액현금 등
현금 ×	우표, 수입인지, 선일자수표 등

예제 현금

다음 각 상황을 분개하시오.

> 1. 외상매출금을 자기앞수표 100,000원으로 받은 경우
> 2. 외상매출금을 같은 금액으로 동점발행(그 거래처)과 당점발행수표(우리회사 발행)로 수령한 경우

정답 ■

1	(차) 현 금	100,000	(대) 외상매출금	100,000
2-1	(차) 현금(동점발행)	100,000	(대) 외상매출금	100,000
2-2	(차) 당좌예금(당점발행)	100,000	(대) 외상매출금	100,000

동점발행수표를 받은 경우	차변 현금
당점발행수표를 받은 경우	차변 당좌예금

---

2 현금성자산 ☆

기업이 보유하는 자산 중 결제수단으로 자유롭게 사용 가능한 자산들을 통칭하는 개념이다. 현금성자산으로 분류되기 위해서는 ① 확정된 금액의 현금으로 전환이 용이하고, ② 가치변동의 위험이 경미해야 한다. 따라서 투자자산은 일반적으로 ③ 만기일이 단기에 도래하는 경우(예를 들어, 취득일(주의 : 결산일×)로부터 만기일이 3개월 이내인 경우 정기예금, 양도성예금증서, 환매조건부채권, 상환우선주)에만 현금성자산으로 분류된다.

계정과목	계정과목의 분류	
정기예금, 정기적금, 환매채, 양도성예금증서 등 금융상품	취득일로부터 만기 3개월 이내	현금성자산
	보고기간 말로부터 1년 이내 만기도래	단기금융상품
	보고기간 말로부터 1년 이후 만기도래	장기금융상품

> **⋯ 참고**
>
> • 가입 당시 3개월 이내 만기되는 정기예금 (O)
> • 취득 당시 만기가 3개월 이내인 받을어음 (×)

3 관련 용어 설명

타인발행수표	거래처에서 발행한 당좌수표(은행과 당좌계약을 체결하여 발행한 수표)
자기앞수표	은행권에서 발급되는 수표(통상 10만원권, 50만원권, 100만원권 등)
양도성예금증서	양도성이 부여된 예금증서로 무기명 할인식 발행
우편환증서	우정사업본부에서 발행하는 소액 현금 증서
송금수표	수표를 우편으로 발송한 후 해당 수표를 금융기관에 제시하여 현금화(주로 해외송금 시 이용)
만기도래 국·공채이자표	만기 도래한 채권의 이자지급
수입인지	• 과세대상인 계약서를 작성할 때 소정의 수입인지를 구입하여 첨부 • 행정기관의 인허가 관련한 수수료 등에 대해 수입인지를 구입 예 주민등록 등 민원서류, 인허가 서류 제출 시 수수료 등 행정처리 수수료
선일자수표	매출채권 또는 미수금으로 분류(형식 수표, 실질 어음)

4 당좌예금

일정한 요건을 충족하는 경우 은행과 당좌거래 계약을 체결하고, 당좌예금 계좌를 개설한 후 수표발행을 통해서 인출하는 예금이다.

(1) 당좌차월

일반적으로 수표나 어음의 발행은 당좌예금 잔액 한도 내에서 발행되어야 한다. 그러나 은행과 당좌차월계약을 맺게 되면, 약정된 금액까지는 잔액이 없더라도 수표 및 어음 발행이 가능한데 이렇게 당좌예금 잔액을 초과하여 발행한 금액을 당좌차월이라고 한다.

회계기간 중 초과분에 대해 '당좌차월'로 구분하여 분개하는 경우(2계정제 처리방법)와 이를 구분하지 않고 '당좌예금'으로 처리하다가(1계정제 처리방법) 결산시점에 마이너스된 당좌차월분을 '단기차입금' 계정과목으로 분류하는 방식도 이용된다.

> **⋯ 참고**
>
> 당좌예금 잔액을 초과하여 발행된 금액을 거래 발생시점에 '단기차입금' 계정과목으로 회계처리할 수 있다.

예제 당좌예금과 당좌차월

(주)시대의 다음 거래를 분개하시오.

기초 당좌예금 잔액은 10,000원이 있다(전년도에 하나은행과 당좌거래계약 및 당좌차월계약을 맺었다. 당좌차월 한도액은 100,000원이고, 당좌차월계정으로 분개하시오).
- 5월 1일   한라상사로부터 상품 50,000원을 매입하고 대금은 당좌수표를 발행하여 지급하다.
- 8월 1일   현금 70,000원을 국민은행 당좌예금에 예입하다.
- 10월 1일   (주)고시의 외상매입금 40,000원을 당좌수표를 발행하여 지급하다.

정답 ■

- 2계정제 처리방법

5월 1일	(차) 매입(=상품)	50,000	(대) 당좌예금	10,000
			당좌차월(단기차입금)	40,000
8월 1일	(차) 당좌차월(단기차입금)	40,000	(대) 현 금	70,000
	당좌예금	30,000		
10월 1일	(차) 외상매입금	40,000	(대) 당좌예금	30,000
			당좌차월(단기차입금)	10,000

- 1계정제 처리방법

5월 1일	(차) 매입(=상품)	50,000	(대) 당좌예금	50,000
8월 1일	(차) 당좌예금	70,000	(대) 현 금	70,000
10월 1일	(차) 외상매입금	40,000	(대) 당좌예금	40,000

5 현금과부족 ☆

실수나 잘못된 장부기입으로 인해 장부상 현금과 실제 현금 잔액이 일치하지 않는 경우가 있다. 이 경우 현금과부족계정을 통해 그 차이내역을 규명하여 해당 계정으로 회계처리한다.

현금과부족계정은 임시계정으로 외부에 공시하는 재무상태표에 표시되어서는 아니된다.

회계기간 중	현금과부족 사용
결산 당일	현금 사용(시간적인 여유가 없기 때문에 바로 현금으로 처리함)

원인 불명(부족액)	잡손실 처리
원인 불명(초과액)	잡이익 처리

예제 현금과 부족

(주)시대의 거래에 대하여 분개하시오.

> 7월 1일   현금을 실사한 결과 장부보다 10,000원이 부족함을 발견하다.
> 12월 31일 현금과부족의 원인을 확인한 결과 7,000원은 홍길동의 여비교통비 지급임을 확인했고, 나머지 금액은 내역을 확인할 수 없다.

정답 ■

실제 현금	≠	장부상 현금 +10,000

항상 실제 현금을 기준으로 장부를 맞추어야 한다.

7월 1일	(차) 현금과부족	10,000	(대) 현 금	10,000
12월 31일	(차) 여비교통비 잡손실	7,000 3,000	(대) 현금과부족	10,000

(주)시대의 거래에 대하여 분개하시오.

> 7월 1일   현금을 실사한 결과 장부보다 10,000원이 초과됨을 발견하다.
> 12월 31일 현금과부족의 원인을 확인한 결과 7,000원은 수수료수익으로 확인했고, 나머지 금액은 내역을 확인할 수 없다.

정답 ■

실제 현금 +10,000	≠	장부상 현금

7월 1일	(차) 현 금	10,000	(대) 현금과부족	10,000
12월 31일	(차) 현금과부족	10,000	(대) 수수료수익 잡이익	7,000 3,000

(주)시대의 거래에 대하여 분개하시오.

> 결산 당일 현금계정 100,000원과 실제 잔액 110,000원을 확인했고, 그 원인은 확인할 수 없다.

정답 ■

결산일	(차) 현 금	10,000	(대) 잡이익	10,000

6 소액현금제도

현금은 도난이나 부정행위 등에 노출될 위험이 매우 높아서 가능한 한 기업 내부에 보관하는 현금보유액을 줄이고 금융기관에 예치시켜 필요할 때마다 인출하여 사용하는 것이 현금통제를 위해 바람직하다. 각 부서(용도계)에서 필요로 하는 경비 사용을 위해 별도 구분 관리하는 자금을 소액현금이라 한다.

(1) 정액자금전도법

매월 또는 일정기간 단위로 필요한 금액을 선급해 주는 것으로 그 이후에는 용도계에서 사용한 금액을 보충하는 방법

(2) 부정액자금전도법(수시자금전도법)

자금이 필요할 때마다 수시로 보충해 주는 방법

구 분	차 변	금 액	대 변	금 액
소액현금 용도계 지급	소액현금	100,000	현 금 (혹은 당좌예금)	100,000
사용내역 보고	여비교통비 통신비 도서인쇄비	35,000 40,000 20,000	소액현금	95,000
소액현금 용도계 보충	소액현금	95,000	현 금 (혹은 당좌예금)	95,000

01 다음 중 (주)부산의 거래에 대한 분개로 옳은 것은?

> (주)평화로부터 외상매출 대금 ₩30,000을 자기앞수표로 받아 즉시 당좌예입하다(단, 당좌차월 잔액은 ₩10,000이다).

① (차) 당좌예금   30,000   (대) 외상매출금   30,000

② (차) 당좌예금   30,000   (대) 현 금   30,000

③ (차) 당좌예금   20,000   (대) 외상매출금   30,000
       단기차입금   10,000

④ (차) 당좌예금   20,000   (대) 현 금   30,000
       단기차입금   10,000

02 다음 중 현금및현금성자산에 속하지 않는 것은?

① 취득 당시 1년 만기의 정기예금

② 취득 당시 상환일까지의 기간이 3개월 이내인 상환주

③ 해외 바이어에게 수령한 달러현금

④ 취득 당시 만기가 3개월 이내인 양도성 예금

● 정답과 해설

01 자기앞수표는 통화대용증권으로 이를 분개할 때 현금 계정과목을 사용한다. 'A하고 (즉시) B하다'를 분개할 때는 B를 중심으로 처리한다. 따라서 뒤에 나온 '당좌예금' 계정과목으로 처리한다. 그런데 예입 시 당좌차월이 있으므로 이를 먼저 상환하고, 당좌차월을 초과한 금액은 당좌예금 계정과목을 사용한다.

02 현금성자산으로 분류되기 위해서는 확정된 금액의 현금으로 전환이 용이하고, 가치변동의 위험이 경미해야 하며, 취득 당시 만기나 상환기일이 3개월 이내인 금융상품이나 유가증권을 현금성자산이라 한다. 따라서 취득 당시 1년 만기의 정기예금은 이에 속하지 아니한다.

정답   01 ③   02 ①

03 다음 중 현금및현금성자산에 속하지 않는 것은?

① 만기가 1년 이내에 도래하는 정기적금
② 취득 당시의 만기가 3개월 이내에 도래하는 채권
③ 취득 당시의 3개월 이내에 만기가 도래하는 금융기관 취급 단기금융상품
④ 환매채(취득 당시 3개월 이내의 환매조건)

04 다음 연속된 거래에서 12월 31일(결산일)에 행할 분개로 옳은 것은?

> 10월 31일 현금의 실제 잔액은 ₩20,000이나, 총계정원장 현금계정 잔액은 ₩25,000이다.
> 11월 2일 위의 원인을 조사한 바 9월 3일에 ₩2,000의 임차료 지급을 기장 누락한 것으로 밝혀졌다.
> 12월 31일 장부상의 현금 잔액과 실제액의 차액 중 ₩3,000은 결산일 현재까지 원인이 밝혀지지 않았다.

① (차) 현금과부족	2,000	(대) 현 금	2,000
② (차) 현금과부족	3,000	(대) 현 금	3,000
③ (차) 잡손실	3,000	(대) 현금과부족	3,000
④ (차) 임차료	3,000	(대) 현금과부족	3,000

● 정답과 해설

03 2번과 동일한 문제유형으로 현금성자산으로 분류되기 위해서는 확정된 금액의 현금으로 전환이 용이하고, 가치변동의 위험이 경미해야 하며, 취득 당시 만기나 상환기일이 3개월 이내인 금융상품이나 유가증권을 현금성자산이라 한다. 따라서 취득 당시 만기가 1년 이내에 도래하는 정기적금은 이에 속하지 아니한다.

04 '장부 잔액 > 실제 잔액'인 상황으로 분개하는 데 있어 기준점은 항상 실제 잔액이므로 장부 현금잔액을 차이액만큼 감소시키고 상대 계정과목에 현금과부족으로 처리한다. 이후 원인이 밝혀지면 차변에 해당 비용의 계정과목을 반영한다.

• 10월 31일	(차) 현금과부족	5,000	(대) 현 금	5,000
• 11월 2일	(차) 임차료	2,000	(대) 현금과부족	2,000
• 12월 31일	(차) 잡손실	3,000	(대) 현금과부족	3,000

정답 03 ① 04 ③

05 다음은 (주)상공의 당좌예금출납장이다. 이를 자료로 6월 15일의 거래를 분개한 것으로 옳은 것은?

날짜		적용	예입	인출	차·대	잔액
6	1	전월이월	100,000		차	100,000
	9	외상대금 지급		350,000	대	250,000
	15	상품매출	400,000		차	150,000
	30	차월이월		150,000		
			500,000	500,000		

① (차) 당좌차월   150,000   (대) 매 출   400,000
      당좌예금   250,000

② (차) 현 금   250,000   (대) 매 출   400,000
      당좌예금   150,000

③ (차) 당좌차월   400,000   (대) 매 출   400,000

④ (차) 당좌차월   250,000   (대) 매 출   400,000
      당좌예금   150,000

06 다음 자료에 의해 재무제표에 기입될 현금및현금성자산을 계산한 금액으로 옳은 것은?

> 가. 우편환　　　　　　　　　₩50,000
> 나. 기일도래공사채이자표　　　₩1,000
> 다. 현 금　　　　　　　　　　₩15,000
> 라. 정기예금(6개월 후 만기)　　₩10,000

① ₩16,000　　　　　　　　　　② ₩65,000

③ ₩66,000　　　　　　　　　　④ ₩75,000

07 결산 시 현금의 장부금액(₩100,000)과 실제금액(₩90,000)의 차이가 발생하였음을 발견하였으나 그 원인을 알 수 없었다. 분개로 옳은 것은?

① (차) 현 금　　　　　　10,000　　(대) 잡이익　　　　　　10,000

② (차) 현 금　　　　　　10,000　　(대) 현금과부족　　　　10,000

③ (차) 잡손실　　　　　　10,000　　(대) 현 금　　　　　　10,000

④ (차) 현금과부족　　　　10,000　　(대) 현 금　　　　　　10,000

● 정답과 해설

06		
현금및현금성자산	통화(지폐, 주화)·통화대용증권(타인발행수표, 자기앞수표, 우편환증서, 송금수표, 만기도래 국·공채이자표 등)·소액현금·당좌예금·보통예금 등	
단기금융상품	정기예금·정기적금·양도성예금증서·어음관리계좌·금전신탁·기업어음 등 취득 당시 만기 3개월 이내인 경우 → 현금및현금성자산으로 분류	
현금및현금성자산 ×	우표, 수입인지, 선일자수표, 부도수표, 당좌차월, 당좌개설보증금 등	

∴ 우편환 50,000 + 기일도래공사채이자표 1,000 + 현금 15,000 = 현금및현금성자산 66,000

07	
기중 장부금액과 실제금액의 불일치	현금과부족
결산 시 장부금액과 실제금액의 불일치	장부금액 > 실제금액 : 잡손실 장부금액 < 실제금액 : 잡이익

정답 06 ③ 07 ③

08 다음 중 회계상의 현금으로 처리할 수 있는 것끼리 나열된 것으로 옳은 것은?

> 가. 사채권   나. 자기앞수표
> 다. 약속어음   라. 타인발행수표
> 마. 당점발행수표   바. 우편환증서

① 가, 나, 다   ② 가, 다, 마
③ 나, 라, 바   ④ 나, 마, 바

09 다음 거래를 분개한 것으로 옳은 것은?

> 소유하고 있던 (주)서울 발행 수표 ₩200,000을 은행에 당좌예입하다(단, 당좌차월 잔액이 ₩500,000 이다).

① (차) 당좌예금	200,000	(대) 현 금	200,000
② (차) 단기차입금	200,000	(대) 현 금	200,000
③ (차) 단기차입금	200,000	(대) 당좌예금	200,000
④ (차) 당좌예금	200,000	(대) 단기차입금	200,000

● 정답과 해설

08	현 금	통화(지폐, 주화)·통화대용증권(타인발행수표, 자기앞수표, 우편환증서, 송금수표, 만기도래 국·공채이자표 등)

09 당좌예입 시 당좌차월(단기차입금) 잔액이 있으면 단기차입금의 상환을 우선 처리한다.

정답 08 ③ 09 ②

10 다음 거래를 회계처리한 결과에 대한 설명으로 옳은 것은?

> (주)대한상공은 3년 만기 정기예금 ₩1,000,000과 이자 ₩50,000을 현금 수령하여 그 중
> ₩700,000은 보통예금에 입금하였다.

① 대변에 현금계정 ₩350,000이 기입된다.
② 차변에 보통예금계정 ₩700,000이 기입된다.
③ 차변에 정기예금계정 ₩1,000,000이 기입된다.
④ 대변에 이자비용계정 ₩50,000이 기입된다.

11 다음 거래를 분개할 때, 차변 계정과목이 현금및현금성자산에 해당하지 않는 거래는?

① 현금 ₩100,000을 보통예금에 예입하다.
② 외상매출금 ₩500,000을 동점발행수표로 받다.
③ 상품 ₩300,000을 매출하고 대금은 당좌예금에 입금되다.
④ 기업어음(만기 1년) ₩1,000,000을 취득하고 금융회사에 수표를 발행하여 입금하다.

● 정답과 해설

10 (차) 보통예금　　　　　　　　　700,000　　(대) 정기예금　　　　　　　　1,000,000
　　　현　금　　　　　　　　　　350,000　　　　이자수익　　　　　　　　　 50,000

11 현금성자산으로 분류되기 위해서는 확정된 금액의 현금으로 전환이 용이하고, 가치변동의 위험이 경미해야 하며,
　　취득 당시 만기나 상환기일이 3개월 이내인 금융상품이나 유가증권을 현금성자산이라 한다. 따라서 취득 당시 1년
　　만기의 정기예금은 이에 속하지 아니하고 단기금융상품으로 분류한다.
　　(차) 단기금융상품　　　　　　1,000,000　　(대) 당좌예금　　　　　　　　1,000,000

정답　10 ② 　11 ④

12 다음 거래의 회계처리로 옳은 것은?

> 거래처 문화상점에 9개월 약정으로 대여하였던 대여금의 회수일이 도래하여 대여금 ₩200,000
> 을 이자 ₩1,000과 함께 현금으로 받아 즉시 당좌예입하다.

① (차) 당좌예금   201,000   (대) 장기대여금   200,000
                                                 이자수익   1,000

② (차) 당좌예금   201,000   (대) 단기대여금   200,000
                                                 이자수익   1,000

③ (차) 장기대여금   200,000   (대) 당좌예금   201,000
       이자수익   1,000

④ (차) 단기대여금   200,000   (대) 당좌예금   201,000
       이자수익   1,000

12 'A하고 (즉시) B하다.'를 분개할 때는 B를 중심으로 처리한다. 따라서 뒤에 나온 당좌예금계정으로 처리한다.

정답 12 ②

02 금융자산

대단히 추상적인 내용으로 구성되어 있기 때문에 아래 정리된 핵심 요약 사항을 위주로 학습하는 것이 바람직하다.

1 의 의

금융상품은 계약상 관계로 발행자는 금융부채와 지분상품으로 구분하고 보유자는 금융자산으로 처리한다.

☆금융자산	☆금융부채
매출채권(외상매출금, 받을어음), 대여금 ○	매입채무(외상매입금, 지급어음), 차입금, 사채 ○
미수금, 미수수익 ○	미지급금, 미지급비용 ○
선급금, 선급비용 ×	선수금, 선수수익 ×
재고자산, 유형자산, 무형자산, 투자부동산 등 ×	미지급법인세, 충당부채 ×

용어 설명	내 용
채무상품	주로 채권(국채, 지방채, 공채 등)
지분상품	순자산에 대한 청구권, 잔여지분으로 주로 주식(보통주, 우선주 등)

2 금융자산의 분류

금융자산의 분류	사 례
당기손익-공정가치측정금융자산	단기매매목적으로 주식 취득
기타포괄손익-공정가치측정금융자산	그 외 나머지
상각후원가측정금융자산	주로 채권(국채, 공채, 사채 등)

※ 금융자산의 분류는 추상적이어서 각 금융자산의 사례 정도만 확인하는 수준에서 학습한다.

3 최초 측정(취득원가) ☆

금융자산의 분류	최초 측정	거래원가(취득 시 수수료 등)
당기손익-공정가치측정금융자산	제공대가의 공정가치	당기 비용으로 인식
기타포괄손익-공정가치측정금융자산	제공대가의 공정가치	금융자산 취득원가에 가산
상각후원가측정금융자산	제공대가의 공정가치	금융자산 취득원가에 가산

예제 당기손익-공정가치측정금융자산과 기타포괄손익-공정가치측정금융자산

(주)시대는 20X1년 7월 1일에 (주)고시의 주식 10주를 주당 100,000원에 현금으로 취득하였다. 취득과 직접 관련되는 거래원가는 주당 1,000원이다. 이 경우 주식이 당기손익-공정가치측정금융자산과 기타포괄손익-공정가치측정금융자산인 경우 각각의 회계처리를 하시오.

정답 ■

당기손익- 공정가치측정 금융자산	(차) 당기손익-공정가치측정 금융자산 거래비용(수수료비용)	1,000,000 10,000	(대) 현 금	1,010,000
기타포괄손익- 공정가치측정 금융자산	(차) 기타포괄손익-공정가치 측정금융자산	1,010,000	(대) 현 금	1,010,000

4 후속 측정(기말평가) ☆

금융자산의 분류	측정 방법
당기손익-공정가치측정금융자산	공정가치를 평가하여 당기손익에 반영
기타포괄손익-공정가치측정금융자산	공정가치를 평가하여 기타포괄손익에 반영(자본 기타포괄손익 누계액 처리)
상각후원가측정금융자산	유효이자율을 적용하여 상각 후 원가로 평가

당기손익-공정가치측정 금융자산 공정가치 상승 시	(차) 당기손익-공정가치측정 금융자산	xxx	(대) 당기손익-공정가치측정 금융자산평가이익	xxx
당기손익-공정가치측정 금융자산 공정가치 하락 시	(차) 당기손익-공정가치측정 금융자산평가손실	xxx	(대) 당기손익-공정가치측정 금융자산	xxx
기타포괄손익-공정가치측정 금융자산 공정가치 상승 시	(차) 기타포괄손익-공정가치측정 금융자산	xxx	(대) 기타포괄손익-공정가치측정 금융자산평가이익	xxx
기타포괄손익-공정가치측정 금융자산 공정가치 하락 시	(차) 기타포괄손익-공정가치측정 금융자산평가손실	xxx	(대) 기타포괄손익-공정가치측정 금융자산	xxx

예제

(주)시대는 20X1년 1월 1일 당기손익-공정가치측정금융자산을 100원에 취득하였다. 20X1년 말 공정가치가 120원일 경우 20X1년 말 관련 분개를 하시오.

정답 ■

(차) 당기손익-공정가치측정금융자산　　　　　　20　　(대) 당기손익-공정가치측정금융자산평가이익　　20

(주)시대는 20X1년 1월 1일 기타포괄손익-공정가치측정금융자산을 100원에 취득하였다. 20X1년 말 공정가치가 80원일 경우 20X1년 말 관련 분개를 하시오.

정답 ∎

(차) 기타포괄손익-공정가치측정금융자산평가손실	20	(대) 기타포괄손익-공정가치측정금융자산	20

5 금융자산의 제거(처분) ☆

수험목적상 당기손익-공정가치측정금융자산에 대한 처분 시 회계처리만을 제시한다.

장부금액 < 처분금액	(차) 현 금　　　　　　　　xxx	(대) 당기손익-공정가치측정금융자산　　　　　　　xxx 당기손익-공정가치측정금융자산처분이익　　xxx	
장부금액 > 처분금액	(차) 현 금　　　　　　　　xxx 당기손익-공정가치측정금융자산처분손실　xxx	(대) 당기손익-공정가치측정금융자산　　　　　　　xxx	

※ 취득금액이 아닌 장부금액과 처분금액을 비교하여 처분손익을 계산한다.

$$처분금액 - 장부금액 = \begin{cases} + \ 처분이익 \\ - \ 처분손실 \end{cases}$$

예제

(주)시대는 20X1년 1월 1일 당기손익-공정가치측정금융자산을 100원에 취득하였다. 20X1년 말 공정가치가 110원이었고 20X2년 1월 1일 130원에 처분하고 현금 수령할 경우 관련 분개를 하시오.

정답 ∎

20X1년 말	(차) 당기손익-공정가치측정금융자산	10	(대) 당기손익-공정가치측정금융자산평가이익	10
20X2년 1월 1일	(차) 현 금	130	(대) 당기손익-공정가치측정금융자산 당기손익-공정가치측정금융자산처분이익	110 20

〈금융자산의 처분손익〉

구 분	당기손익-공정가치측정	상각후원가측정	기타포괄손익-공정가치측정
처분손익	당기손익 (처분금액 - 장부금액)	당기손익 (처분금액 - 장부금액)	(지분상품) 처분손익 인식하지 않음
			(채무상품) 당기손익

01 대한상사는 단기적 자금 운용을 목적으로 A사 상장 주식을 다음과 같이 취득하였다. 이 경우 당기
손익-공정가치측정금융자산의 취득원가는 얼마인가?

> 가. A사 주식 100주를 주당 ₩6,000에 취득
> 나. A사 주식의 주당 액면금액 ₩5,000
> 다. 취득 시 매매수수료 ₩6,000 지급

① ₩500,000   ② ₩506,000

③ ₩600,000   ④ ₩606,000

02 다음은 상공상사의 상장주식 매입 관련 자료이다. 결산 시 포괄손익계산서에 표시될 기타수익의
금액으로 옳은 것은?(단, 제시된 자료만 고려한다)

> 가. 매입목적
>   - 단기매매 시세차익(매입, 매도가 적극적이고 빈번하게 이루어진다)
> 나. 매 입
>   - 10월 1일 A사 100주 매입단가 @₩5,000(액면가 @₩2,000)
>   - 취득 시 수수료 ₩10,000이 발생되어 현금으로 지급하다.
> 다. 매 도
>   - 12월 1일 A사 100주 매도단가 @₩7,000(액면가 @₩2,000)
>   - 매도 시 수수료 ₩15,000이 차감되어 당좌예입하다.

① ₩185,000   ② ₩190,000

③ ₩195,000   ④ ₩200,000

● 정답과 해설

01 당기손익-공정가치측정금융자산의 취득원가는 취득 당시 공정가치에 의하고 거래원가는 당기 비용처리한다(취득
시 매매수수료).
100주 × 6,000 = 600,000

02 가. 당기손익-공정가치측정금융자산으로 분류한다.
나. 100주 × 5,000 = 500,000(구입 시 제비용은 거래원가라 하며, 수수료비용으로 별도 처리한다)
다. 200,000(= 700,000 - 500,000) - 15,000 = 185,000 처분이익(처분 시 제비용은 처분손익에서 차감한다)

정답 01 ③   02 ①

03 시장성이 있는 당기손익─공정가치측정금융자산의 설명으로 옳지 않은 것은?(단, 당기손익─공정가치측정금융자산은 20X3년 중에 취득했다)

종 목	취득원가	20X3년 말 공정가액	20X4년 말 공정가액
(주)상공	₩2,000,000	₩2,500,000	₩2,200,000

① 20X3년 말 당기손익─공정가치측정금융자산평가이익은 ₩500,000이다.
② 20X4년 말 당기손익─공정가치측정금융자산평가손실은 ₩300,000이다.
③ 20X3년 말 재무상태표에 반영될 당기손익─공정가치측정금융자산의 가액은 ₩2,000,000이다.
④ 20X4년 말 재무상태표에 반영될 당기손익─공정가치측정금융자산의 가액은 ₩2,200,000이다.

04 12월 31일이 결산일인 (주)상공은 20X1년 중에 단기매매를 목적으로 시장성 있는 A회사 주식을 ₩500,000에 취득하였다. 20X1년 말 현재 A회사 주식의 시가는 ₩450,000이었다. (주)상공은 20X2년 중에 A회사 주식 전부를 ₩480,000에 매각처분하였다. (주)상공이 20X2년도 포괄손익계산서에 인식해야 할 A회사 주식에 대한 당기손익─공정가치측정금융자산처분손익은 얼마인가?

① 처분이익 ₩30,000
② 처분이익 ₩50,000
③ 처분손실 ₩30,000
④ 처분손실 ₩50,000

● 정답과 해설

03 재무상태표에는 보고기간 말 공정가치로 표시됨으로 20X3년 말 반영될 당기손익─공정가치측정금융자산의 가액은 2,500,000이다.

04 처분가격 480,000 − 당기손익─공정가치측정금융자산 공정가치 450,000 = 처분이익 30,000

정답 03 ③ 04 ①

05 (주)상공은 아래와 같이 (주)대한상사의 주식을 매입하고 순차적으로 매각하였다. (주)상공의 당기순손익에 미치는 영향으로 옳은 것은?(단, 당기손익-공정가치측정금융자산으로 가정함)

> 가. 주식 20주를 주당 ₩3,000에 매입
> 나. 주식 5주를 주당 ₩3,000에 매각
> 다. 주식 10주를 주당 ₩2,000에 매각
> 라. 주식 5주를 주당 ₩4,000에 매각

① 순손실 ₩5,000
② 순이익 ₩5,000
③ 순이익 ₩20,000
④ 순손실 ₩20,000

06 (주)상공은 20X4년 중에 단기매매차익을 목적으로 A회사 주식을 ₩550,000에 취득하였고, 20X4년 말 현재 A회사 주식의 공정가치는 ₩520,000이다. (주)상공은 20X5년 3월 1일에 A회사 주식 전부를 ₩580,000에 매각하였다. (주)상공이 20X5년 3월 1일에 인식해야 할 A회사 주식에 대한 당기손익-공정가치측정금융자산처분이익은 얼마인가?

① ₩30,000   ② ₩40,000
③ ₩50,000   ④ ₩60,000

● 정답과 해설

05 나. (차) 현 금   15,000   (대) 당기손익-공정가치측정   15,000
                                              금융자산

   다. (차) 현 금   20,000   (대) 당기손익-공정가치측정   30,000
         당기손익-공정가치측정   10,000   금융자산
         금융자산처분손실

   라. (차) 현 금   20,000   (대) 당기손익-공정가치측정   15,000
                                              금융자산
                                              당기손익-공정가치측정   5,000
                                              금융자산처분이익

   나. 주식 5주를 주당 3,000원에 매각 : 매각에 따른 손익없음
   다. 주식 10주를 주당 2,000원에 매각 : 손실 10,000원
   라. 주식 5주를 주당 4,000원에 매각 : 이익 5,000원
   ∴ 위 거래로 인한 순손실 = 손실 10,000원 - 이익 5,000원 = 5,000원

06 매각금액 580,000 - 공정가치 520,000 = 당기손익-공정가치측정금융자산처분이익 60,000

정답 05 ① 06 ④

03 외상매출금과 외상매입금

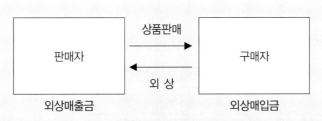

자산(채권)	구 분	부채(채무)
외상매출금	상거래(외상)	외상매입금
받을어음		지급어음
미수금	상거래 이외(외상)	미지급금
대여금	금전대차거래	차입금
선급금	계약금 등	선수금

1 인명계정

외상거래를 통제계정으로만 회계처리할 경우 각 거래처별 채권 및 채무 금액을 파악하기 어렵기 때문에 거래처별 채권과 채무를 개별적으로 관리하기 위하여 거래처 상호나 대표자 이름을 사용한다.

2 통제계정

외상으로 거래하는 매출처와 매입처의 수가 많은 경우 간편한 회계 업무처리를 위하여 외상매출금계정과 외상매입금계정으로 통합하여 처리한다. 또한 보조원장인 매출처원장과 매입처원장을 작성하여 거래처별로 관리한다.

거래처 매출처 원장 T-계정 + 거래처 매출처 원장 T-계정 = 외상매출금 T-계정의 합
거래처 매입처 원장 T-계정 + 거래처 매입처 원장 T-계정 = 외상매입금 T-계정의 합

다음 매출처원장을 외상매출금으로 통합처리하시오.

(주)시대

1/1	전기이월	100	7/31	현 금	200
7/1	매 출	250	12/31	차기이월	150
		350			350

(주)고시

1/1	전기이월	200	7/31	현 금	300
7/1	매 출	350	12/31	차기이월	250
		550			550

정답 ▪

외상매출금(= 시대 + 고시)

1/1	전기이월	300	7/31	현 금	500
7/1	매 출	600	12/31	차기이월	400
		900			900

매출채권 T–계정 이해	
증 가	**감 소**
전기이월 타인발행 약속어음 수취, 외상판매	매출채권 대손, 어음 배서양도, 어음의 부도 차기이월

3 외상매출금의 측정

아래 내용은 매출에서 직접 차감하며 해당 외상매출금의 채권을 감소시킨다.

(1) 매출에누리
제품의 결함이나 하자 등의 이유로 가격을 깎아주는 것

(2) 매출환입
제품의 하자 등으로 인해 판매한 상품이 반품되는 것

(3) 매출할인
매출채권을 신속하게 회수하기 위하여 일정한 기간 내에 대금을 지급한 고객에게 대금의 일부를 깎아주는 것

4 체크카드 및 신용카드 거래

체크(직불)카드		즉시 결제(물품 및 상품 구입 시 결제 계좌 잔액 범위 내에서 출금처리)
신용카드	물품구입	비품 등을 구입한 경우 미지급금 대변으로 처리
	상품매입	상품매입 시 외상매입금 대변으로 처리
	☆ 상품매출	상품매출 시 신용카드 결제 시 외상매출금 차변으로 처리 카드대금 수수료 차감 후 입금 시(해당 수수료 : 매출채권처분손실)
	자산매각	비품 등 처분 시 신용카드로 결제 받는 경우 미수금 차변으로 처리

예제 체크카드와 신용카드

(주)시대의 거래내역을 분개하시오.

> 12월 1일   상품을 100,000원 매입하고 대금을 체크카드로 결제를 하였다.
> 12월 10일   상품을 100,000원 매출하고 대금을 신용카드로 결제를 받았다.
> 12월 31일   비품을 100,000원 구입하고 대금을 신용카드로 결제를 하였다.

정답 ■

12월 1일	(차) 매입(=상품)	100,000	(대) 보통예금	100,000
12월 10일	(차) 외상매출금	100,000	(대) 매 출	100,000
12월 31일	(차) 비 품	100,000	(대) 미지급금	100,000

01 (주)상공은 외상으로 판매했던 상품에 대한 대금 ₩300,000을 현금으로 받아 즉시 당좌예입하였다. 옳은 분개는?

① (차) 외상매출금   300,000   (대) 당좌예금   300,000

② (차) 당좌예금   300,000   (대) 외상매출금   300,000

③ (차) 당좌예금   300,000   (대) 지급어음   300,000

④ (차) 받을어음   300,000   (대) 당좌예금   300,000

02 다음 (주)상공의 9월 매출처원장의 기록내용으로 옳은 것은?

대한상사

9/1	전기이월	20,000	9/3	현 금	( )
9/10	매 출	( )	9/30	차기이월	240,000
		250,000			250,000

민국상사

9/1	전기이월	( )	9/3	현 금	100,000
9/12	매 출	30,000	9/30	차기이월	( )
		120,000			120,000

① 9월 외상매출금 기초 잔액은 ₩240,000이다.

② 9월 외상매출금 기말 잔액은 ₩40,000이다.

③ 9월에 회수한 외상매출금은 ₩110,000이다.

④ 9월에 외상으로 매출한 상품은 ₩230,000이다.

• 정답과 해설

01 A하고 (즉시) B하다 : 분개할 때 B를 중심으로 처리한다.
위의 경우 현금이 아닌 당좌예금 계정과목으로 반영한다.

02 대한상사 거래처별 원장 + 민국상사 거래처별 원장 = (주)상공의 외상매출금 계정별원장
각 거래처별 원장의 차변과 대변 합계를 근거로 괄호 금액을 계산한다.
① 9월 외상매출금 기초 잔액은 ₩110,000(= 20,000 + 90,000)이다.
② 9월 외상매출금 기말 잔액은 ₩260,000(= 240,000 + 20,000)이다.
④ 9월에 외상으로 매출한 상품은 ₩260,000(= 230,000 + 30,000)이다.

정답 01 ② 02 ③

04 어음거래

1 약속어음

발행인이 수취인에게 일정한 기한까지 어음에 기재된 금액을 지급할 것을 약속한 어음을 말한다.

(1) 어음의 배서

소지하고 있던 어음을 만기 이전에 상품의 매입대금, 외상매입금 결제를 위해 어음 뒷면에 배서(회사의 명판과 도장 날인)하여 양도하는 것

※ 외상매입금 결제를 위해 거래처로부터 수취한 약속어음을 배서양도한 경우 회계처리

(차) 외상매입금	×××	(대) 받을어음	×××

(2) 어음의 할인

자금이 필요할 경우 만기일 이전에 거래처로부터 받은 받을어음을 금융기관에 배서양도하고 자금을 조달하는 형태의 거래를 어음의 할인이라 한다. 만기일 이전에 대금을 받기 때문에 만기일까지의 이자 및 수수료를 공제하고 잔액만 받게 된다. 이때 차감되는 것을 할인료라고 하며 이를 매출채권처분손실로 회계처리한다.

(3) 일반적인 상거래와 그 외의 거래 시 어음 발행 및 수령

〈일반적인 상거래〉

구 분	회계처리
당사(당점)발행어음	상품, 원재료를 매입하고 우리 회사가 어음을 발행한 경우 → 지급어음
동사(동점)발행어음	상품, 제품을 판매하고 다른 회사가 발행한 어음을 수령 → 받을어음

〈일반적인 상거래 이외〉

구 분	회계처리
당사(당점)발행어음	건물, 비품, 기계장치 등을 구입하고 우리 회사가 어음을 발행한 경우 → 미지급금
동사(동점)발행어음	건물, 비품 등을 매각하고 다른 회사가 발행한 어음을 수령 → 미수금

(주)시대와 거래상대방의 거래에 대하여 분개하시오.

> 1월 10일　(주)고시에게 상품 200,000원을 외상으로 판매하고 대금은 약속어음(만기일 : 4월 15
> 　　　　　일)으로 지급받다. (주)고시 입장에서는 이를 상품으로 분류한다.
> 2월 15일　(주)시험에게 상품 300,000원을 구입하면서 상품판매로 받은 어음(발행인 : (주)고시)
> 　　　　　200,000원을 배서양도하고, 잔액은 당좌수표를 발행하여 지급하다(단, (주)고시는 상
> 　　　　　기업에 해당한다).
> 3월 30일　상품판매로 받은 어음(발행인 : (주)대박)이 만기가 되어 추심수수료 5,000원을 제외
> 　　　　　한 495,000원이 당좌예금 계좌로 입금되다.
> 4월 1일　 단기 자금부족으로 인하여 (주)운용사로부터 받은 어음을 국민은행에 할인하고 할인료
> 　　　　　20,000원을 제외한 180,000원이 보통예금 통장에 입금되다.

정답 ■

1월 10일	(주)시대	(차) 받을어음	200,000	(대) (상품)매출	200,000
	(주)고시	(차) 매입(=상품)	200,000	(대) 지급어음	200,000
2월 15일	(주)시대	(차) 매입(=상품)	300,000	(대) 받을어음 　　　당좌예금	200,000 100,000
	(주)시험	(차) 받을어음 　　　현 금	200,000 100,000	(대) (상품)매출	300,000
3월 30일	(주)시대	(차) 당좌예금 　　　수수료비용	495,000 5,000	(대) 받을어음	500,000
	(주)대박	(차) 지급어음	500,000	(대) 당좌예금	500,000
4월 1일	(주)시대	(차) 보통예금 　　　매출채권처분손실	180,000 20,000	(대) 받을어음	200,000

2 환어음

어음발행인이 인수인(지급인, 지명인)에게 정해진 기일에 일정한 금액을 수취인에게 어음대금의 지급을 위탁한 어음이다. 일반적으로 국내 상거래에서는 거의 활용되지 않는다.

수험목적상 발행인, 인수인, 수취인 입장에서 어떠한 회계처리가 일어나는지 검토한다.

(1) 발행인 환어음 발행 교부

| (차) 매입(또는 외상매입금) | ××× | (대) 외상매출금 | ××× |

(2) 인수인 환어음 인수

| (차) 외상매입금 | ××× | (대) 지급어음 | ××× |

(3) 수취인 환어음 수령

| (차) 받을어음 | ××× | (대) 매 출 | ××× |

3 수표와 어음 비교

수표는 발행인이 지급위탁을 받은 은행에 대하여 수취인 또는 그 밖의 정당한 소지인에게 일정한 금액을 지급할 것을 위탁하는 증권을 말한다. 회사가 수표를 통해 돈을 인출할 목적으로 맡긴 예금을 당좌예금이라 하며 당사가 수표를 발행하면 당좌예금에서 돈이 인출될 것이다. 또한, 수표를 받은 회사는 수표에 적혀있는 은행에 제시하면 바로 돈으로 교환할 수 있으므로 현금으로 회계처리한다.

반면, 어음은 신용을 기본으로 하여 유통을 목적으로 발행되는 것으로 어음의 발행자가 어음의 소지인에게 일정한 금액을 일정한 날에 조건 없이 지급할 것을 약속하는 증권을 말한다. 어음은 돈을 지급하기로 약정한 날인 만기가 있으나 수표는 은행에 제시하면 바로 돈으로 교환되므로 만기가 존재하지 않는다는 차이점이 있다.

〈수표와 어음의 비교〉

구 분	수 표	어 음
지 급	일람출급(제시 즉시 지급)	일정한 금액을 약속한 일자에 지급
발행자	당좌예금 처리	지급어음 처리
수령자	현금 처리	받을어음 처리

01 다음 (주)상공의 받을어음계정의 기입 내용을 보고 거래를 추정한 것으로 옳지 않은 것은?

받을어음					
1/10	매 출	100,000	7/5	당좌예금	150,000
5/7	외상매출금	200,000	8/21	매 입	50,000

① 1월 10일 상품 ₩100,000을 매출하고 대금은 동점발행 약속어음으로 받다.
② 5월 7일 거래처의 외상대금 ₩200,000을 동점발행 약속어음으로 받다.
③ 7월 5일 소지하고 있던 약속어음 ₩150,000을 현금으로 받아 은행에 당좌예입하다.
④ 8월 21일 상품 ₩50,000을 매입하고 2개월 만기 약속어음을 발행하여 지급하다.

02 다음 제시된 두 계정의 기입 내용에서 추정할 수 있는 거래는?

지급어음		외상매입금	
	3,000,000	3,000,000	

① 외상매입금 ₩3,000,000을 동점발행 약속어음으로 받다.
② 외상매입금 ₩3,000,000을 약속어음으로 발행하여 지급하다.
③ 상품 ₩3,000,000을 매출하고 대금은 동점발행 약속어음으로 받다.
④ 상품 ₩3,000,000을 매입하고 대금은 약속어음으로 발행하여 지급하다.

● 정답과 해설

01 위 T-계정을 통해 8월 21일 내역은 상품 50,000원을 매입하고 소지하고 있던 약속어음을 배서양도한 것으로 추정된다.

받을어음 T-계정 대변	소지하던 약속어음을 배서양도하여 결제하다.
지급어음 T-계정 대변	약속어음을 발행하여 지급하다.

02 (차) 외상매입금　　　3,000,000　　(대) 지급어음　　　3,000,000

정답 01 ④ 02 ②

03 다음 (가)와 (나)의 거래를 분개할 경우, 차변에 기입될 계정과목으로 옳은 것은?

> (가) A상점에 상품 ₩100,000을 매출하고, 대금은 당점이 발행하였던 약속어음으로 받다.
> (나) B상점의 외상매출금 ₩250,000을 회수하기 위하여 자기수취환어음을 발행하여 동점의 인수를 받다.

	(가)	(나)
①	받을어음	지급어음
②	받을어음	받을어음
③	지급어음	받을어음
④	지급어음	외상매출금

04 다음 중 계정기입이 잘못된 것은?

지급어음	
채무소멸	채무발생
어음 대금 지급 거래처발행의 약속어음 수취	약속어음 당점발행 거래처발행의 환어음 인수

① 어음 대금 지급
② 약속어음 당점발행
③ 거래처발행의 약속어음 수취
④ 거래처발행의 환어음 인수

● 정답과 해설

03	당점발행 약속어음 수취	지급어음 감소로 처리
	동점발행 약속어음 수취	받을어음 증가로 처리

자기수취환어음은 어음대금 수취인을 자기로 하여 환어음을 발행하는 것이다. 나를 어음대금 수취인으로 환어음을 발행하고 어음대금 지급인에게 확인(인수)을 받는 환어음이다. 일반적으로 사용되는 어음이 아니라 개념 접근은 쉽지 않으나, 회계상 자기수취환어음은 받을어음으로 처리된다.

(가)	(차) 지급어음	100,000	(대) 매 출	100,000
(나)	(차) 받을어음	250,000	(대) 외상매출금	250,000

04 거래처발행의 약속어음을 수취하면 받을어음 차변에 기입된다.

정답 03 ③ 04 ③

05 기타 채권 및 채무

1 단기대여금과 단기차입금

(1) 단기대여금

차용증서를 받고 금전을 빌려주었을 때 발생하는 자산으로 보고기간 종료일로부터 상환기간이 1년 이내인 경우(예) 종업원 가불금 등)

(2) 단기차입금

차용증서를 발행하고 금전을 빌리는 경우 발생하는 부채로 보고기간 종료일로부터 상환기간이 1년 이내인 경우

예제 자금의 대여거래

(주)시대와 거래상대방 (주)고시의 거래를 각각 분개하시오.

7월 1일   거래처 (주)고시에 3개월 후 상환조건(연이자율 : 10%, 월할계산)으로 차용증서를 받고 100,000원을 대여하고 선이자 3,000원을 공제한 잔액을 보통예금에서 이체하였다.

7월 10일   (주)고시의 자금사정으로 인하여 외상매출대금 50,000원에 대해서 3개월간 대여하기로 약정(이자율 연 : 10%)하고, 외상대금을 대여금으로 전환하다.

정답

7월 1일	(주)시대	(차) 단기대여금	100,000	(대) 보통예금		97,000
				이자수익		3,000
	(주)고시	(차) 보통예금	97,000	(대) 단기차입금		100,000
		이자비용	3,000			
7월 10일	(주)시대	(차) 단기대여금	50,000	(대) 외상매출금		50,000
	(주)고시	(차) 외상매입금	50,000	(대) 단기차입금		50,000

예제 단기대여금

(주)시대의 다음 거래를 분개하시오.

> 5월 1일   종업원에게 현금 200,000원을 가불하여 주다(단기대여금 처리).

정답 ■

5월 1일	(차) 단기대여금	200,000	(대) 현 금	200,000

예제 단기차입금

(주)시대의 다음 거래를 분개하시오.

> 1월 1일   국민은행으로부터 1,000,000원을 현금 차입하였다(만기 1년 이내).
> 12월 31일   국민은행으로부터 차입한 금액에 대하여 이자 20,000원과 원금을 현금 지급하다.

정답 ■

1월 1일	(차) 현 금	1,000,000	(대) 단기차입금	1,000,000
12월 31일	(차) 단기차입금 　　　이자비용	1,000,000 20,000	(대) 현 금	1,020,000

2 미수금과 미지급금

(1) 미수금

상품의 매매 등 일반적인 상거래에서 발생한 채권·채무에 대해서는 매출채권과 매입채무라는 계정을 사용하지만 그 이외의 거래에서 발생하는 채권은 미수금계정을 사용한다. 토지, 건물, 비품 등을 처분하는 과정에서 발생하는 채권에 사용된다.

(2) 미지급금

일반적인 상거래 외, 예를 들면 토지, 건물, 비품 등을 구입하는 과정에서 발생하는 채무에 미지급금계정을 사용한다.

(주)시대와 거래상대방의 거래에 대하여 각각 분개하시오.

> 7월 1일 (주)고시(의류 제조업체)로부터 차량을 1,000,000원(장부가액 1,000,000원, 감가상각
> 누계액 없음)원에 구입, 800,000원은 당좌수표를 발행하여 주고, 잔액은 다음 달 말일까
> 지 주기로 하다.
> 10월 30일 (주)고시(영업목적으로 구입)에게 회사의 영업목적으로 사용하던 토지(장부가액
> 350,000원) 중 일부를 500,000원에 처분, 100,000원은 자기앞수표로 받고, 잔액은
> 다음 달 말일에 받기로 하다.

정답

7월 1일	(주)시대	(차) 차량운반구	1,000,000	(대) 당좌예금		800,000
				미지급금		200,000
	(주)고시	(차) 현 금	800,000	(대) 차량운반구		1,000,000
		미수금	200,000			
10월 30일	(주)시대	(차) 현 금	100,000	(대) 토 지		350,000
		미수금	400,000	유형자산처분이익		150,000
	(주)고시	(차) 토 지	500,000	(대) 현 금		100,000
				미지급금		400,000

3 선급금과 선수금

(1) 선급금

일반적인 상거래에 속하는 재고자산의 구입 등을 위하여 미리 지급한 계약을 말한다. 재고자산을 납품
받게 되면 대체 정리한다. 회계에서는 먼저 지급한 내역을 자산으로 처리한다.

(2) 선수금

기업 간 거래에 있어 상품 등을 매매할 때 거래 이행을 확실하게 하기 위하여 계약금을 수수하는 경
우에 상품대금 일부를 미리 받은 경우로 상품 등을 인도하지 않았기 때문에 해당 의무를 부채로 인식
한다.

예제 선급금과 선수금

(주)시대와 거래상대방의 거래내역을 각각 분개하시오.

4월 1일	거래처인 (주)고시에서 원재료 1,000,000원을 구입하기로 계약하고 대금의 10%를 계약금으로 현금지급하다.
5월 20일	(주)고시로부터 원재료를 인도받고 나머지 잔금을 보통예금 통장에서 이체하다.

정답

4월 1일	(주)시대 (차) 선급금	100,000	(대) 현 금	100,000
	(주)고시 (차) 현 금	100,000	(대) 선수금	100,000
5월 20일	(주)시대 (차) 원재료	1,000,000	(대) 선급금	100,000
			보통예금	900,000
	(주)고시 (차) 선수금	100,000	(대) 제품매출	1,000,000
	보통예금	900,000		

(3) 상품권선수금

상품권을 판매하는 경우 상품권선수금 부채계정으로 처리하고 해당 재화를 판매하고 상품권을 회수하는 시점에서 매출로 인식한다.

예제 상품권

(주)시대의 거래내역을 각각 분개하시오.

11월 1일	상품권 100,000원을 발행하여 판매하다.
11월 10일	실제 상품을 100,000원 매출하고 기발행된 상품권으로 받았다.

정답

11월 1일	(차) 현 금	100,000	(대) 상품권선수금	100,000
11월 10일	(차) 상품권선수금	100,000	(대) (상품)매출	100,000

4 가지급금과 가수금

(1) 가지급금

회사에서 돈이 미리 지급되었으나 그 계정과목과 금액이 확정되지 않았을 때 사용하는 계정으로 출장 시 여비를 지급하는 것이 대표적인 사례이다. 재무상태표 작성기준 중 이러한 임시계정은 기말 결산 시 적절한 계정과목으로 확정되어야 하며 재무상태표에 표시되어서는 안 된다.

(2) 가수금

입금된 금액 중 계정과목이나 금액이 미확정 시 그 내역을 파악할 때까지 일시적으로 처리해 두는 계정이다. 추후 입금된 내역이 확정되면 해당 계정으로 회계처리한다.

임시계정	현금과부족, 가지급금, 가수금 → 재무상태표에 표시 ×

예제 가지급금과 가수금

(주)시대의 거래내역을 분개하시오.

> 8월 10일 사원 홍길동을 대전에 출장 보내면서 출장비 명목으로 100,000원을 현금 지급하다.
> 8월 20일 사원 홍길동이 출장 후 출장비를 정산한 바 숙박비 50,000원, 교통비 40,000원을 사용하고 나머지 10,000원은 현금으로 반환하다.
> 9월 15일 당사의 보통예금 계좌에 200,000원이 입금되었는데, 내역을 확인할 수 없다.
> 9월 30일 200,000원의 내역을 확인한 바 (주)고시의 외상매출금 200,000원으로 확인되다.

정답

8월 10일	(차) 가지급금	100,000	(대) 현 금	100,000
8월 20일	(차) 여비교통비 　　　현 금	90,000 10,000	(대) 가지급금	100,000
9월 15일	(차) 보통예금	200,000	(대) 가수금	200,000
9월 30일	(차) 가수금	200,000	(대) 외상매출금	200,000

01 대한백화점은 상품 ₩1,000,000을 매출, 대금 중 ₩700,000은 대한백화점 발행 상품권으로 받고, 잔액은 현금으로 받다. 옳은 분개는?

①	(차) 상품권	700,000	(대) 매 출	1,000,000
	현 금	300,000		
②	(차) 상품예수금	700,000	(대) 매 출	1,000,000
	현 금	300,000		
③	(차) 상품권선수금	700,000	(대) 매 출	1,000,000
	현 금	300,000		
④	(차) 상품권가수금	700,000	(대) 매 출	1,000,000
	현 금	300,000		

02 다음 거래의 회계처리 시 차변 계정과목으로 옳은 것은?

> 사원 김대리를 제주도로 출장을 명하고 여비개산액 ₩100,000을 현금으로 지급하다.

① 출장비   ② 여비교통비
③ 현 금   ④ 가지급금

● 정답과 해설

01

상품권 판매 시	상품권선수금 대변
매출에 대한 대가로 상품권 회수 시	상품권선수금 차변

02 가지급금이란 회사에서 미리 지급한 금액 중 계정과목이나 금액이 미확정 시 그 내역을 파악할 때까지 일시적으로 처리해 두는 계정이다. 대표적인 사례는 출장 시 여비개산액 지급과 정산이다.
(차) 가지급금   100,000   (대) 현 금   100,000

정답 01 ③ 02 ④

03 다음 거래의 분개로 옳은 것은?

> 출장 중인 사원 이대한으로부터 내용 불명의 송금액 ₩300,000 중 ₩270,000은 매출처 상공상점에 대한 외상매출금 회수분이고, 나머지는 상품 주문 대금으로 받은 것임이 확인되다.

① (차) 가수금   300,000   (대) 외상매출금   270,000
                                                         선수금   30,000

② (차) 외상매출금   270,000   (대) 가지급금   300,000
         선수금   30,000

③ (차) 가지급금   300,000   (대) 외상매출금   270,000
                                                         선수금   30,000

④ (차) 외상매출금   270,000   (대) 가수금   300,000
         선수금   30,000

04 다음 거래의 분개에서 공통적으로 사용되는 계정과목은?

> 가. 사원에게 출장을 명하고 여비개산액 ₩200,000을 수표를 발행하여 지급하다.
> 나. 출장 간 사원이 돌아와 출장비를 정산하고 잔액 ₩50,000은 현금으로 반납하다.

① 가수금   ② 선급금
③ 가지급금   ④ 여비교통비

●정답과 해설

03 가수금은 회사에 입금된 금액 중 계정과목이나 금액이 미확정 시 그 내역을 파악할 때까지 일시적으로 처리해 두는 계정이다. 추후 입금된 내역이 확정된 내역은 해당 본 계정으로 회계처리한다(예 외상매출금, 선수금). 출장 중인 사원으로부터 불분명한 송금액을 확인한 것이므로 가수금 부채의 감소로 처리한다.

04 가지급금이란 회사에서 미리 지급한 금액 중 계정과목이나 금액이 미확정 시 그 내역을 파악할 때까지 일시적으로 처리해 두는 계정이다. 대표적인 사례는 출장 시 여비개산액 지급과 정산이다.

가. (차) 가지급금   200,000   (대) 당좌예금   200,000
나. (차) 여비교통비   150,000   (대) 가지급금   200,000
      현 금   50,000

정답 03 ①   04 ③

05 다음은 가구를 판매하는 (주)상공의 7월 한 달 동안의 거래내역이다. 이를 분개한 것으로 옳지 않은 것은?

7월 1일	사무실에서 사용할 컴퓨터 1대를 ₩300,000에 외상으로 구입하다.
7월 10일	위의 컴퓨터 대금을 현금으로 지급하다.
7월 15일	(주)한국건설에 가구 ₩500,000을 외상으로 판매하다.
7월 20일	취득원가 ₩1,000,000인 토지(영업에 사용할 목적으로 구입함)를 ₩1,200,000에 매각, 대금 중 ₩500,000은 현금으로 받고 나머지는 다음 달 30일에 받기로 하다.

① 7월 1일　(차) 비 품　　　　　　300,000　(대) 미지급금　　　　300,000
② 7월 10일　(차) 미지급금　　　300,000　(대) 현 금　　　　　300,000
③ 7월 15일　(차) 미수금　　　　500,000　(대) 비 품　　　　　500,000
④ 7월 20일　(차) 현 금　　　　　500,000　(대) 토 지　　　　1,000,000
　　　　　　　　　 미수금　　　　700,000　　　유형자산처분이익　200,000

06 다음 기중 거래를 바르게 분개한 것은?

> 출처를 알 수 없는 금액 ₩250,000이 본사 보통예금 계좌에 입금되었다.

① (차) 보통예금　　250,000　(대) 선급금　　250,000
② (차) 보통예금　　250,000　(대) 선수금　　250,000
③ (차) 보통예금　　250,000　(대) 가지급금　250,000
④ (차) 보통예금　　250,000　(대) 가수금　　250,000

● 정답과 해설

05

외상매출금	일반적인 상거래(상품 및 제품매출)에서 발생한 채권
미수금	일반적인 상거래(자산처분 등) 외에서 발생한 채권

7월 15일　(차) 외상매출금　　500,000　(대) 매 출　　500,000

06 가수금은 회사에 입금된 금액 중 계정과목이나 금액이 미확정 시 그 내역을 파악할 때까지 일시적으로 처리해 두는 계정이다.

정답 05 ③　06 ④

06 대손충당금 및 대손상각비

1 의 의

대손이란 매출채권(외상매출금 + 받을어음) 및 기타채권(대여금, 미수금) 등이 채무자의 파산 등의 사유로 회수가 불가능하게 된 경우를 말한다.

(1) 대손충당금

매출채권을 회수하지 못할 경우를 대비하여 쌓아놓는 것

(2) 대손상각비

매출채권을 회수하지 못하거나 대손충당금을 설정할 때 처리하는 비용

2 회계처리 방법

국제회계기준에서는 충당금 설정법만 인정한다.

(1) 충당금 설정법 ☆

각 회계기간 말에 대손예정액을 추정하여 비용으로 처리하고 대손충당금을 설정 후 실제 대손사유 발생 시 충당금과 상계처리하는 방법이다. 대손충당금은 부채가 아니라 매출채권의 차감항목이다. 충당금을 설정하면 수익이 인식되는 기간에 관련 대손상각비를 인식하기 때문에 수익·비용 대응이 적절하다.

① 대손 발생 시

1단계	대손충당금 잔액 검토		
2단계	잔액 충분한 경우	(차) 대손충당금	(대) 매출채권
	잔액 충분하지 않은 경우	(차) 대손충당금 대손상각비(초과분)	(대) 매출채권
	잔액 없는 경우	(차) 대손상각비	(대) 매출채권

② 대손충당금 설정

1단계	대손충당금 설정액^{주)} - 대손충당금 기말 잔액			
2단계	설정액 > 기말 잔액	보충	(차) 대손상각비	(대) 대손충당금
	설정액 < 기말 잔액	환입	(차) 대손충당금	(대) 대손충당금환입

주) 대손충당금 설정액 = 기말 매출채권 잔액 × 대손추정율(%)

③ 대손채권 회수 시

전기 대손처리한 채권회수	(차) 현금 등 (대) 대손충당금 전기 대손처리한 내역과 상관없이 대변은 '대손충당금'으로 처리		
당기 대손처리한 채권회수	대손상각비 처리한 경우	(차) 현금 등	(대) 대손상각비
	대손충당금 처리한 경우	(차) 현금 등	(대) 대손충당금

예제 대손 관련 회계

다음은 (주)시대의 거래내역이다. 다음의 거래를 분개하시오.

- 1월 1일   기초외상매출금에 대한 대손충당금은 200,000원이다.
- 6월 1일   외상매출금 중 250,000원이 대손 확정되었다.
- 7월 15일   전기에 대손처리한 외상매출금 중 100,000원이 현금 회수되었다.
- 7월 30일   외상매출금 중 50,000원이 대손 확정되었다.
- 12월 31일 기말 외상매출금 잔액이 30,000,000원인데 대손추정률을 2%로 추산하였다.

정답

6월 1일	(차) 대손충당금	200,000	(대) 외상매출금	250,000
	대손상각비	50,000		
7월 15일	(차) 현 금	100,000	(대) 대손충당금	100,000
7월 30일	(차) 대손충당금	50,000	(대) 외상매출금	50,000
12월 31일	(차) 대손상각비	550,000	(대) 대손충당금	550,000

- 6월 1일 대손충당금을 우선상계하고 대손충당금 잔액이 충분하지 않은 경우이므로 부족한 금액은 대손상각비로 처리한다.
- 7월 15일 전기 대손처리한 채권을 회수하였으므로 대변은 대손충당금으로 처리한다.
- 7월 30일 현 시점에서 대손충당금은 7월 15일 채권 회수 100,000원으로 인해 잔액이 충분한 상태이므로 차변을 대손충당금으로 처리한다.
- 설정 전 대손충당금 = 기초 200,000 − 6월 1일 대손 200,000 + 7월 15일 회수 100,000 − 7월 30일 대손 50,000 = 50,000
- 기말 설정 대손상각비 = 기말 외상매출금 잔액 30,000,000 × 대손추정률 2% − 설정 전 대손충당금 50,000 = 550,000

〈대손상각비와 기타의대손상각비 비교〉

구 분	대손상각비	기타의대손상각비
내 용	매출채권에 대한 대손처리	기타채권에 대한 대손처리
비용의 분류	판매비와관리비	영업외비용

01 다음은 결산 후 총계정원장의 일부이다. 이에 대한 설명으로 옳은 것은?

		대손상각비		
12/31	대손충당금	3,000	12/31 손 익	3,000

		대손충당금		
12/31	차기이월	13,000	1/1 전기이월	10,000
			12/31 대손상각비	3,000

① 당기 대손추정액은 ₩10,000이다.

② 당기 대손상각비는 ₩3,000이다.

③ 당기 대손충당금 잔액은 ₩10,000이다.

④ 당기에 판매비와관리비로 처리되는 금액은 ₩13,000이다.

● 정답과 해설

01 (차) 대손상각비   3,000   (대) 대손충당금   3,000
  ① 당기 대손추정액은 ₩13,000이다.
  ③ 당기 대손충당금 잔액은 ₩13,000이다.
  ④ 당기에 판매비와관리비로 처리되는 금액은 ₩3,000이다.

정답 01 ②

02 다음 거래에 대한 회계처리로 옳은 것은?

> 거래처의 파산으로 인하여 전기에 대손처리하였던 매출채권 ₩50,000을 동점발행 당좌수표로 회수하였다.

① (차) 대손상각비   50,000   (대) 대손충당금   50,000
② (차) 대손충당금   50,000   (대) 당좌예금   50,000
③ (차) 현 금   50,000   (대) 대손충당금   50,000
④ (차) 당좌예금   50,000   (대) 대손충당금   50,000

03 다음은 (주)상공의 매출채권에 대한 결산정리사항이다. 이를 분개한 것으로 옳은 것은?(단, 회계처리 시 충당금설정법을 채택하고 있다)

> 기말 결산 시 외상매출금 잔액 ₩500,000에 대하여 ₩10,000의 대손을 예상하다(단, 설정되어 있는 대손충당금 잔액은 없다).

① (차) 대손상각비   10,000   (대) 대손충당금   10,000
② (차) 대손충당금   10,000   (대) 대손상각비   10,000
③ (차) 대손상각비   10,000   (대) 외상매출금   10,000
④ (차) 외상매출금   10,000   (대) 대손충당금   10,000

• 정답과 해설

02		
전기 이전분 회수	차변 대손충당금처리(전기 대손상각비, 대손충당금처리 여부와 무관하게 대손충당금 계정과목 사용)	
당기분 회수	당기 처리 내용에 따라 대응처리(대손상각비 혹은 대손충당금처리)	

03			
1단계	대손충당금 설정액 – 대손충당금 기말 잔액		
2단계	설정액 > 기말 잔액	보충	(차) 대손상각비 (대) 대손충당금
	설정액 < 기말 잔액	환입	(차) 대손충당금 (대) 대손충당금환입

정답 02 ③ 03 ①

04 다음 결산 재무상태표와 포괄손익계산서의 일부 자료에 의하여 결산 전 대손충당금 잔액을 추정한 것으로 옳은 것은?

재무상태표					
⋮					
매출채권	100,000				
(대손충당금)	(5,000)	95,000			
⋮					

포괄손익계산서					
⋮					
대손상각비	3,000				
⋮					

① ₩2,000
② ₩3,000
③ ₩5,000
④ ₩8,000

● 정답과 해설

04 대손예상액(재무상태표상 대손충당금 잔액 5,000) − 결산 전 대손충당금 잔액(2,000) = 포괄손익계산서상 대손 추가설정액(3,000)

정답 04 ①

1 의 의

재고자산이란 정상적인 영업과정에서 판매를 위하여 보유 중인 상품과 제품, 정상적인 영업과정에서 판매를 위하여 생산 중인 재공품 및 생산 또는 용역 제공과정에 투입될 원재료나 소모품의 형태로 존재하는 자산을 말한다.

재고자산(상품 1분법 단일계정 분기법)

기초상품재고액	xxx	매출액(원가)	xxx
매 입	xxx	기말상품재고액	xxx
	xxx		xxx

재고자산(상품 1분법 단일계정 총기법)

기초상품재고액	xxx	매출액(매가)	xxx
매 입	xxx	기말상품재고액	xxx
상품매출이익	xxx		
	xxx		xxx

재고자산(상품 2분법 실기프로그램)

기초상품재고액	xxx	매출원가	xxx
매 입	xxx	기말상품재고액	xxx
	xxx		xxx

재고자산은 기업이 영위하는 영업활동의 성격에 따라 달라진다. 예를 들어 부동산의 경우 영업활동을 위해 취득한 경우 유형자산, 투자목적의 부동산은 투자부동산으로, 판매목적인 경우에는 재고자산이 된다.

〈재고자산의 분류〉

상 품	정상적인 영업활동에서 판매를 목적으로 구입한 상품
제 품	판매목적으로 제조한 생산품
반제품	자가제조한 중간제품과 부분품으로 판매가 가능한 것
미착품	운송 중에 있어서 아직 도착하지 않은 원재료, 상품

2 재고자산의 취득원가 측정

재고자산의 취득원가는 매입원가, 재고자산을 현재의 장소에 현재의 상태로 이르게 하는 데 발생한 기타원가 모두를 포함한다.

재고자산의 매입원가는 매입가격에 수입관세와 제세금(과세당국으로부터 추후 환급을 받을 수 있는 금액은 제외), 매입운임, 하역료 그리고 완제품·원재료 및 용역의 취득과정에 직접 관련된 기타원가를 가산한 금액이다. 이때 매입할인, 기타 유사한 항목은 매입원가를 결정할 때 차감한다.

3 재고자산 관련 용어 및 계산식

매 출	용 어	매 입
매출에누리	에누리 (불량, 파손 등으로 인해 값을 깎아 주는 것)	매입에누리
매출환입	환입, 환출(반품처리된 것)	매입환출
매출할인	할인(대금을 조기결제하여 깎아 주는 것)	매입할인
매출운임 → 당기 비용처리	운 임	매입운임 → 상품원가에 가산

순매출액	총매출액 − (매출에누리 + 매출환입 + 매출할인)
(−) 매출원가	기초상품재고액 + 당기순매입액 − 기말상품재고액
= 매출총이익	순매출액 − 매출원가

➕ 예시

할머니 댁에 1월 1일 방문하여 냉장고를 열어 보니 꿀 1통이 들어 있었다. 7월 1일 방문 시 동일한 상품의 꿀을 5통 사 가지고 할머니 댁을 갔다. 12월 31일 다시 할머니 댁을 방문하였더니 냉장고에 꿀 2통이 있었다면 할머니께서는 꿀 몇 통을 드셨을까?

여러분은 4통이라는 것을 알고 있을 것이다. 왜? 1 + 5 − 2 = 4 이므로
이를 다시 표현하면 1월 1일 기초상품 + 7월 1일 당기순매입 − 12월 31일 기말상품이다.
1통당 금액을 반영하면 매출원가 구하는 공식이 된다.

당기순매입액	당기총매입액 − (매입에누리 + 매입환출 + 매입할인) + 매입운임
판매 가능액	(차변쪽) 기초상품재고액 + 순매입 혹은 (대변쪽) 매출원가 + 기말상품재고액

4 재고자산(상품) 각 상황에 따른 분개 방법

※ 전산회계운용사 3급의 경우 필기와 실기프로그램의 회계처리 방법이 상이하다. 일관성 있는 학습을
   위해서는 필기와 실기의 재고자산 관련한 분개를 동일하게 제시하는 것이 바람직하다고 생각된다.

상품매매의 경우 분기법(상품매출 시 원가와 이익을 구분)과 총기법(상품매출 시 원가와 이익을 합한
매가로 기재)으로 나눠 설명하고 있다.

상품을 기장하는 방법은 다음과 같이 나뉜다.

		전산회계운용사 3급 필기시험에서 재고자산(상품) 파트에서 다루는 단일상품 계정을 회계처리하는 방법
1분법 (주로 이론시험에서 다룸)	분기법 (순수계정)	매출 시 (대) 상품(매출원가) 상품매출이익(매출이익)
	총기법 (혼합계정)	매출 시 (대) 상품(매출액 = 매출원가 + 매출이익)
2분법 (주로 실기시험에서 다룸)		전산회계운용사 3급 실기 더존 프로그램에서 다루는 방법 상품(매입), 상품매출(매출)
3분법 (주로 이론시험에서 다룸)		전산회계운용사 3급 필기시험에서 이월상품계정을 사용하는 방법 매입(상품), 매출(상품매출), 이월상품(기초와 기말상품재고 관련)

아래 예제는 1분법의 총기법과 2분법 그리고 3분법 내용을 동시에 반영한 내용이다.

예제 유형자산

(주)시대와 거래상대방의 거래내역을 각각 분개하시오.

9월 1일   (주)고시에서 상품 200,000원(개당 20,000원)을 외상매입하고 운반비 10,000원은
          배달 업체에 현금으로 지급하다. (주)고시는 상품매출에 해당한다.
9월 10일 (주)고시에서 구입한 상품 중 1개가 불량품이 발생하여 반품하다.
9월 20일 (주)고시의 외상매입금에 대하여 조기 결제하여 1%의 할인을 받고 잔액은 보통예금으
          로 계좌이체하다.

PART 1

정답 ■

〈1분법 총기법〉

9월 1일	(주)시대	(차) 상 품	210,000	(대) 외상매입금 현 금	200,000 10,000
	(주)고시	(차) 외상매출금	200,000	(대) 상 품	200,000
9월 10일	(주)시대	(차) 외상매입금	20,000	(대) 상 품	20,000
	(주)고시	(차) 상 품	20,000	(대) 외상매출금	20,000
9월 20일	(주)시대	(차) 외상매입금	180,000	(대) 상 품[주] 보통예금	1,800 178,200
	(주)고시	(차) 보통예금 상 품[주]	178,200 1,800	(대) 외상매출금	180,000

〈2분법 : 실기시험에서 운용하는 방식〉

9월 1일	(주)시대	(차) 상 품	210,000	(대) 외상매입금 현 금	200,000 10,000
	(주)고시	(차) 외상매출금	200,000	(대) 상품매출	200,000
9월 10일	(주)시대	(차) 외상매입금	20,000	(대) 매입환출	20,000
	(주)고시	(차) 매출환입	20,000	(대) 외상매출금	20,000
9월 20일	(주)시대	(차) 외상매입금	180,000	(대) 매입할인[주] 보통예금	1,800 178,200
	(주)고시	(차) 보통예금 매출할인[주]	178,200 1,800	(대) 외상매출금	180,000

〈3분법〉

9월 1일	(주)시대	(차) 매 입	210,000	(대) 외상매입금 현 금	200,000 10,000
	(주)고시	(차) 외상매출금	200,000	(대) 매 출	200,000
9월 10일	(주)시대	(차) 외상매입금	20,000	(대) 매 입	20,000
	(주)고시	(차) 매 출	20,000	(대) 외상매출금	20,000
9월 20일	(주)시대	(차) 외상매입금	180,000	(대) 매 입[주] 보통예금	1,800 178,200
	(주)고시	(차) 보통예금 매 출[주]	178,200 1,800	(대) 외상매출금	180,000

주) 매입(매출)할인 : 180,000원 × 1% = 1,800원

5 3분법에 의한 상품매출손익의 계산

3분법은 이월상품(자산), 매입, 매출계정으로 분할하여 처리한다.

이월상품

기초상품재고액	xxx	매입(매입계정 대체)	xxx
매입(매입계정 대체)	xxx	기말상품재고액	xxx
	xxx		xxx

이월상품을 탁자위의 공이라 생각하고 매입을 각각 연결해서 밑으로 끌어 당기면

기초상품재고액을 매입계정으로 대체	(차) 매 입	xxx	(대) 이월상품	xxx
기말상품재고액을 매입계정으로 대체	(차) 이월상품	xxx	(대) 매 입	xxx

매 입

당기순매입액	xxx	기말상품재고액	xxx
기초상품재고액	xxx	매출원가(손익계정 대체)	xxx
	xxx		xxx

매 출

환입 및 에누리, 할인액	xxx	총매출액	xxx
순매출액(손익계정 대체)	xxx		
	xxx		xxx

총액법에 의한 상품매출이익의 계산

손 익

매입(매출원가)	xxx	매출(순매출액)	xxx
상품매출이익(매출 > 매입)	xxx		
	xxx		xxx

6 운임 관련 회계처리 ☆

도착지 인도기준	도착시점에 매입자에게 소유권이 이전되기 때문에 운임은 판매자가 부담한다. 그러므로 판매자의 비용으로 처리되어야 한다.
선적지 인도기준	선적시점에 재고자산의 소유권이 매입자에게 이전되기 때문에 매입자가 운임을 부담한다. 그러므로 운임은 매입자의 재고자산가액에 포함되어야 한다.

매입 시 운임	당점 부담 운임 동점 대신 지급 시 → 매입에 가산, 외상매입금 가산
	동점 부담 운임 당점 대신 지급 시 → 외상매입금에서 차감

〈3분법〉 - 상품 100원을 외상매입하면서 인수운임 10원이 발생한 경우

인수운임 현금지급	(차) 매 입	110	(대) 외상매입금 현 금	100 10
당점 부담 인수운임 동점 대신 지급한 경우	(차) 매 입	110	(대) 외상매입금	110
동점 부담 인수운임 당점 대신 지급한 경우	(차) 매 입	100	(대) 외상매입금 현 금	90 10

매출 시 운임	당점 부담 운임 동점 대신 지급 시 → 외상매출금 차감
	동점 부담 운임 당점 대신 지급 시 → 외상매출금 가산

〈3분법〉 - 상품 100원을 외상매출하면서 매출운임 10원이 발생한 경우

매출운임 현금지급	(차) 외상매출금 운반비	100 10	(대) 매 출 현 금	100 10
당점 부담 매출운임 동점 대신 지급한 경우	(차) 외상매출금 운반비	90 10	(대) 매 출	100
동점 부담 매출운임 당점 대신 지급한 경우	(차) 외상매출금	110	(대) 매 출 현 금	100 10

7 재고자산의 수량결정

기초재고수량과 당기매입수량을 확정한 후 이를 판매된 수량과 기말재고수량으로 구분해야 한다. 이를 위해서는 재고자산의 수량을 파악하고 회계기록을 유지해야 하는데 계속기록법과 실지재고조사법 및 병행법이 존재한다.

(1) 계속기록법

계속기록법이란 재고자산이 입고, 출고될 때마다 수량을 계속기록하여 판매량과 재고량을 파악하는 방법이다. 계속기록법에 의한 기말재고수량은 아래와 같이 결정된다.

기초수량 + 당기매입수량 − 당기판매수량 = 기말재고수량

당기판매수량을 파악 후 단가를 적용하여 매출원가를 산정하고, 이를 바탕으로 기말재고원가를 결정한다. 매출원가의 회계처리는 판매시점에서 처리하며, 기말재고원가는 판매가능한 총원가에 매출원가를 차감한 나머지 장부금액으로 결정한다.

```
                    재고자산
  기초재고원가      xxx    매출원가      xxx  ←  ① 판매 시마다 기록
  당기매입원가      xxx    기말재고원가   xxx  ←  ② 자동으로 산출
                  ───              ───
                  xxx              xxx
```

(2) 실지재고조사법

실지재고조사법이란 정기적으로 재고실사를 통해 재고수량을 확인하여 판매량과 재고량을 파악하는 방법이다. 실지재고조사법에 따른 당기판매수량은 아래와 같이 결정된다.

기초재고수량 + 당기매입수량 – 실지재고수량 = 당기판매수량

기말재고 수량 파악 후 단가를 적용하여 기말재고원가를 먼저 산정하고, 이를 바탕으로 매출원가를 결정한다. 실지재고조사법을 적용하는 경우 재고자산의 판매시점에서 매출원가에 대한 회계처리를 하지 않으므로 결산과정에서 매출원가를 산정하는 회계처리를 한다. 기중에 재고자산을 매입하는 경우에는 재고자산의 취득원가를 매입계정으로 기록한다.

재고자산				
기초재고원가	xxx	매출원가	xxx	← ② 자동으로 산출
당기매입원가	xxx	기말재고원가	xxx	← ① 재고실사를 통해 먼저 확정
	xxx		xxx	

(3) 병행법

병행법은 실사를 통해 파악한 기말재고수량과 계속기록법에 의해 기록된 기말장부수량을 비교하여 감모수량을 파악한다. 이는 기업의 경영과정에서 판매 이외에 재고자산이 감소할 수 있는데 흔히 재고자산의 수량부족에 따른 감모손실이 발생하기 때문이다. 계속기록법을 독립적으로 적용하는 경우에는 재고자산감모손실이 파악되지 않으므로 기말재고원가에 재고자산감모손실이 포함된다. 실지재고조사법을 적용할 경우 재고자산감모손실은 매출원가에 포함되므로 계속기록법과 실지재고조사법을 함께 사용하는 것이 합리적이다.

수 량 × 단 가 = 금 액
(계속기록법, 실지재고조사법)　　(개별법, 선입선출법, 평균법 등)

⋯ 참고

구 분	계속기록법				실지재고조사법(재고실사법)			
매입 시	(차) 상 품	xxx	(대) 매입채무 (or 현금)	xxx	(차) 매 입	xxx	(대) 매입채무 (or 현금)	xxx
매출 시	(차) 매출채권 (or 현금)	xxx	(대) 매 출	xxx	(차) 매출채권 (or 현금)	xxx	(대) 매 출	xxx
	(차) 매출원가	xxx	(대) 상 품	xxx				
결산 시	분개 없음				(차) 매출원가	xxx	(대) 기초재고	xxx
					(차) 매출원가	xxx	(대) 당기매입	xxx
					(차) 기말재고	xxx	(대) 매출원가	xxx

8 단위원가의 산정

매출원가와 기말재고원가로 배분하기 위해서는 판매수량과 기말재고수량에 적용될 단위당 원가를 결정하여야 한다.

(1) 개별법

개별법은 각각의 재고자산을 개별적으로 인식하여 매입과 매출을 기록하는 방법으로 판매된 재고자산과 미판매된 재고자산에 각각의 개별취득 단가를 적용한다.

(2) 선입선출법(FIFO ; First-In-First-Out method)

선입선출법은 먼저 매입 또는 생산된 재고자산이 먼저 판매되고 결과적으로 기말에 재고로 남아 있는 항목을 가장 최근에 매입 또는 생산된 항목이라고 가정하는 방법이다. 실제 물량흐름과 일치하고 기말재고자산이 현행원가 근사치로 반영되며 실지재고조사법과 계속기록법의 결과가 동일하다.

(3) 가중평균법

① 이동평균법

매입 또는 생산할 때마다 단위당 평균원가를 구하기 위해서는 계속기록법을 적용하는 방법

② 총평균법

결산일에 일정기간 동안의 단위당 평균원가를 일괄적으로 구하기 위해서는 실지재고조사법을 적용하는 방법

(4) 후입선출법(LIFO ; Last-In-First-Out method)

후입선출법은 가장 최근에 입고된 재고항목이 가장 먼저 판매된다고 원가흐름을 가정하는 방법이다. 따라서 기말에 재고로 남아 있는 항목은 가장 먼저 입고된 항목으로 가정하므로, 후입선출법을 적용하는 경우에는 언제 구입한 재고가 남아있는지 재고를 분석해야 한다. 한국채택국제회계기준에서는 후입선출법을 사용할 수 없도록 하고 있다. 후입선출법은 수익·비용대응원칙에 충실하고, 세금효과로 인한 현금흐름이 개선되는 장점이 있으나, 실제물량흐름과 일치하지 않는 단점이 있다.

예 모래, 석탄 채취 등

(5) 원가흐름의 비교

재고 관련 현금흐름은 재고자산을 매입하거나 판매함에 따라 발생하며, 내부적으로 이루어지는 원가배분은 현금흐름에 영향을 미치지 않으므로 원가흐름의 가정과 현금흐름은 무관하다.

매출원가	선입선출법 < 이동평균법 < 총평균법 < 후입선출법
기말재고자산	선입선출법 > 이동평균법 > 총평균법 > 후입선출법
당기순이익 (or 매출총이익)	선입선출법 > 이동평균법 > 총평균법 > 후입선출법

※ 물가가 지속적으로 상승하고 재고자산의 크기가 일정하게 유지되는 경우
※ 물가하락 시 부등호 방향 반대

다음 예시를 풀어 보면 왜 이러한 부등호 방향이 나타나는지 이해할 수 있다. 암기할 때는 당기순이익이 가장 큰 방법이 선입선출법이라는 것부터 기억한다.

(뜬금없이 세금이야기를 좀 한다면 세법에서는 재고자산에 대한 평가방법을 신고하도록 되어 있다. 만일 신고하지 않게 되면 어떤 방법을 쓰라고 강제하고 있다. 이 경우 어떤 방법을 쓸까? 바로 선입선출법이다. 왜? 과세당국에서 재고자산의 평가방법을 신고하도록 기회를 주었는데도 불구하고 이에 대해 별도 신고를 하지 않았다면 가급적 세금을 많이 거두어들이는 방식을 적용받도록 하기 때문이다)

아래 예시 두 번째 표를 참고하면 매출총이익과 기말재고액은 가까이 붙어 있어서 같은 방향성을 가진다. 반면 매출원가는 매출총이익과 다소 떨어져 있어 반대 방향을 갖는다(실제 숫자를 반영해 보면 원리가 이해된다).

➕ 예시

재고자산, 매출원가 및 당기순이익 검토

일 자	적 요	수량(개)	단가(원)
1월 5일	매 입	10	1
5월 1일	매 입	10	2
9월 1일	매 입	10	3
10월 1일	매 출	20	5
12월 31일	기말재고	10	

구 분	선입선출법	가중평균법(총평균법)	후입선출법
매출액	100(= 20개 × 5원)	100	100
(−) 매출원가(① + ② − ③)	30	40	50
① 기초상품재고액	0	0	0
② 당기매입액	60	60	60
③ 기말상품재고액	30(9월 1일 매입분)	$20(= \dfrac{60원}{30개} \times 10)$	10(1월 5일 매입분)
(=) 매출총이익	70	60	50

⋯ 참고

재고자산 청산효과
판매량이 급증하여 기초재고가 판매된 경우 재고자산이 청산되어 매출원가는 감소되고, 순이익이 증가되는 현상 다음은 (주)시대의 20X2년 3월의 재고자산 입고 및 출고에 관한 자료이다. 선입선출법을 적용하는 경우와 총평균법을 적용하는 경우, (주)시대의 20X2년 3월 31일 현재 재고자산금액은?

일 자		적 요	수량(개)	단가(원)
3월	1일	월초재고	20	100
	7일	매 입	20	100
	11일	매 출	20	150
	14일	매 입	20	130
	27일	매 출	20	200
	31일	월말재고	20	

	선입선출법	총평균법
①	2,200원	2,200원
②	2,200원	2,600원
③	2,600원	2,200원
④	2,600원	2,600원

정답 ▪

• 선입선출법 : 20개(3월 31일 기말재고) × @130 = 2,600

재고자산

기초재고액	2,000	매출원가	4,000	········· 6,600 − 2,600
당기매입액	4,600	기말재고액	2,600	········· 20개 × @130
	6,600		6,600	

• 총평균법 : 20개(기말재고수량) × @110[주] = 2,200

$$주) \ 110 = \frac{(20개 \times 100) + (20개 \times 100) + (20개 \times 130)}{60개}$$

재고자산

기초재고액	2,000	매출원가	4,400	········· 6,600 − 2,200
당기매입액	4,600	기말재고액	2,200	········· 20개 × @110
	6,600		6,600	

따라서 정답은 ③이다.

예제 매출원가

(주)시대는 20X1년 11월부터 배낭을 판매하고 있다. 모든 거래는 현금으로 이루어진다. 20X1년 11월 8일에 매출한 상품의 매출원가는 얼마인가?(이동평균법으로 평가함)

상품재고장						
일 자		적 요	입고란		출고란	
			수 량	단 가	수 량	단 가
11월	1일	매 입	20개	@1,200		
	6일	매 입	60개	@1,600		
	8일	매 출			30개	@2,000
	10일	매 입	80개	@1,800		

정답 ■

이동평균법이므로 11월 8일 현재 평균단가는

$$\frac{(20개 \times @1,200) + (60개 \times @1,600)}{80개} = @1,500이다.$$

따라서 매출원가는 30개 × @1,500 = 45,000이다.

9 재고자산의 추정

(1) 매출총이익률법

화재, 도난 등으로 인해 적절한 자료를 이용할 수 없을 때 기말재고자산을 추정하는 방법이다.

> 매출총이익률 = (매출총이익 ÷ 매출액) × 100
> 매출총이익 = 매출액 × 매출총이익률
> 매출총이익 = 매출액 - 매출원가

위 산식을 통해 매출원가를 구한 후 기말재고금액을 추정한다.

예제 재고자산의 추정(매출총이익률법)

(주)상공은 매출총이익률을 30%로 설정하고 있고 총매출액이 100,000원, 기초상품재고액이 20,000원, 당기매입액이 60,000원일 때 기말상품재고액은 얼마인가?

정답 ■

• 매출총이익 = 매출액 100,000원 × 30% = 30,000원
• 매출원가 = 매출액 100,000원 - 매출총이익 30,000원 = 70,000원
          = 기초상품재고액 20,000원 + 당기매입액 60,000원 - 기말상품재고액
∴ 기말상품재고액 = 10,000원

01 다음 7월 중의 갑상품에 대한 거래 내역을 보고, 이동평균법에 의하여 월말재고액을 계산하면 얼마인가?

일 자	적 요	수 량	단 가	금 액
1일	전월이월	40개	₩100	₩4,000
3일	매 입	50개	₩118	₩5,900
10일	매 출	70개	₩400	₩28,000
15일	매 입	40개	₩140	₩5,600

① ₩6,700
③ ₩8,800
② ₩7,800
④ ₩9,900

• 정답과 해설

01

상품재고장

(이동평균법)　　　　　품명 : 갑상품　　　　　(단위 : 개, 원)

월 일		적 요	인 수			인 도			잔 액		
			수 량	단 가	금 액	수 량	단 가	금 액	수 량	단 가	금 액
7	1	전월이월	40	100	4,000				40	100	4,000
	3	매 입	50	118	5,900				90	110	9,900
	10	매 출				70	110	7,700	20	110	2,200
	15	매 입	40	140	5,600				60	130	7,800
	31	차월이월				60	130	7,800			
			130		15,500	130		15,500			

정답 01 ②

02 다음의 수정전 잔액시산표상의 상품 관련 계정에 대한 설명으로 옳지 않은 것은?(단, 상품계정은 3분법에 의한다)

수정전 잔액시산표			
이월상품	30,000	매 출	450,000
매 입	300,000		

① 기초상품재고액 ₩30,000
② 당기상품순매입액 ₩300,000
③ 판매가능(상품)액 ₩330,000
④ 매출총이익 ₩120,000

03 상품매입 시에 발생하는 운임을 매입자가 부담하는 경우, 운임에 대한 매입자의 회계처리로 옳은 것은?

① 운반비로 처리한다.
② 매출액에서 차감한다.
③ 상품의 매입원가에 포함한다.
④ 외상매입금에서 차감한다.

• 정답과 해설

02	이월상품(수정전 시산표)	기초상품재고액
	이월상품(수정후 시산표)	기말상품재고액
	매 입	당기상품매입액
	매 출	당기상품매출액

※ 수정전 시산표를 통해서 매출총이익을 직접적으로 산정할 수 없다.
※ 판매가능액 = 기초상품재고액 + 당기상품매입액

03	매출 부대비용	운임, 하역료 → 당기 비용처리
	매입 부대비용	운임, 하역료 → 해당 자산(상품)에 가산

정답 02 ④ 03 ③

04 다음의 회계자료를 이용하여 선입선출법에 의한 기말재고액을 계산하면 얼마인가?

일 자	적 요	수량(개)	취득단가	금 액
5월 1일	기초재고	1,000	₩2,000	₩2,000,000
5월 5일	매 입	4,000	₩2,500	₩10,000,000
5월 10일	매 출	4,000	₩3,000	
5월 25일	매 입	1,000	₩3,000	₩3,000,000
5월 31일	기말재고	2,000		

① ₩5,500,000 ② ₩5,400,000
③ ₩5,200,000 ④ ₩5,000,000

● 정답과 해설

04

상품재고장

(선입선출법) 품명 : 갑상품 (단위 : 개, 원)

월	일	적 요	인 수			인 도			잔 액		
			수량	단가	금액	수량	단가	금액	수량	단가	금액
5	1	전월이월	1,000	2,000	2,000,000				1,000	2,000	2,000,000
	5	매 입	4,000	2,500	10,000,000				1,000	2,000	2,000,000
									4,000	2,500	10,000,000
	10	매 출				1,000	2,000	2,000,000	1,000	2,500	2,500,000
						3,000	2,500	7,500,000			
	25	매 입	1,000	3,000	3,000,000				1,000	2,500	2,500,000
									1,000	3,000	3,000,000
	31	차기이월				1,000	2,500	2,500,000			
						1,000	3,000	3,000,000			
			6,000		15,000,000	6,000					

정답 04 ①

05 다음은 (주)대한상공의 20X4년도 손익계정과 잔액시산표(수정후)의 일부이다. 이에 대한 설명으로 옳은 것은?(단, 기초상품재고액은 ₩30,000이다)

손 익			
매 입	200,000	매 출	350,000

잔액시산표(수정후)			
이월상품	20,000		

① 순매출액은 ₩200,000이다.
② 매출원가는 ₩180,000이다.
③ 상품매출이익은 ₩70,000이다.
④ 당기순매입액은 ₩190,000이다.

───────────────────────────────── ● 정답과 해설

05 손익계정에서 매입은 매출원가를 매출은 순매출액을 의미한다.
 • 매출원가(매입 200,000) = 기초상품재고액(30,000) + 당기순매입액(190,000) − 기말상품재고액(수정후 잔액
  시산표 20,000)
 ① 순매출액은 ₩350,000이다.
 ② 매출원가는 ₩200,000이다.
 ③ 상품매출이익은 ₩150,000이다.

정답 05 ④

06 다음은 (주)상공의 상품매매와 관련된 거래이다. 이를 분개한 것으로 옳은 것은?(단, 상품매매는 3분법에 의한다)

> 수원상회에 상품 ₩70,000을 외상으로 매출하고 수원상회가 지급해야 할 운임 ₩3,000을 당점에서 대신 현금으로 지급하다.

① (차) 외상매출금　　73,000　　(대) 매 출　　70,000
　　　　　　　　　　　　　　　　　　　현 금　　 3,000

② (차) 외상매출금　　70,000　　(대) 매 출　　73,000
　　　운반비　　　　 3,000

③ (차) 외상매출금　　73,000　　(대) 매 출　　73,000

④ (차) 외상매출금　　70,000　　(대) 매 출　　70,000
　　　운반비　　　　 3,000　　　　　현 금　　 3,000

07 다음 자료에 의하여 순매입액을 계산하면 얼마인가?

> 가. 기초상품재고액　　₩30,000　　나. 총매입액　　　₩500,000
> 다. 매입환출액　　　　₩30,000　　라. 매입에누리액　₩10,000
> 마. 매입할인액　　　　₩40,000　　바. 인수운임　　　₩20,000
> 사. 매출할인액　　　　₩10,000

① ₩400,000　　　　　　　　　② ₩420,000
③ ₩440,000　　　　　　　　　④ ₩500,000

06 매출 시 운임	내 용
외상매출금 (-)	당점(우리회사)부담 운임을 동점이 대신 지급한 경우
외상매출금 (+)	동점(그 거래처)부담 운임을 당점이 대신 지급한 경우

07 순매입액 = 총매입액 - (매입환출액 + 매입에누리액 + 매입할인액) + 매입운임
　　 = 500,000 - (30,000 + 10,000 + 40,000) + 20,000 = 440,000

정답　06 ①　07 ③

08 물가가 지속적으로 상승할 때 재고자산의 평가방법을 선입선출법에서 총평균법으로 변경하였을 경우 포괄손익계산서의 각 항목에 미치는 영향으로 옳은 것은?

① 매출액이 상승한다.
② 매출원가가 상승한다.
③ 당기순이익이 상승한다.
④ 기말상품재고액이 상승한다.

09 다음 자료로 매출총이익을 계산한 금액으로 옳은 것은?

가. 당기상품순매출액	₩200,000
나. 기초상품재고액	₩20,000
다. 당기상품순매입액	₩150,000
라. 기말상품재고액	₩30,000

① ₩20,000
② ₩30,000
③ ₩50,000
④ ₩60,000

• 정답과 해설

08

당기순이익	선입선출법 > 이동평균법 > 총평균법 > 후입선출법
기말재고자산	선입선출법 > 이동평균법 > 총평균법 > 후입선출법
매출원가	선입선출법 < 이동평균법 < 총평균법 < 후입선출법

① 매출액은 어떤 재고자산의 평가방법을 사용하더라도 동일하다.
③ 당기순이익은 감소한다.
④ 기말상품재고액은 감소한다.

09

당기순매출액	당기매출액 200,000
매출원가 140,000 (① + ② − ③)	① 기초상품재고액 20,000 ② 당기매입액 150,000 ③ 기말상품재고액 30,000
매출총이익	60,000

정답 08 ② 09 ④

10 (주)경남은 20X4년 8월 1일에 상품 ₩50,000을 매입하고 대금은 2개월 후에 지급하기로 하였다. 상품매입과정에서 운임 ₩2,000은 현금으로 지급하였다. 3분법에 의할 경우 (주)경남의 회계처리로 옳은 것은?

① (차) 상 품   52,000   (대) 외상매입금   52,000

② (차) 상 품   50,000   (대) 외상매입금   50,000

③ (차) 매 입   50,000   (대) 미지급금   50,000

        운 임   2,000   현 금   2,000

④ (차) 매 입   52,000   (대) 외상매입금   50,000

                                              현 금   2,000

11 계속기록법과 선입선출법을 적용하는 경우, 다음 자료를 기초로 계산한 7월의 매출원가는 얼마인가?

7월 5일	전월이월	수량	50개	단가 ₩500
7월 10일	상품매입	수량	100개	단가 ₩550
7월 16일	상품판매	수량	120개	
7월 21일	상품매입	수량	30개	단가 ₩520
7월 31일	상품판매	수량	40개	

① ₩88,600   ② ₩85,200

③ ₩84,600   ④ ₩83,600

● **정답과 해설**

10 상품매입 시 인수운임은 재고자산 원가에 포함하며 3분법으로 회계처리할 경우 차변은 매입계정을 사용한다.

11 • 판매수량 : 120개 + 40개 = 160개
    • 매출원가 : (50개 × 500) + (100개 × 550) + (10개 × 520) = 85,200

정답 10 ④   11 ②

12 당기의 상품 매출원가가 ₩260,000이고 당기의 상품매입액이 ₩300,000인 경우 기말시점에서의 상품재고액은 기초시점에서의 상품재고액에 비해 어떠한가?

① ₩40,000만큼 크다.
② ₩40,000만큼 적다.
③ ₩10,000만큼 적다.
④ 동일하다.

13 다음 거래를 분개할 때 차변 계정과목과 금액으로 옳은 것은?(단, 상품에 관한 거래는 3분법에 의한다)

> 상공가구는 거래처로부터 판매용 의자 100개 @₩2,000을 외상으로 매입하고 인수운임 ₩10,000은 현금으로 지급하였다.

① 매입 ₩210,000
② 상품 ₩200,000
③ 운반비 ₩10,000
④ 외상매입금 ₩200,000

PART 1

●정답과 해설

12 기초상품재고액을 '0'으로 가정하고 매출원가를 구하는 식에 대입하여 접근하면 쉽게 계산된다.
  • 기초상품재고액 + 순매입액 − 기말상품재고액 = 매출원가
    0 + 300,000 − (40,000) = 260,000

13 판매용 의자(상품)이므로 3분법에 의해 매입 처리하고 인수운임을 포함하여 계상한다.
  (차) 매 입   210,000   (대) 외상매입금   200,000
                                         현 금   10,000

정답 12 ① 13 ①

14 다음 중 상품재고장에 기입되지 않는 것은?

① 환출액　　　　　　　　　　　② 환입액

③ 매출에누리액　　　　　　　　④ 매입운임

15 계속기록법에 의하여 재고자산을 평가할 경우, 장부상의 기말재고액에 영향을 주는 항목으로 옳지 않은 것은?

① 매입할인

② 매입에누리

③ 매입환출

④ 매출할인

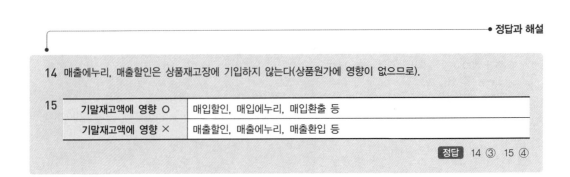

●정답과 해설

14 매출에누리, 매출할인은 상품재고장에 기입하지 않는다(상품원가에 영향이 없으므로).

15	기말재고액에 영향 ○	매입할인, 매입에누리, 매입환출 등
	기말재고액에 영향 ×	매출할인, 매출에누리, 매출환입 등

정답 14 ③ 15 ④

1 의 의

유형자산은 재화의 생산, 용역의 제공, 타인에 대한 임대 또는 영업활동에 사용할 목적으로 한 회계기간(1년)을 초과하여 사용하기 위해 보유하는 물리적 형체가 있는 자산이다.

토지, 건물, 기계장치, 선박, 차량운반구, 집기, 항공기, 사무용비품 등

① 영업에 사용할 목적의 자산으로 재고자산 및 투자자산과는 구분된다.
  예 토지의 경우 취득 목적에 따라 투자목적인 경우 투자자산, 매매목적인 경우 재고자산, 영업목적인 경우 유형자산으로 구분
② 유형자산과 관련된 수익은 1년을 초과하여 발생하므로 취득시점에 비용으로 처리하는 것보다 내용연수 동안 원가를 배분하여 비용으로 인식하는 것이 수익·비용대응의 관점에 적절하다.
③ 장기간 사용을 통해 경제적 효익을 제공하며 물리적 형태가 없는 자산은 무형자산으로 분류하며, 물리적 형태가 있는 유형자산과는 구분이 된다.

2 유형자산의 구분

(1) 비상각자산

시간이 경과되거나 사용하여도 가치가 감소되지 않거나 미완성 상태인 경우의 자산을 말한다.
  예 토지, 건설중인자산 등

(2) 상각자산

시간이 경과되거나 사용으로 인하여 가치가 감소되는 자산을 말한다.
  예 기계장치, 선박, 자동차 등

3 재무상태표의 표시

유형자산은 취득원가에서 감가상각누계액을 차감하는 형식으로 재무상태표에 표시한다.

4 유형자산의 취득원가

(1) 구입가격

일반적으로 구입가격은 외부구입가격에 해당한다.

(2) 취득 관련 직접원가 ☆

경영진이 의도하는 방식으로 자산을 가동하는 데 필요한 장소와 상태에 이르게 하는 데 직접 관련되는 원가를 말한다. 유형자산의 취득원가에 포함되는 것이 합리적인 취득부대비용의 예이다.

- 유형자산의 매입 또는 건설과 직접적으로 관련되어 발생한 종업원급여
- 설치장소 준비원가 예 토지정지비용, 건물철거비용 등
- 최초의 운송 및 취급 관련 원가 예 매입운임 등
- 설치원가 및 조립원가
- 유형자산이 정상적으로 작동되는지 여부를 시험하는 과정에서 발생하는 시험원가
- 유형자산의 취득과 관련하여 전문가에게 지급하는 수수료 예 중개수수료, 법률자문료 등

(3) 취득원가 제외항목 ☆

취득하는 과정에서 발생한 원가의 경우에도 유형자산의 취득과 직접 관련이 없는 다음의 원가는 당기 비용으로 처리한다. 또한 취득이 완료된 유형자산이 경영진이 의도하는 방식으로 가동될 수 있는 장소와 상태에 이른 후에는 취득원가를 인식하지 않는다.

지방세	내용 및 회계처리
취득세	취득시점에 1회 부과 → 자산에 반영
재산세	매년 부과 → 당기 비용처리(세금과공과금)
자동차세	매년 부과 → 당기 비용처리(세금과공과금)

5 유형자산 취득 이후의 지출(자본적 지출과 수익적 지출)

자본적 지출	가치 증대, 내용연수 연장, 생산량 증가, 성능 개선, 제품 불량률 감소를 위한 첨단 부품 교체 등으로 지출 → 해당 자산에 가산 예 건물 증축, 냉난방기 설치 등
수익적 지출	현상유지, 원상회복, 보수비 등을 위한 지출 → 당기 비용처리(수선비) 예 건물 외벽 도색, 파손된 유리 교체 등

자본적 지출 → 수익적 지출 처리	자산 과소계상, 비용 과대계상, 순이익 과소계상
수익적 지출 → 자본적 지출 처리	자산 과대계상, 비용 과소계상, 순이익 과대계상

6 건설중인자산

유형자산을 건설하기 위하여 발생된 원가를 집계하는 임시계정으로 유형자산이 완성되면 해당 계정으로 대체한다. 건설중인자산은 미완성 상태로 사용되지 않고 있기 때문에 감가상각대상 자산이 아니며 추후 완성되어 유형자산으로 대체 후 감가상각한다.

예제 유형자산

(주)시대의 다음 거래를 분개하시오. 다음의 자산은 영업목적으로 취득하였다.

1월 10일	건물을 10,000,000원에 취득하고 다음 달에 지급하기로 하다. 매입 시 공인중개사 수수료 50,000원과 취득세 200,000원을 현금지급하다.
1월 20일	기계장치를 5,000,000원에 구입하고 대금은 만기가 2개월인 어음을 발행하여 주기로 하다. 시운전비와 설치비로 100,000원을 현금으로 지급하다.
2월 1일	상품창고를 건설하기로 하고 공사비 8,000,000원을 현금지급하다.
3월 15일	건물의 외벽에 도색공사비와 파손된 유리를 교체하기 위하여 1,000,000원의 현금을 지급하다.
4월 20일	건물의 에스컬레이터와 냉난방시설을 위한 공사비 8,000,000원을 현금지급하다(자본적 지출 가정).
5월 25일	창고의 공사비 7,000,000원을 현금지출하고 공사를 완료하고, 취득세 500,000원을 현금지급하다.

정답▪

1월 10일	(차) 건 물	10,250,000	(대) 미지급금 현 금		10,000,000 250,000
1월 20일	(차) 기계장치	5,100,000	(대) 미지급금 현 금		5,000,000 100,000
2월 1일	(차) 건설중인자산	8,000,000	(대) 현 금		8,000,000
3월 15일	(차) 수선비	1,000,000	(대) 현 금		1,000,000
4월 20일	(차) 건 물	8,000,000	(대) 현 금		8,000,000
5월 25일	(차) 건설중인자산 (차) 건 물	7,000,000 15,500,000	(대) 현 금 (대) 건설중인자산 현 금		7,000,000 15,000,000 500,000

7 유형자산의 유형별 취득원가

(1) 토지와 건물의 일괄구입

토지와 건물을 일괄로 구입하는 경우 자산의 사용에 따라 취득원가를 측정한다.

① 토지만 사용할 목적

　토지의 취득원가는 일괄구입가격과 순철거비용으로 측정한다.

② 토지와 건물을 사용할 목적

　공정가치기준으로 토지와 건물의 취득원가를 안분하여 측정한다.

(2) 토지구입

토지의 취득원가는 구입가격에 부대비용(취득 관련 직접원가)을 가산한 금액을 취득원가로 본다. 토지 취득 관련 직접원가는 취득세 등의 취득과 관련된 비용이 포함되며, 토지를 사용가능한 상태로 만들기 위해 지출하는 구획정리비용, 개발부담금 등도 취득원가에 포함된다.

토지만 사용할 목적인 경우 토지의 취득원가는 토지와 건물의 일괄구입 대가에 건물철거비용(철거과정에서 발생된 잔존폐물의 매각 수익은 차감)과 토지정지비용을 가산하여 산정한다.

예제

(주)시대는 사옥 건립을 목적으로 기존건물이 있는 토지를 300,000원에 취득하였다. 이 토지의 취득과정에서 다음과 같은 추가지출과 수입이 발생하였다. 토지의 취득원가는?

• 기존건물 철거비용	20,000원
• 철거건물 부산물 매각액	4,000원
• 취득세	6,000원
• 토지의 구획정리비용	3,000원

정답

토지의 취득원가 = 300,000 + (20,000 − 4,000) + 6,000 + 3,000 = 325,000

---

(3) 건물의 외부구입

건물의 취득원가는 구입가격에 취득과 관련 있는 직접원가의 합계액으로 측정한다.

예 제

(주)시대는 영업용으로 사용할 건물을 100,000원에 구입하고 구입대금을 다음 지출항목과 함께 수표를 발행하여 지급하였다. 건물의 취득원가는 얼마인가?

• 사용 전 수리비	10,000원
• 건물구입 관련 컨설팅비용	20,000원
• 취득세	20,000원
• 취득 후 재산세	40,000원
• 등기비용	30,000원
• 부동산중개수수료	10,000원

정답 ■

• 건물의 취득원가 = 구입액 100,000 + 사용 전 수리비 10,000 + 취득세 20,000 + 등기비용 30,000 + 컨설팅비용 20,000 + 부동산중개수수료 10,000 = 190,000

※ 취득 후 재산세는 세금과공과계정으로 비용처리한다.

---

8 유형자산의 감가상각

(1) 의 의

유형자산의 시간경과나 사용에 따른 경제적 효익의 감소를 반영해야 하는데 이것을 감가상각으로 나타낸다. 감가상각이란 자산의 감가상각대상금액을 그 자산에 따른 내용연수 동안 체계적으로 배분하는 것으로 수익·비용대응을 위한 원가배분으로서 의미가 크다. 기업이 유형자산의 사용기간에 따라 수익이 발생하고 수익이 발생하는 기간 동안 원가를 배분하는 것이 감가상각인 것이다.

(2) 감가상각

① 감가상각의 3요소

ㄱ 취득원가 : 유형자산의 매입가격과 그 부대비용

ㄴ 내용연수 : 유형자산이 사용가능할 것으로 기대되는 기간

ㄷ 잔존가치 : 내용연수 경과 후 해당 자산을 폐기 또는 처분한다면 획득될 것으로 추정되는 금액

② 감가상각방법

　㉠ 정률법 : 유형자산은 일반적으로 내용연수 초기에 수익이 많이 창출되며, 내용연수가 지남에 따라 수익이 감소한다. 수익·비용대응 관점에서 원가배분도 수익창출에 비례하여 인식하는 것이 합리적이다. 잔존가치를 고려하여 상각률을 결정한 후 미상각 잔액에 상각률을 곱하여 감가상각비를 계산하는 방법이다.

$$\text{감가상각비} = (\text{취득원가} - \text{감가상각누계액}) \times \text{상각률}$$
$$= \text{미상각 잔액} \times \text{상각률}$$
$$(\text{상각률} = 1 - \sqrt[n]{\frac{\text{잔존가치}}{\text{취득원가}}}, \ n = \text{내용연수})$$

　㉡ 정액법 : 자산의 경제적 효익이 시간경과에 따라 일정하게 감소하는 경우에 적용하는 방법으로 매기 동액을 감가상각하는 방법이다.

$$\text{감가상각비} = \frac{\text{취득원가} - \text{잔존가치}}{\text{내용연수}}$$

③ 유형자산의 감가상각 회계처리

감가상각에는 직접상각법(자산에서 직접 차감하는 형식)과 간접상각법이 있다. 한국채택국제회계기준에서는 직접상각법으로 재무상태표에 표시되나 감가상각누계액은 주석으로 기재한다. 간접상각법은 유형자산의 취득원가, 감가상각누계액, 장부가액을 파악할 수 있다.

부분 재무상태표(직접상각법)

기계장치	90	

부분 재무상태표(간접상각법)

기계장치	100	
감가상각누계액	(10)	90

간접법	(차) 감가상각비	xxx	(대) 감가상각누계액 (자산의 차감적 평가계정)	xxx

사람은 죽어서 이름을 남기고 호랑이는 죽어서 가죽을 남긴다. 그렇다면 자산은 죽어서 무엇을 남기는가? 비용을 남긴다. 즉, 자산을 사용하게 되면 비용이 되는 것이다. 위 분개는 비용의 발생과 자산의 감소로 거래 8요소가 이루어져 있다. 다만 자산을 직접적으로 대변에 반영할 경우 취득원가를 확인하기 어렵기 때문에 이를 대신할 '아바타'가 필요하다. 그 '아바타' 성격이 바로 감가상각누계액이다. 자산을 비용화시키는 작업이 감가상각이다.

9 유형자산의 처분 ☆

처분가액과 장부가액을 비교하여 처분가액이 장부금액(취득원가 − 감가상각누계액)보다 많은 경우 유형자산처분이익으로, 장부금액이 더 크다면 유형자산처분손실로 회계처리한다.

유형자산처분이익	처분가액 > 장부금액(취득원가 − 감가상각누계액)
유형자산처분손실	처분가액 < 장부금액(취득원가 − 감가상각누계액)

예제 감가상각 및 유형자산처분

(주)시대의 다음 거래를 분개하시오.

1. 20X1년 7월 1일   차량운반구를 10,000,000원에 취득하고 다음 달에 지급하기로 하다.
2. 20X1년 12월 31일   차량운반구의 내용연수 5년, 잔존가치 0원으로 추정하고 정액법으로 감가상각하다.
3. 20X2년 6월 30일   차량운반구를 10,000,000원에 현금처분하다.
4. 20X1년 12월 31일   연초에 취득한 기계장치(취득가액 5,000,000원)에 대해서 감가상각비를 계상하다(내용연수 5년, 잔존가치 0원, 정률법, 상각률 40%라 가정한다).
5. 20X2년 12월 31일   기계장치에 대해서 감가상각비를 계상하다.

정답 ■

1	(차) 차량운반구	10,000,000	(대) 미지급금	10,000,000
2	(차) 감가상각비[주1]	1,000,000	(대) 감가상각누계액(차량)	1,000,000
	주1) $(10,000,000 - 0) \div 5년 \times \frac{6}{12}$ → 감가상각 월할상각			
3	(차) 감가상각비[주2]	1,000,000	(대) 감가상각누계액(차량)	1,000,000
	주2) $(10,000,000 - 0) \div 5년 \times \frac{6}{12}$ → 감가상각 월할상각			
	(차) 감가상각누계액(차량)	2,000,000	(대) 기계장치	10,000,000
	현 금	10,000,000	유형자산처분이익[주3]	2,000,000
	주3) 처분손익 = 처분가액 − 장부가액 = 10,000,000 − (10,000,000 − 2,000,000) = 2,000,000원			
	※ 만일 처분 시 대금을 추후 받기로 한 경우에는 미수금계정으로 처리			
4	(차) 감가상각비[주4]	2,000,000	(대) 감가상각누계액(기계)	2,000,000
	주4) 1차년도 감가상각비 = 5,000,000 × 40% = 2,000,000원			
5	(차) 감가상각비[주5]	1,200,000	(대) 감가상각누계액(기계)	1,200,000
	주5) 2차년도 감가상각비 = (5,000,000 − 2,000,000) × 40% = 1,200,000원			

01 (주)경기는 기계장치를 구입하였다. 기계의 대금은 ₩1,000,000이며 공장까지의 운임은 ₩120,000, 구입수수료 ₩100,000, 공장 내 설치비 ₩50,000이 발생하였다. 기계장치의 취득원가는 얼마인가?

① ₩1,000,000   ② ₩1,120,000

③ ₩1,220,000   ④ ₩1,270,000

02 유형자산과 관련된 지출 중 수익적 지출에 해당하는 것은?

① 건물 증축비

② 기계의 시운전비

③ 토지 정지비

④ 유리창 파손 교체비

● 정답과 해설

01 유형자산 원가의 구성요소
• 유형자산의 매입 또는 건설과 직접적으로 관련되어 발생한 종업원급여
• 설치장소 준비원가
• 최초의 운송 및 취급 관련 원가
• 설치원가 및 조립원가
• 유형자산이 정상적으로 작동되는지 여부를 시험하는 과정에서 발생하는 원가
• 유형자산의 취득과 관련하여 전문가에게 지급하는 수수료
∴ 기계대금 1,000,000 + 운임 120,000 + 구입수수료 100,000 + 설치비 50,000 = 1,270,000

02	자산(상품) 취득 전	취득(매입)과정에서 지출되는 부대비용 → 해당 자산에 포함
	자산(상품) 취득 후	취득 이후 지출되는 비용(후속지출) → 수익적 지출 : 현상유지 개념(당기 비용처리 : 파손유리 교체비) → 자본적 지출 : 가치증가 개념(해당 자산에 가산) 예 건물 증축비, 기계 시운전비, 토지 정지비

정답 01 ④ 02 ④

03 다음 중 감가상각의 대상에서 제외되는 자산으로 옳은 것은?

① 건 물
② 차량운반구
③ 기계장치
④ 토 지

04 (주)대한은 사옥을 신축하기 위하여 토지를 ₩3,000,000에 구입하고 취득세 ₩100,000을 수표로 각각 지급하였다. 취득세에 대한 회계처리로 옳은 것은?

① 취득세계정으로 처리한다.
② 세금과공과계정으로 처리한다.
③ 신축되는 건물에 가산한다.
④ 토지원가에 가산한다.

05 다음의 자료를 토대로 건물 처분 시 유형자산처분손익은 얼마인가?

> 가. 20X1년 1월 1일 ₩10,000,000에 건물취득(내용연수 : 10년, 잔존가치 : 없음, 감가상각방법 : 정액법)
> 나. 취득 후 3년이 지난 20X4년 1월 1일 ₩9,000,000에 현금을 받고 건물처분

① 유형자산처분손실 ₩1,000,000
② 유형자산처분손실 ₩2,000,000
③ 유형자산처분이익 ₩1,000,000
④ 유형자산처분이익 ₩2,000,000

● 정답과 해설

03

감가상각하지 않는 자산	이 유
토 지	시간의 경과에 따라 가치가 감소되지 않음
건설중인자산	수익비용의 대응원칙에 위배됨. 미완성된 상태이므로 수익창출에 기여한 바가 없기 때문에 그에 대응하는 비용도 인정하지 않음

04

토지의 취득원가	구입가격 + 취득 관련 직접원가(취득세, 등기비용, 중개수수료, 컨설팅 비용 등)

05 $\dfrac{10,000,000 - 0}{10} \times 3년 = 3,000,000$

(차) 감가상각누계액	3,000,000	(대) 건 물	10,000,000
현 금	9,000,000	유형자산처분이익	2,000,000

정답 03 ④ 04 ④ 05 ④

06 '영업을 목적으로 하는 취득원가 ₩2,000,000의 건물을 ₩1,500,000에 처분하고, 대금은 월말에 받기로 하다.'의 분개로 옳은 것은?(단, 처분한 건물의 감가상각누계액은 ₩800,000이다)

① (차) 미수금   1,500,000   (대) 건 물   1,500,000

② (차) 미수금   1,500,000   (대) 건 물   2,000,000

       유형자산처분손실   500,000

③ (차) 미수금   1,500,000   (대) 건 물   2,000,000

       감가상각누계액   800,000   유형자산처분이익   300,000

④ (차) 미수금   1,500,000   (대) 건 물   1,500,000

       감가상각누계액   800,000   유형자산처분이익   800,000

07 다음은 상공상사의 업무용 주차장으로 사용할 목적으로 구입한 토지의 지출내역이다. 토지의 취득원가를 계산한 금액으로 옳은 것은?

가. 토지 구입대금	₩15,000,000	
나. 토지 정지비용	₩1,000,000	
다. 취득세	₩500,000	
라. 매입수수료	₩300,000	
마. 재산세	₩200,000	

① ₩15,700,000   ② ₩16,000,000

③ ₩16,800,000   ④ ₩17,000,000

● **정답과 해설**

06 유형자산처분손익 = 매각(처분)금액 - 장부금액(취득원가 - 감가상각누계액)

매각(처분)금액 > 장부금액 : 처분이익

매각(처분)금액 < 장부금액 : 처분손실

07 재산세의 경우 취득 후 보유단계에서 매년 납부하는 것이므로 취득원가에 포함하지 아니하고 세금과공과로 처리한다.

∴ 토지 취득원가 16,800,000 = 토지 구입대금 15,000,000 + 토지 정지비용 1,000,000 + 취득세 500,000 + 매입수수료 300,000

정답 06 ③ 07 ③

08 다음 거래를 분개한 것으로 옳은 것은?

> 신축 중인 건물이 완공되어 인수하고, 공사비 잔액 ₩5,000을 수표를 발행하여 지급하다(단, 지금까지 건물 신축을 위해 지급된 공사비는 ₩1,000이다).

① (차) 건 물	5,000	(대) 당좌예금	4,000
		건설중인자산	1,000
② (차) 건 물	6,000	(대) 당좌예금	5,000
		건설중인자산	1,000
③ (차) 건 물	5,000	(대) 당좌예금	5,000
미지급금	1,000	건설중인자산	1,000
④ (차) 건 물	5,000	(대) 당좌예금	5,000
건설중인자산	1,000	미지급금	1,000

09 다음 중 건물의 원가에 가산할 수 없는 것은?

① 건물의 승강기 설치비용
② 건물 용도 변경을 위한 개조 비용
③ 파손된 유리 교체 비용
④ 공장 건물의 증설 확장 공사 비용

● 정답과 해설

08 신축 중인 건물은 건설중인자산계정으로 처리되다가 완공 후 건물계정에 대체한다.

09		
수익적 지출(수선비)	당기 비용처리 예 파손된 유리 교체	
자본적 지출(해당 자산)	해당 자산에 가산 예 건물 승강기 설치, 용도변경 개조비용, 증설확장 공사	

정답 08 ② 09 ③

10 다음은 (주)상공기업이 사용 중이던 영업용 차량의 처분과 관련된 자료이다. 아래 거래 관련 회계처리로 옳은 것은?

가. 취득원가	₩5,000	
나. 감가상각누계액(차량운반구)	₩1,500	
다. 현금판매금액	₩3,000	

① (차) 현 금   3,000   (대) 차량운반구   3,000

② (차) 현 금   3,000   (대) 차량운반구   3,500
         유형자산처분손실   500

③ (차) 현 금   3,000   (대) 차량운반구   5,000
         유형자산처분손실   2,000

④ (차) 현 금   3,000   (대) 차량운반구   5,000
         감가상각누계액   1,500
         유형자산처분손실   500

11 자본(순자산)의 증가를 가져오는 거래로 옳은 것은?

① 건물을 ₩100,000에 외상으로 구입하다.
② 외상매출금 ₩100,000을 현금으로 회수하다.
③ 단기매매차익을 목적으로 한국거래소에 상장된 (주)상공 주식 10주를 ₩100,000에 구입하다.
④ 장부금액 ₩100,000인 토지를 ₩200,000에 처분하다.

● 정답과 해설

10 • 유형자산처분손실 500 = 매각(처분)금액 3,000 – 장부금액(취득원가 5,000 – 감가상각누계액 1,500)
　• 매각(처분)금액 < 장부금액 : 처분손실

11 수익의 경우 자산의 증가, 부채의 감소로 인해 자본의 증가를 가지고 온다. 유형자산의 처분이익도 이에 해당한다.
①, ②, ③의 경우 순자산의 변동은 없다.
(차) 현 금   200,000   (대) 토 지   100,000
                                           유형자산처분이익   100,000

정답   10 ④   11 ④

12 아래 자료를 보고 차량운반구의 취득원가를 계산하시오.

> 가. 승용차 구입   ₩10,000,000
> 나. 차량취득세   ₩110,000
> 다. 자동차세   ₩200,000

① ₩10,000,000
② ₩10,110,000
③ ₩10,200,000
④ ₩10,310,000

● 정답과 해설

12 취득세는 취득원가에 가산하고 자동차세는 세금과공과로 당기 비용처리한다.
10,000,000 + 110,000 = 10,110,000

정답 12 ②

09 무형자산

1 의 의

(1) 식별가능성

무형자산은 식별가능성 조건을 충족하기 위해서 당해 자산이 분리가능하거나, 당해 자산이 계약상 권리 또는 기타 법적 권리로부터 발생하여야 한다.

(2) 자원에 대한 통제

기초가 되는 자원에서 유입되는 미래 경제적 효익을 확보할 수 있고 그 효익에 대한 제3자의 접근을 제한할 수 있다면 기업이 자산을 통제하고 있는 것이다.

(3) 미래의 경제적 효익

무형자산의 미래 경제적 효익은 제품의 매출, 용역수익, 원가절감 또는 자산의 사용에 따른 기타 효익의 형태로 발생할 수 있다.

2 무형자산의 종류

(1) 영업권

기업의 우수한 종업원, 고도의 경영능력, 영업상 또는 제조상의 비법 등 미래 경제적 이익을 얻을 수 있는 경우로 인수한 순자산액을 초과하여 지급하는 경우 그 초과액을 말한다.
내부적으로 창출된 영업권은 인정되지 아니한다.

(2) 개발비 관련

연구 및 개발과 관련하여 지출된 금액에 대해서는 각 성격에 따라 다음과 같이 분류한다.

연구단계	연구비(당기 비용)
개발단계	경상개발비(당기 비용) : 자산성 요건 충족 ×
	개발비(무형자산) : 자산성 요건 충족 ○

(3) 산업재산권

일정기간 독점적·배타적으로 이용할 수 있는 권리로서 특허권, 실용신안권, 상표권 등이 있다.

용어설명	내 용
특허권	새로 발명한 것을 일정기간 독점적으로 소유 또는 이용할 수 있는 권리
실용신안권	산업상 이용할 수 있는 물품 등에 대한 고안을 하여 얻은 권리(출원으로 권리 부여 받음)
상표권	타 상품과 식별하여 사용하는 기호 등을 말하며 일정기간 독점적으로 사용할 수 있는 권리

(4) 기 타

라이선스, 소프트웨어, 프랜차이즈, 저작권, 광업권, 어업권, 웹 사이트 원가 등이 있다.

예제 무형자산

(주)시대의 다음 거래를 분개하시오.

> 7월 20일   고려대학에 의뢰한 신제품개발에 따른 용역비 10,000,000원을 보통예금에서 이체하여 지급하다. 본 용역은 자산요건을 충족한다.

정답

7월 20일	(차) 개발비	10,000,000	(대) 보통예금	10,000,000

⋯ 참고

내부적으로 창출된 무형자산의 원가
- 이미 비용으로 인식한 지출은 무형자산의 원가로 인식할 수 없음
- 자산의 창출, 제조 및 경영자가 의도하는 방식으로 운영될 수 있도록 준비하는데 필요한 직접 관련된 모든 원가를 포함

무형자산의 후속측정
- 내용연수가 유한한 무형자산 : 상각 O
- 내용연수가 비한정인 무형자산 : 상각 ×, 손상검사 수행
- 무형자산 상각
  - 내용연수 동안 체계적인 방법으로 배분
  - 소비형태를 신뢰성 있게 결정할 수 없는 경우 정액법 사용

부 채

01 부채의 의의

1 과거사건의 결과로 존재

2 경제적자원의 이전

기업이 경제적자원을 다른 당사자(또는 당사자들)에게 이전하도록 요구받게 될 잠재력이 있어야 한다.

3 과거사건으로 생긴 현재의무

기업실체가 현재의 의무를 이행하기 위해서는 일반적으로 미래에 경제적 효익의 유출이 수반된다. 즉, 부채로 인해 특정 기업이 미래에 다른 실체에게 자산을 이전하거나 용역을 제공해야 한다.

> **⋯ 참고**
>
> 의 무
> 의무가 계약, 법률 또는 이와 유사한 수단에 의해 성립되며, 당사자(또는 당사자들)가 채무자에게 법적으로 집행할 수 있도록 한다. 그러나 기업이 실무 관행, 공개한 경영방침, 특정 성명(서)과 상충되는 방식으로 행동할 실제 능력이 없는 경우, 기업의 그러한 실무 관행, 경영방침이나 성명(서)에서 의무가 발생할 수도 있다. 그러한 상황에서 발생하는 의무는 '의제의무'라고 불린다.
>
> 채권자 확정 여부
> 부채 발생 시 채권자가 반드시 확정되어야 하는 것은 아니다.

4 금융부채

금융상품은 거래 당사자 일방에게 금융자산을 발생시키고 동시에 다른 거래 상대방에게 금융부채나 지분상품을 발생시키는 모든 계약이다.

금융부채 (발행자)	다음 중 하나에 해당하는 계약상의 의무 • 거래상대방에게 현금 등 금융자산을 인도할 계약상의 의무 　예 매입채무, 사채 등 • 잠재적으로 불리한 조건으로 거래상대방과 금융자산이나 금융부채를 교환하기로 한 계약상의 의무

02　부채의 구분

1 유동부채와 비유동부채

유동부채란 재무상태표일로부터 1년 이내에 상환되거나 소멸되는 부채를 말하며 비유동부채란 재무상태표일로부터 1년을 초과한 시점에서 상환되거나 소멸하는 부채를 말한다. 다만, 매입채무나 미지급비용 등의 영업 관련 부채는 정상영업주기와 1년 중 큰 기간을 기준으로 유동성을 구분한다.

2 확정부채와 추정부채

부채의 지출시기나 금액의 확정여부에 따라 확정부채와 추정부채로 분류한다. 확정부채는 계약이나 법률에 의하여 측정일 현재 지출의 시기와 금액이 확정되어 있는 부채를 말하고, 추정부채는 측정일 현재 지출의 시기 또는 금액이 불확실한 부채를 말한다. 추정부채 중 인식 요건을 충족하는 금액은 충당부채로써 재무상태표에 반영하며, 인식요건을 충족하지 않는 부분은 우발부채로써 재무상태표에 공시한다.

03　유동부채

1 종 류

제3장 자산에서 설명되어 있기 때문에 자세한 내용은 제3장을 참고하여 주시기 바란다.

(1) 매입채무
상품을 외상으로 매입하고 지급할 의무

(2) 미지급금
상품 외의 물품을 외상으로 구입한 경우 지급할 의무

(3) 단기차입금
결산일로부터 1년 이내의 기간을 만기로 빌려온 돈

(4) 미지급비용

미지급금	도래 후 → 지급시점이 경과된 경우 예 12월 31일 결산 시 12월 25일 지급되어야 했는데 지급하지 못했다면 미지급금
미지급비용	도래 전 → 지급시점이 미경과된 경우 예 다음 연도 1월 5일이 지급일인데 12월 31일 시점으로 결산 시

(5) 선수금

자 산	먼저 준 돈 자산(받을 권리 있음) → 선급금
부 채	먼저 받은 돈 부채(해줄 의무 있음) → 선수금

(6) 예수금 ☆

거래처나 종업원이 납부해야 할 금액을 일시적으로 보관하였다가 국가 및 관련 공단에 지급해야 하는 금액을 말한다.

➕ 예시

예를 들면 기업이 종업원에게 급여를 지급하였을 때 각종 공제 금액에 대한 처리가 이와 밀접한 관련이 있다.

[급여명세서]

기본금	2,000,000원	근로소득세	50,000원
수 당	300,000원	지방소득세	5,000원
식 대	100,000원	국민연금	200,000원
상여금	1,200,000원	건강보험료	150,000원
		고용보험료	20,000원
		공제합계액	425,000원
합계액	3,600,000원	차인지급액	3,175,000원

4대보험 중 국민연금, 건강보험료(장기요양보험료 포함)의 경우 근로자 본인부담 50%, 사업주 부담 50%이며, 고용보험료는 실업급여만 각각 50%씩 부담하고 나머지(직업능력개발, 고용안정)는 사업주가 부담한다(참고로 산재보험료는 사업주가 전액 부담함).

근로자 부담분	사업주 부담분
예수금(위 공제항목 중 근로소득세, 지방소득세, 국민연금, 건강보험료, 고용보험료)	• 국민연금 회사부담분 : 세금과공과 • 건강보험료 회사부담분 : 복리후생비 • 고용보험료 회사부담분 : 복리후생비(혹은 보험료)
사업주는 지급일의 다음 달 10일까지 근로자 부담분을 포함한 총액을 각 기관에 납부한다(단, 원천세 신고는 매월이라고 가정).	

예제 예수금

(주)시대의 다음 거래를 분개하시오.

> 9월 30일 종업원급여 1,000,000원을 지급하면서 근로소득세(지방소득세 포함) 5,000원, 국민 연금 10,000원, 건강보험료 7,000원을 차감한 978,000원을 현금지급하다.
>
> 10월 10일 세무서와 지방자치단체에 소득세(지방소득세 포함) 5,000원, 종업원 부담분과 사업주 부담분을 국민연금관리공단에 20,000원, 건강보험공단에 14,000원을 현금납부하다.

정답

9월 30일	(차) 급 여	1,000,000	(대) 현 금	978,000
			예수금	22,000
10월 10일	(차) 예수금(세무서 등)	5,000	(대) 현 금	39,000
	예수금(국민연금관리공단)	10,000		
	세금과공과	10,000		
	예수금(건강보험공단)	7,000		
	복리후생비	7,000		

(7) 유동성장기부채

빌릴 당시에는 장기부채여서 비유동부채로 표시되나, 이후 기간 경과되어 만기가 1년 이내 도래하면 유동부채로 재분류한다.

예제 유동성장기부채

(주)시대의 다음 거래를 분개하시오.

> 20X1년 1월 1일   ○○은행으로부터 10,000,000원을 3년 만기로 차입하다.
> 20X2년 12월 31일   (만기 1년 이내 도래)

정답

20X1년 1월 1일	(차) 현 금	10,000,000	(대) 장기차입금	10,000,000
20X2년 12월 31일	(차) 장기차입금	10,000,000	(대) 유동성장기부채	10,000,000

01 다음 중 부채에 대한 설명으로 옳지 않은 것은?

① 기업의 과거 거래 또는 회계사건의 결과로 인해 미래에 경제적 자원을 유출시키는 현재의 의무이다.

② 부채에는 차입금, 외상매입금, 지급어음 등이 있다.

③ 비유동부채에는 사채, 장기차입금 등이 있다.

④ 기업이 자본주 이외에 타인에게 조달한 금액을 말하며, 자본금과 마찬가지로 반드시 상환할 필요가 없다.

02 중앙상사는 사원들의 급여에서 차감하였던 국민연금 ₩50,000을 현금으로 납부하였다. 분개로 옳은 것은?

① (차) 현 금	50,000	(대) 예수금	50,000
② (차) 예수금	50,000	(대) 현 금	50,000
③ (차) 미지급금	50,000	(대) 현 금	50,000
④ (차) 예수금	50,000	(대) 미지급금	50,000

• **정답과 해설**

01 자본금은 상환의무가 해당 법인에게 별도로 존재하지 않는다. 따라서 주주는 자신의 출자금을 회수하기 위해 다른 제3자에게 이를 양도하게 되며 이를 활성화한 것이 거래소시장(예 유가증권 상장법인 주식 거래 등)이다. 반면 부채는 상환 의무가 있다.

02 예수금(예 국민연금, 건강보험료, 근로소득세와 지방소득세 등)에 대한 반제(대변에 있던 예수금을 반대쪽 차변으로 옮김)처리하고 대변에 현금으로 반영한다.

정답 01 ④ 02 ②

03 다음 중 금융부채에 대한 설명으로 옳은 것은?

① 금융기관의 상품 종류를 뜻하는 것으로 선수금 등이 있다.

② 기업의 지분상품을 뜻하는 것으로 기업이 매입한 다른 회사의 주식 등이 있다.

③ 거래 상대방에게 현금 등 금융자산을 수취할 계약상의 권리를 뜻하는 것으로 매출채권 등이 있다.

④ 거래 상대방에게 현금 등 금융자산을 인도하기로 한 계약상의 의무를 뜻하는 것으로 매입채무 등이 있다.

04 다음 거래를 바르게 분개한 것은?

> 직원 갑에게 이달분 급여 ₩3,000,000을 지급함에 있어 국민연금 ₩100,000, 건강보험료 ₩100,000을 제외한 금액을 수표 발행하여 지급하다.

①	(차) 급 여	3,000,000	(대) 당좌예금		3,000,000
②	(차) 급 여	3,000,000	(대) 예수금		200,000
			당좌예금		2,800,000
③	(차) 급 여	2,800,000	(대) 당좌예금		3,000,000
	예수금	200,000			
④	(차) 급 여	2,800,000	(대) 당좌예금		2,800,000

● 정답과 해설

03 ① 선수금 등은 재화나 용역을 제공해야 하는 것이므로 금융부채에 해당되지 아니한다.

② 다른 기업의 지분상품은 금융자산에 관한 설명이다.

③ 금융자산을 수취할 계약상 권리(매출채권 등)는 금융자산에 대한 설명이다. 반면 금융부채는 금융자산을 인도 할 계약상 의무이다.

04

예수금	근로소득세, 지방소득세, 국민연금 본인부담분, 건강보험료 본인부담분, 고용보험료 본인부담분
수표 발행	당좌예금 대변으로 처리
수표 수령	자기앞수표, 타인발행수표를 수령하는 경우 이를 현금 차변으로 처리

(차) 급 여	3,000,000	(대) 예수금		200,000
		당좌예금		2,800,000

정답 03 ④ 04 ②

05 다음의 거래 중 매입채무로 계상할 수 있는 거래는?

① 제품 생산용 기계를 구입하고 대금을 지급하지 못한 경우
② 상품판매를 약속하고 대금의 10%를 미리 받은 경우
③ 판매용 자동차를 인수하고 그 대금을 지급하지 못한 경우
④ 구입한 기계에 대해서 수선유지비를 지급하지 못한 경우

06 다음 중 부채를 발생시키는 거래로 옳지 않은 것은?

① 화재보험에 가입하면서 2년간의 보험료로 현금 ₩20,000을 지급하다.
② 상품매출을 계약하고 계약금으로 ₩200,000을 자기앞수표로 받다.
③ 거래처에 현금 ₩200,000을 2년간 대여하면서 2년간 이자 ₩20,000을 미리 받다.
④ 은행으로부터 현금 ₩200,000을 대출받다.

● 정답과 해설

05 일반적인 상거래에서 발생한 채무이므로 판매 상품을 외상매입한 경우 매입채무로 계상한다.

(차) 매 입	xxx	(대) 외상매입금	xxx

① 미지급금, ② 선수금, ④ 수선비

06 보험료를 미리 지급한 것은 선급보험료(자산)이다.
② 계약금 자기앞수표 수령 : 선수금
③ 2년간 이자 미리 받다 : 선수이자
④ 은행 차입 : 차입금

정답 05 ③ 06 ①

1 사 채

(1) 의 의

사채란 기업이 자금을 조달할 목적으로 사채권을 발행하여 불특정 다수로부터 자금을 차입하는 것으로 발행자가 약정에 따라 일정기간 동안 표시이자를 지급하고 만기일에는 원금을 상환하기로 한 채무증권이다.

(2) 용어정리

액면가액	사채의 만기일에 상환을 약속한 원금으로서 사채액면(표면)에 표시되어 있는 금액
액면이자율	액면가액을 기준으로 정기적으로 지급을 약정한 이자율
이자지급일	액면가액에 액면이자율을 적용하여 계산한 액면이자를 정기적으로 지급하기로 약정한 날
사채발행비	사채를 발행하면서 발생한 비용(예 사채인쇄비, 증권회사 수수료 등)으로 사채발행가액에서 직접 차감하여 처리하도록 한국채택국제회계기준에서 정하고 있다.
발행가액	사채를 발행하여 조달한 금액
시장이자율	시장이자율은 기초이자율에 신용가산이자율을 가산하여 계산한 이자율
유효이자율	사채의 발행가액과 사채발행에 따라 만기까지 지급할 액면이자와 액면가액의 현재가치를 일치시키는 할인율

(3) 사채의 발행방법

구 분	이자율 간의 관계	액면가액과 발행가액의 관계
액면발행	시장이자율 = 액면이자율	발행가액 = 액면가액
할인발행	시장이자율 > 액면이자율	발행가액 < 액면가액
할증발행	시장이자율 < 액면이자율	발행가액 > 액면가액

할인발행	(차) 당좌예금 등 xxx (대) 사 채 xxx 사채할인발행차금(선급이자 성격) xxx
할증발행	(차) 당좌예금 등 xxx (대) 사 채 xxx 사채할증발행차금(선수이자 성격) xxx

상환가액과 장부금액의 관계	손 익
장부금액 = 상환가액	손익 없음
장부금액 > 상환가액	사채상환이익
장부금액 < 상환가액	사채상환손실

※ 사채상환손익은 조기상환의 경우에만 발생된다(만기상환 시 상환손익 발생 ×).

2 충당부채

(1) 의 의

충당부채는 부채의 인식요건을 충족하므로 재무상태표에 부채로 계상한다.

[예] 제품보증충당부채, 반품충당부채, 경품충당부채, 지급보증충당부채, 구조조정충당부채 등

(2) 충당부채의 인식

충당부채는 다음의 요건을 모두 충족하는 경우에 인식한다.

> • 과거사건의 결과로 현재의무가 존재한다.
> • 당해의무를 이행하기 위하여 경제적 효익을 갖는 자원이 유출될 가능성이 높다.
> • 당해의무의 이행에 소요되는 금액을 신뢰성 있게 측정할 수 있다.

3 우발부채

(1) 우발부채

우발부채는 지출의 시기나 금액이 불확실한 잠재적 의무 또는 충당부채 인식요건을 충족하지 않는 현재의무를 말한다. 구체적으로 아래에 해당하는 의무를 우발부채라고 한다. 우발부채는 부채로 인식하지 아니한다(사례 : 소송사건으로 손해배상에 대한 자원유출 가능성 높은 경우).

※ 의무를 이행하기 위하여 경제적 효익이 있는 자원을 유출할 가능성이 희박하지 않다면 우발부채를 공시함

> **··· 참고**
>
> **우발자산**
> 우발자산은 과거 사건에 의하여 발생하였으나 기업이 전적으로 통제할 수 없는 하나 이상의 불확실한 미래 사건의 발생여부에 의해서만 그 존재가 확인되는 잠재적 자산을 말한다. 우발자산은 이를 자산으로 인식하지 아니한다.

01 다음에서 유동부채와 비유동부채의 분류가 바르게 짝지어진 것은?

	유동부채	비유동부채
①	사 채	선수수익
②	매입채무	미지급비용
③	선수수익	미지급법인세
④	예수금	사 채

● 정답과 해설

01	유동부채	비유동부채
	선수수익, 매입채무, 미지급비용, 예수금 등	사채, 장기차입금, 퇴직급여충당부채 등

정답 01 ④

01 개인기업의 자본

개인기업의 자본금계정은 출자액, 추가 출자액, 인출액, 당기순손익으로 구성된다.
확정된 금액이 아닌 자산총액과 부채총액에 따라 변동되는 금액이다.

1 개인기업의 자본금

영업개시 출자, 사업확장 출자	(차) 현 금	xxx	(대) 자본금	xxx
당기순이익 계상	(차) 손 익	xxx	(대) 자본금	xxx
당기순손실 계상	(차) 자본금	xxx	(대) 손 익	xxx

➕ 예시

당기순이익 발생 시

	손 익		
복리후생비	xxx	매 출	xxx
급 여	xxx	이자수익	xxx
임차료	xxx		
당기순이익	xxx		
	합계액		합계액

일차적으로 위 손익계정을 당기순이익과 끈으로 연결한 후 왼쪽에서 오른쪽으로 당긴다.

손익 → 당기순이익	(차) 손 익	xxx	(대) 당기순이익	xxx

위 분개를 당기순이익 T-계정 아래에서 위로 공을 던진다고 생각하자. 탁자 위로 공을 던지면 당기순이
익이 위로 올라가고 손익이 오른쪽으로 이동한다.

	당기순이익	
	손 익	xxx

이번에는 자본금으로 대체하기 위해 좌측 빈 공간에 자본금을 기재하고 동일한 방법으로 당기순이익과
자본금을 연결하여 자본금을 오른쪽으로 잡아 당기면

		당기순이익		
자본금	xxx	손 익		xxx

당기순이익 → 자본금	(차) 당기순이익	xxx	(대) 자본금	xxx

위 분개를 자본금 T-계정 밑에서 둘을 연결하고 위로 올리면 자본금 T-계정 우측 하단에 당기순이익을
표시할 수 있다.

		자본금	
인출액	xxx	기초자본금	xxx
		추가출자액	xxx
		당기순이익	xxx

외우는 것도 중요하지만 개념적으로 쉽게 접근하면 훨씬 기억이 오래간다.

2 인출금 ☆

법인은 채권자 보호를 위해 상법 등 관련 법률에서 자본금의 사용을 엄격히 제한하고 있다. 그러나
개인사업체는 기업자체가 곧 사업주이기 때문에 해당 사업장의 돈을 사업주가 제한없이 사용하는 것
이 가능하다. 반대로 사업장에 필요한 자금을 특별한 절차 없이 입금하는 것도 가능하다. 이러한 내용
은 인출금계정을 통하여 반영하고 기말 결산 시 이 부분을 검토하여 자본금계정에 대체한다.

예제 인출금

다음 거래를 분개하시오.

> 3월 10일 　기업주는 사업체 '시대상사'에서 현금 100,000원을 인출하다.
> 4월 30일 　'시대상사'가 판매용으로 들여온 상품 40,000원을 기업주 개인적으로 사용하다.
> 5월 31일 　사업소득에 대해 종합소득세 신고를 하고 200,000원을 현금으로 납부하였다.
> 12월 31일 　기말 인출금계정을 정리하다.

3월 10일	(차) 인출금	100,000	(대) 현 금	100,000
4월 30일	(차) 인출금	40,000	(대) 매입(=상품)	40,000
5월 31일	(차) 인출금	200,000	(대) 현 금	200,000
12월 31일	(차) 자본금	340,000	(대) 인출금	340,000

인출금

3/10	현 금	100,000	12/31	자본금	340,000
4/30	매 입	40,000			
5/31	현 금	200,000			

예제 인출액과 추가출자액을 고려한 금액 계산

각각의 당기순손익을 구하시오.

구 분	기초자본금	기말자본금	추가출자액	인출액	당기순손익
(1)	1,000,000원	1,400,000원	200,000원	100,000원	?
(2)	2,800,000원	2,500,000원	500,000원	200,000원	?

당기순이익	기말자본 − (기초자본 + 추가출자액 − 인출액) > 0
당기순손실	기말자본 − (기초자본 + 추가출자액 − 인출액) < 0

(1) 당기순이익 300,000
(2) 당기순손실 600,000

〈개인기업의 기말자본〉

$$\text{기말자본} = \text{기초자본} + \text{추가출자액} - \text{인출액} \begin{array}{l} + \text{ 당기순이익} \\ - \text{ 당기순손실} \end{array}$$

01 다음은 개인 기업인 상공상점의 기초 재무상태와 그 변화를 나타낸 것이다. 기말자본을 계산한 금액으로 옳은 것은?

> 가. 기초 재무상태 : 자산 ₩100,000, 부채 ₩70,000
> 나. 기중 변동사항 : 추가출자액 ₩20,000
> 다. 기말 결산결과 : 당기순이익 ₩30,000

① ₩50,000   ② ₩80,000
③ ₩100,000   ④ ₩120,000

02 다음은 개인기업의 상품매매에 관한 거래 내용이다. 분개로 옳은 것은?

> 상공전자를 운영하는 사장 홍길동은 본인의 가정에서 사용하기 위하여 컴퓨터(판매가격 ₩200,000, 매입원가 ₩150,000)를 가져갔다. 단, 거래는 회계기간 중에 발생했다.

① (차) 미수금	150,000	(대) 매 출	150,000
② (차) 인출금	150,000	(대) 매 입	150,000
③ (차) 미수금	200,000	(대) 매 출	200,000
④ (차) 인출금	200,000	(대) 매 입	200,000

●정답과 해설

01 기말자본과 기초자본을 고려하여 당기순이익을 계산할 때 추가출자액을 고려하여 검토한다.
• 기초자산 100,000 − 기초부채 70,000 = 기초자본 30,000
• 기말자본 80,000 − (기초자본 30,000 + 추가출자액 20,000) = 당기순이익 30,000

02 개인사업자가 상공전자의 상품 컴퓨터를 자신의 가정으로 가지고 간 경우 이를 자본금의 인출금에서 조정한다. 자본의 감소로 처리하며 3분법에 따라 대변에 매입으로 반영한다.

정답 01 ② 02 ②

03 개인기업인 상공상사의 당기에 세금 등 납부액은 다음과 같다. 세금과공과계정에 기입되는 금액으로 옳은 것은?

> 가. 업무용 자동차에 대한 과태료   ₩10,000
> 나. 사업주 소득세   ₩100,000
> 다. 업무용 자동차세   ₩50,000
> 라. 회사 건물에 대한 재산세   ₩200,000

① ₩100,000   ② ₩160,000

③ ₩260,000   ④ ₩360,000

04 '(주)상공상사는 1월 1일에 현금 ₩100,000을 출자하여 영업을 시작하다'의 분개로 옳은 것은?

① (차) 현 금   100,000   (대) 자본금   100,000
② (차) 자본금   100,000   (대) 현 금   100,000
③ (차) 손 익   100,000   (대) 자본금   100,000
④ (차) 자본금   100,000   (대) 손 익   100,000

●● 정답과 해설

03

세금과공과	과태료, 업무용 자동차세, 영업용 건물 재산세
인출금	기업주 현금인출(사업주 소득세 등), 판매용 상품 개인사용

과태료 10,000 + 업무용 자동차세 50,000 + 회사 건물 재산세 200,000 = 260,000

참고

업무용 자동차에 대한 과태료	주차위반, 신호위반 등
업무용 자동차세	매년 2회에 걸쳐 보유기간 중 납부(연초 일괄 연 1회 납부도 가능)
회사 건물에 대한 재산세	부동산 보유기간 동안 매년 6월 1일 기준으로 부과되는 지방세

04 출자의 경우 자본금 대변으로 분개한다.
(차) 현 금   100,000   (대) 자본금   100,000

정답   03 ③   04 ①

05 다음은 20X5년 초에 개업한 개인기업인 상공상사의 20X5년 12월 31일 재무상태와 당기의 수익과 비용을 나타낸 것이다. 20X5년 초에 출자한 자본금을 계산한 것으로 옳은 것은?

가. 12월 31일 재무상태
- 기말자산   ₩1,000,000
- 기말부채   ₩400,000

나. 당기의 수익과 비용
- 매출총이익   ₩500,000
- 급 여   ₩300,000
- 임차료   ₩100,000
- 이자수익   ₩100,000

① ₩400,000   ② ₩500,000

③ ₩600,000   ④ ₩700,000

05 기말자산 1,000,000 − 기말부채 400,000 = 기말자본 600,000
총수익(600,000 : 매출총이익, 이자수익) − 총비용(400,000 : 급여, 임차료) = 당기순이익 200,000
기말자본 600,000 − 기초자본 400,000 = 당기순이익 200,000

정답 05 ①

1 자본의 성격과 분류

자본은 자본 조달의 원천에 따라 분류가 된다. 한국채택국제회계기준에서는 자본을 납입자본, 기타자본구성요소, 이익잉여금으로 구분하고 있으나, 세부적인 규정이 없어 일반기업회계기준에 따라 자본금, 자본잉여금, 자본조정, 기타포괄손익누계액, 이익잉여금으로 구분하여 설명하고자 한다.

(1) 자본금

기업이 발행한 발행주식수에 1주당 액면금액을 곱하여 계산하고 보통주 자본금과 우선주 자본금으로 구분표시한다.

> 자본금 = 발행주식수 × 1주당 액면금액

※ 주식발행 회계처리

액면발행	(차) 예금 등	xxx	(대) 자본금	xxx
할증발행	(차) 예금 등	xxx	(대) 자본금(액면)	xxx
			주식발행초과금(자본잉여금)	xxx
할인발행	(차) 예금 등	xxx	(대) 자본금(액면)	xxx
	주식할인발행차금(자본조정)	xxx		

> ···**참고**
>
> 자본금에 영향을 미치는 거래 : 유상증자, 유상감자, 무상증자 등

(2) 자본잉여금

영업활동 이외의 자본거래에서 발생한 잉여금으로 주식발행초과금과 기타자본잉여금으로 구분표시한다.

	주식발행초과금	주식발행가액이 액면가액을 초과하는 경우 그 초과액
자본잉여금	감자차익	주식소각 시 상환가액이 액면가액에 미달하는 경우 그 미달액
	자기주식처분이익	자기주식을 처분 시 처분대가가 취득원가를 초과하는 경우 그 초과액

(3) 자본조정

자본거래이지만 자본금, 자본잉여금에 포함되지 않고 자본항목에 가산하거나 차감하는 항목이다.

자본조정	자기주식	회사가 이미 발생한 주식을 일정한 사유, 특정목적으로 재취득 보유하는 주식(자본에서 차감 표시)
	주식할인발행차금	주식발행금액이 액면가액에 미달하는 경우 그 미달액(발생 당시 주식발행초과금 잔액이 있을 경우 그 범위 내에 상계처리하고 자본조정으로 분류)
	감자차손	주식소각 시 상환가액이 액면가액을 초과하는 경우 그 초과액
	자기주식처분손실	자기주식을 처분 시 처분대가가 취득원가보다 작을 경우 그 차액
	미교부주식배당금	주식배당을 결의한 경우 실제 주식배당이 이루어지기 전까지 계상되는 자본항목

(4) 기타포괄손익누계액

주주와의 자본거래를 제외한 손익거래 중 미실현손익으로 기타포괄손익-공정가치측정금융자산평가손익, 해외사업환산손익, 재평가잉여금 등이 있다.

(5) 이익잉여금

기처분이익잉여금으로 법정적립금과 임의적립금이 있고 그 밖의 미처분이익잉여금으로 구성되어 있다. 회계기간 말 재무상태표상의 이익잉여금은 주주총회 승인 전의 금액으로 나타내야 한다. 재무제표 작성 기준일에는 이익잉여금의 사용 등에 대한 회계처리가 이루어지지 않으며 주주총회 승인 후 내역은 다음 연도 재무제표에 반영된다.

> **···참고**
>
> **자 본**
>
> | 구 분 | | 내 용 |
> |---|---|---|
> | 자본금 | | 발행주식수 × 1주당 액면금액 |
> | 자본잉여금 | | 주식발행초과금, 감자차익, 자기주식처분이익 |
> | 자본조정 | | 자기주식, 주식할인발행차금, 감자차손, 자기주식처분손실, 미교부주식배당금 |
> | 기타포괄손익누계액 | | 기타포괄손익-공정가치측정금융자산평가손익, 해외사업환산손익, 재평가잉여금 |
> | 이익잉여금 | 법정적립금 | 이익준비금 |
> | | 임의적립금 | 사업확장적립금, 감채적립금, 배당평균적립금 등 |
> | | 미처분이익잉여금 | 전기이월미처분이익잉여금, 당기순이익 |

2 배당회계

(1) 현금 및 주식배당

① 배당기준일

배당기준일이란 배당받을 권리가 있는 주주가 결정되는 날로서, 일반적으로 결산일을 기준으로 하며, 이때에는 아무런 회계처리를 하지 않는다.

② 현금 배당결의일

배당결의일이란 배당의무 발생일로서, 주주총회의 결의에 의하여 배당의무가 발생한다. 배당재원인 미처분이익잉여금(자본)을 차감하고, 미지급배당금(유동부채)으로 계상한다.

(차) 미처분이익잉여금	xxx	(대) 미지급배당금	xxx

③ 주식 배당결의일

배당결의일에는 배당재원의 미처분이익잉여금(자본)을 차감하고, 배당금을 미교부주식배당금(자본)으로 계상한다.

(차) 미처분이익잉여금	xxx	(대) 미교부주식배당금	xxx

④ 현금 배당지급일

배당지급일이란 배당의무의 이행일로서, 이행내역을 거래로 기록하여야 한다. 현금(자산)을 지급하고 미지급배당금(부채)을 차감처리한다.

(차) 미지급배당금	xxx	(대) 현 금	xxx

⑤ 주식 배당지급일

배당지급일에는 주식을 발행하여 교부하고 미교부주식배당금을 차감하여 처리한다. 이때 배당금액은 주식의 액면가액을 기준으로 결정한다. 주식배당은 자본금과 주식수는 증가하나 자본총계는 일정하다.

(차) 미교부주식배당금	xxx	(대) 자본금	xxx

01 20X4년 중 보통주를 발행한 (주)상공이 자본금으로 회계처리할 금액을 계산하는 방법으로 옳은 것은?

① 주당 액면금액 × 발행주식수
② 주당 발행금액 × 발행주식수
③ 주당 액면금액 × 수권주식수
④ 주당 발행금액 × 수권주식수

02 다음은 (주)서울의 주식발행과 관련된 거래이다. 이에 대한 설명 중 옳지 않은 것은?

> 1주당 액면 ₩5,000의 보통주 주식 1,000주를 1주당 ₩5,500에 발행하고 대금은 현금으로 납입받다.

① 현금 ₩5,500,000이 증가한다.
② 자본금 ₩5,500,000이 증가한다.
③ 주식발행초과금 ₩500,000이 증가한다.
④ 액면금액보다 높은 금액으로 발행하므로 할증발행이다.

● 정답과 해설

01 자본금 : 발행주식수 × 1주당 액면금액

02 할증발행으로 액면금액은 자본금으로 처리하고, 액면초과금은 주식발행초과금으로 반영한다.
자본은 5,500,000이 증가한다(자본금 ×).

(차) 현 금	5,500,000	(대) 자본금	5,000,000
		주식발행초과금	500,000

정답 01 ① 02 ②

01 수 익

1 의 의

수익은 회계기간의 정상적인 경영활동에서 발생하는 경제적 효익의 총유입을 말하며, 이로 인해 기업의 순자산(자산의 증가 또는 부채의 감소)이 증가한다. 단, 자본참여자의 출자 관련 증가분은 제외한다. 정상적인 경영활동이란 재화의 생산·판매, 용역의 제공 등 기업의 주요 경영활동을 의미한다. 상품매매업을 영위하는 기업은 상품의 매입과 판매가 정상적인 경영활동이고, 광고회사는 광고를 제작하는 것이 정상적인 경영활동이다. 정상적인 경영활동의 판단은 기업이 영위하는 업종에 따라 다르다. 한편, 기업의 부수적인 경영활동에서 발생하는 순자산의 증가는 차익이라 하는데, 광의의 수익은 수익과 차익을 포괄하는 개념이다.

2 인 식

고객과의 계약에서 수익을 인식할 때는 다음의 5단계를 거쳐 계약과 의무를 식별하고 수익금액을 측정하여 수익을 인식한다.

〈수익인식 5단계 모형〉

① 고객과의 계약 식별
② 별도의 수행의무 식별
③ 거래가격의 산정
④ 각 수행의무에 거래가격 배분
⑤ 각 수행의무 총족 시 수익인식

표현이 대단히 추상적이어서 이와 관련한 예시를 통해 각 의미를 파악해 보자.

➕ 예시

(주)시대는 4월 20일 기계 A와 기계 B 2대를 700만원에 판매하기로 하고 이에 대한 계약서를 작성한 후 (주)고시에게 700만원을 이체받고 해당 거래 사실에 대한 세금계산서를 발행하였다(개별적인 판매가격은 기계 A 400만원, 기계 B 600만원이다).

1. 고객과의 계약 식별	기계 판매에 따른 계약서에 의해 확인
2. 별도의 수행의무 식별	기계 A와 기계 B를 인도하는 것
3. 거래가격의 산정	700만원
4. 각 수행의무에 거래가격 배분	• 기계A(700만원 × 400만원 ÷ (400만원 + 600만원)) = 280만원 • 기계B(700만원 × 600만원 ÷ (400만원 + 600만원)) = 420만원
5. 각 수행의무 총족 시 수익인식	한 시점에 이행하는 수행의무로 인도기준에 따라 4월 20일 인식

3 수익의 분류

구 분	일반기업회계기준	한국채택국제회계기준
영업활동	영업수익	매출액(상품, 제품, 용역, 부동산임대)
영업외 부수적인 활동	영업외수익	기타수익[주] + 금융수익(이자수익)

주) 기타수익 : 배당금수익, 임대료, 라이선스, 각종 자산의 처분이익, 잡이익 등

> **··· 참고**
>
> 한국채택국제회계기준에서는 수익에 대한 분류를 특별히 제한하지 않기 때문에 일반기업회계기준의 내용을 참고하여 영업수익, 영업외수익으로 구분한다.

4 거래형태별 수익인식시점

거래형태	수익인식시점
위탁판매	수탁자가 제3자에게 판매할 때
할부판매	재화 인도되는 시점
시용판매	매입의사 표시한 때
상품권	상품권 회수되어 판매가 일어난 때
배당금수익	배당금을 받을 권리와 금액이 확정되는 시점
입장료	행사가 개최되는 시점
수강료	강의기간에 걸쳐 인식
광고수수료(매체)	대중에게 전달될 때
광고수수료(제작)	진행률에 따라 인식

01 다음 중 상품의 매출수익이 실현되는 시점을 바르게 나타낸 것은?

① 상품을 판매하여 인도하는 시점
② 상품을 판매히기로 하고 계약금을 받은 시점
③ 상품의 견본품을 발송한 시점
④ 상품을 판매하기로 계약을 체결한 시점

02 다음은 업종별 경영활동 관련 내역이다. 각 회사의 입장에서 수익으로 인식되는 거래가 아닌 것은?

① 대한호텔은 고객으로부터 객실료를 현금으로 받다.
② 대한상점은 거래처로부터 외상매입금 전액을 면제받다.
③ 부동산임대업인 (주)미래부동산은 건물 임대료를 현금으로 받다.
④ 거래처와 상품 판매계약을 체결하고, 계약금액의 20%를 현금으로 먼저 받다.

●정답과 해설

01		
일반적인 경우	인도기준(판매하는 때)	
할부판매	인도기준(장·단기)	
시용판매	구매자 매입의사표시	

02 (차) 현금(자산의 증가)　　　　　　　　　xxx　　　(대) 선수금(부채의 증가)　　　　　　　xxx
　　① 영업활동에 따른 용역제공(용역매출), ② 채무면제이익, ③ 임대료수익

정답 01 ① 02 ④

03 다음은 수익과 비용에 대한 정의이다. 옳지 않은 것은?

① 수익을 통해서 자산이 증가하거나 부채가 감소하면 그 결과 자본이 증가한다. 따라서 수익을 인식하면 자본이 증가한다.

② 수익은 특정 보고기간 동안에 발생한 자본의 증가(소유주에 의한 출연 포함)를 의미한다.

③ 주요 경영활동 이외의 부수적인 거래나 사건에서 발생하는 차익과 차손을 포함한다.

④ 비용은 특정 보고기간 동안에 발생한 경제적 효익의 감소로 지분참여자(소유주)에 대한 분배와 관련된 것은 제외한다.

04 다음 중 회계상의 수익과 관계가 없는 것은?

① 부채의 감소
② 자본의 감소
③ 경제적 효익의 유입
④ 재화의 판매나 용역의 제공 결과

05 다음의 거래에서 수익의 인식기준을 충족시키고 실현된 것으로 볼 수 없는 것은?

① 건물에 대한 1년분 임대료를 현금으로 미리 받고 2개월이 경과한 경우

② 자금을 대여하고 결산일 현재 4개월이 지났으나, 이자는 다음 달에 받을 예정인 경우

③ 상품을 판매하고 대금을 3년에 걸쳐 나누어 받기로 한 경우

④ 원유나 우유 같은 일반 상품의 경우 공급 회사 간에 특정 지역의 수요를 적시에 충족시키기 위해서 교환하는 거래를 한 경우

● 정답과 해설

03 수익은 소유주에 의한 출연을 포함하지 않는다.

04 수익은 경영활동에서 발생하는 경제적 효익의 유입을 말하며, 자산의 증가, 부채의 감소로 나타나며 자본의 증가요인이 된다(다만, 주주의 지분참여로 인한 자본증가는 수익에 포함하지 않는다).

05 교환되는 재화의 성격 등이 유사하다면 별도의 거래로 보지 않는다. 예 고객의 수요에 대응하기 위한 정유사 간 동종 유류품의 교환 등

정답 03 ② 04 ② 05 ④

06 (주)한국은 주주총회 결의에 따라 5%의 현금배당금을 지급하였다. (주)한국의 주식 200주, 취득가액 @₩6,000, 액면가액 @₩5,000을 보유 중인 (주)건국의 배당금 수취와 관련된 회계처리이다. 다음 중 옳은 것은?

① (차) 현 금　　　　　　60,000　(대) 이자수익　　　　　　60,000
② (차) 현 금　　　　　　60,000　(대) 배당금수익　　　　　60,000
③ (차) 현 금　　　　　　50,000　(대) 이자수익　　　　　　50,000
④ (차) 현 금　　　　　　50,000　(대) 배당금수익　　　　　50,000

07 다음 자료 중 수익인식 시기로 옳은 것은?

3월 : 상품 ₩100,000 주문전화 승낙
4월 : 상품 ₩100,000 거래처에 발송
5월 : 상품대금 ₩100,000 은행에 입금
6월 : 위 거래를 결산함

① 3월　　　　　　　　　　　② 4월
③ 5월　　　　　　　　　　　④ 6월

06 • 주식수 200주 × 액면가액 @5,000 = 1,000,000
　　• 액면금액 1,000,000 × 배당률 5% = 현금배당금 50,000
　　• 현금배당금을 수령하는 경우 배당금수익으로 처리한다.

07 고객에게 약속한 재화나 용역을 이전하여 수행의무를 이행할 때 한 시점에 이행하는 수행의무는 인도기준에 의해 인식한다. 즉, 상품을 인도한 날 수익(매출)을 인식한다.

정답 06 ④ 07 ②

02 비용

1 의 의

비용이란 정상적인 경영활동을 통하여 수익을 창출하는 과정에서 희생된 자원을 말한다. 이로 인해 기업의 순자산 감소(자산의 감소 또는 부채의 증가)가 나타난다. 지분참여자에 대한 분배와 관련된 것은 제외한다.

2 인 식

비용도 수익과 마찬가지로 회사의 경영활동 전 과정을 통해서 발생되므로 재산이 감소할 때마다 이를 인식해야 하나 현실적으로 이를 엄격히 적용하는 것은 어렵다. 따라서 수익이 인식된 시점에서 수익과 관련하여 비용을 인식하게 되는데 이를 수익비용대응의 원칙이라 한다.

직접 대응되는 사례는 매출액과 매출원가, 매출액과 판매수수료 등이 있고 간접 대응되는 것은 감가상각비 등이 있다.

직접 대응(수익 · 비용 대응)	매출액과 매출원가, 판매수수료 등
합리적 체계적 배분	감가상각비, 여러 기간에 걸쳐 배분하는 보험료 등
발생시점 즉시 비용화	광고선전비, 급여 등

3 비용의 분류

구 분	일반기업회계기준	한국채택국제회계기준
영업활동	매출원가	포괄손익계산서상 기능별 분류
	판매비와관리비[주1]	판매비, 물류비, 관리비 등으로 구분
영업외 부수적인 활동	영업외비용	기타비용[주2] + 금융원가(이자비용)

주1) 판매비와관리비 세부항목 : 복리후생비, 여비교통비, 접대비, 통신비, 수도광열비, 세금과공과금, 감가상각비, 대손상각비, 임차료, 수선비, 보험료, 차량유지비, 교육훈련비, 도서인쇄비 등

주2) 기타비용 : 기부금, 기타의 대손상각비, 자산의 처분손실, 평가손실(당기손익-공정가치측정금융자산), 매출채권처분손실, 잡손실 등

> **··· 참고**
>
> 한국채택국제회계기준에서는 비용에 대한 분류를 특별히 제한하지 않기 때문에 일반기업회계기준의 내용을 참고하여 판매비와관리비, 영업외비용으로 구분한다.

01 다음 계정과목 중 성격이 다른 것은?

① 급 여
② 대손충당금
③ 매출원가
④ 유형자산처분손실

02 수익이 인식된 시점에서 수익과 관련하여 발생한 비용을 인식해야 한다는 회계원칙은 무엇인가?

① 발생주의
② 목적적합성
③ 수익실현주의
④ 수익비용대응의 원칙

03 다음 중 직접적인 인과관계의 대응이라는 비용인식기준의 예로 적절한 것은?

① 보험료의 배분
② 판매수수료
③ 유형자산의 감가상각비
④ 종업원급여

● 정답과 해설

01

차감적 평가계정(자산)	대손충당금, 감가상각누계액
비용계정	급여, 매출원가, 유형자산처분손실 등

02 비용은 관련 수익이 인식된 기간에 인식한다. 즉 비용은 수익을 창출하기 위하여 발생된 비용을 관련된 수익이 인식된 기간에 대응시켜야 한다는 원칙이다.

03 수익과 직접 관련하여 발생한 비용은 동일한 거래나 사건에서 발생하는 수익을 인식할 때 대응하여 인식한다.

구 분	인식방법	사 례
직접 대응	특정 수익항목의 가득과 관련된 경우	매출원가, 판매원 수당 등

정답 01 ② 02 ④ 03 ②

04 본사 직원들의 사기 진작을 위하여 체육대회를 개최하고 상품비 등 ₩500,000을 현금으로 지출한 경우의 회계처리 시 차변 계정과목으로 옳은 것은?

① 기부금   ② 접대비
③ 복리후생비   ④ 광고선전비

05 다음 자료에 의하여 (가), (나)에 들어갈 차변 계정과목으로 옳은 것은?

① (가) 접대비   (나) 기부금
② (가) 접대비   (나) 세금과공과
③ (가) 복리후생비   (나) 광고선전비
④ (가) 복리후생비   (나) 기부금

• 정답과 해설

04 직원을 대상으로 한 체육대회의 상품비는 복리후생비로 처리한다.

05

접대비	업무관련성 있음	특정인 대상(거래처 식사, 선물비, 경조사비 등)
광고선전비		불특정 다수 대상
기부금	업무관련성 없음(불우이웃 돕기성금, 국방헌금, 위문금품, 이재민 구호금품 등)	

정답   04 ③   05 ①

06 다음은 (주)상공전자의 금월 발생한 비용 지출내역이다. 회계처리 시 나타날 수 있는 계정과목으로 옳지 않은 것은?

> 가. 회사 전화요금
> 나. 거래처 직원과 식사
> 다. 소모품구입(비용처리)
> 라. 회사홍보용 기념품제작비

① 광고선전비   ② 복리후생비
③ 통신비   ④ 접대비

07 상품매매업을 경영하는 (주)상공이 다음 항목 중 판매비와관리비로 분류할 수 없는 것은?

① 광고선전비
② 매출채권에 대한 대손상각비
③ 업무용 건물에 대한 감가상각비
④ 당기손익-공정가치측정금융자산평가손실

---

06 가. 회사 전화요금(통신비)
    나. 거래처 직원과 식사(접대비)
    다. 소모품구입(소모품비)
    라. 회사홍보용 기념품제작비(광고선전비)

07 당기손익-공정가치측정금융자산평가손실은 기타비용(영업외비용)으로 분류한다.

정답   06 ②   07 ④

08 기부금을 관리부서 직원의 복리후생비로 회계처리한 경우 나타나는 현상으로 옳지 않은 것은?

① 매출원가는 불변이다.
② 영업이익은 불변이다.
③ 매출총이익은 불변이다.
④ 법인세차감전순이익은 불변이다.

09 포괄손익계산서(기능별)에 관한 설명으로 옳지 않은 것은?

① 순매출액에서 매출원가를 차감하여 매출총이익을 계산한다.
② 일정기간 동안에 기업의 재무성과를 나타내는 회계 보고서이다.
③ 총포괄손익은 당기순손익과 기타포괄손익의 모든 구성요소를 포함한다.
④ 보험료, 감가상각비, 세금과공과, 이자비용 등은 관리비로 분류한다.

PART 1

•**정답과 해설**

08 기부금은 기타비용(영업외비용)이고, 복리후생비는 판매비와관리비이므로 계정과목에 대한 회계처리의 오류는 영업이익에 영향을 미친다(영업이익 감소).

09 이자비용은 금융원가이고, 보험료, 감가상각비, 세금과공과 등은 관리비로 분류한다.

정답 08 ② 09 ④

1 의 의

종업원급여란 종업원이 제공한 근무용역과 교환하여 기업이 제공하는 모든 종류의 대가를 말한다. 종업원 급여에는 단기종업원급여, 기타장기종업원급여, 해고급여 및 퇴직급여 등으로 구분할 수 있다.

2 단기종업원급여

단기종업원급여란 종업원이 관련 근무용역을 제공한 회계기간의 말부터 12개월 이내에 결제될 종업원 급여(해고급여 제외)를 말하며, 다음과 같은 급여를 포함한다.

- 임금, 사회보장분담금 예 국민연금
- 종업원이 관련 근무용역을 제공하는 회계기간의 말부터 12개월 이내에 결제될 유급연차휴가 또는 유급병가 등과 같은 단기유급휴가
- 종업원이 관련 근무용역을 제공하는 회계기간의 말부터 12개월 이내에 지급될 이익분배금과 상여금
- 현직 종업원을 위한 비화폐성 급여 예 의료, 주택, 자동차, 무상 또는 일부 보조로 제공되는 재화나 용역

급여 지급 시 회계처리	계정과목
소득세, 지방소득세 원천징수세액	예수금
국민연금, 건강보험료, 고용보험료	예수금
직원에게 급여 지급 시	종업원급여(포괄손익계산서 기능별 판매비와관리비로 반영)
급여를 지급하지 못한 경우	미지급급여

3 퇴직급여

퇴직급여란 퇴직 이후에 지급하는 종업원급여(해고급여와 단기종업원급여는 제외)를 말한다. 퇴직급 여는 퇴직연금과 퇴직일시금 같은 퇴직금, 퇴직후생명보험이나 퇴직후의료급여 등을 퇴직급여에 포함 한다. 종업원이 퇴직급여에 대한 권리를 획득하는 시점은 근무기간 중이므로 기업은 근무기간 중에 퇴직급여를 비용과 부채로 인식하는 것이 합리적이며 이는 수익비용대응의 원칙에 부합된다.

구 분	내 용
확정기여형 퇴직급여	• 기업이 부담할 기여금 수준 사전 합의 • 자산운용실적에 따라 퇴직급여 변동 • 기업이 별개의 실체(기금)에 고정 기여금을 납부하여야 하고, 그 기금이 당기와 과거기간에 제공된 종업원 근무용역과 관련된 모든 종업원급여를 지급할 수 있을 정도로 충분한 자산을 보유하지 못하더라도 기업에게는 추가로 기여금을 납부해야 하는 법적의무나 의제의무가 없음
확정급여형 퇴직급여	• 퇴직 시 지급할 급여수준 사전 약정 • 근로기간과 퇴직 시 임금수준에 따라 퇴직급여 결정

4 기타장기종업원급여

단기종업원급여, 퇴직급여 및 해고급여를 제외한 급여로서 장기유급휴가(장기근속휴가, 안식년 휴가 등), 그 밖의 장기근속급여, 장기장애급여 등이 포함된다.

5 해고급여

해고 시 정상적인 퇴직급여 이외의 일시적으로 지급하는 급여이다. 조기퇴직으로 인한 명예퇴직수당 등이 이에 해당되는데, 이는 근로에 대한 대가가 아니라 해고에 대한 대가이기 때문에 일반 퇴직급여와 구별된다.

01 이번 달 종업원급여 ₩10,000을 지급하면서 소득세 ₩200을 차감한 잔액은 현금으로 지급하다. 이 거래에 대한 분개로 옳은 것은?

① (차) 현 금   10,000   (대) 종업원급여   10,000
② (차) 종업원급여   10,000   (대) 현 금   9,800
                                             예수금   200
③ (차) 종업원급여   10,000   (대) 현 금   10,000
④ (차) 종업원급여   10,200   (대) 예수금   10,200

02 다음 거래의 분개로 옳은 것은?

> (주)상공기업은 10월분 종업원급여 ₩2,000,000 중 근로소득세 ₩100,000, 국민건강보험료 ₩50,000, 국민연금 ₩50,000을 원천징수하고 잔액은 보통예금 계좌에서 종업원 계좌로 이체하다.

① (차) 종업원급여   1,800,000   (대) 보통예금   1,800,000
② (차) 종업원급여   1,800,000   (대) 보통예금   1,800,000
       세금과공과   200,000   예수금   200,000
③ (차) 종업원급여   2,000,000   (대) 보통예금   1,800,000
                                             예수금   200,000
④ (차) 종업원급여   2,000,000   (대) 보통예금   1,800,000
                                             가수금   200,000

● 정답과 해설

01~02	예수금	근로소득세, 지방소득세, 국민연금 본인부담분, 건강보험료 본인부담분, 고용보험료 본인부담분

정답 01 ② 02 ③

03 (주)상공은 일정기간 근무한 종업원에게 지급하는 이익분배제도를 두고 있다. 다음 자료에 의하여 결산 시 이익 분배로 인식해야 할 정리분개로 옳은 것은?

> • 이익분배금 총액은 당기순이익의 2%이다.
> • 당기순이익은 ₩1,000,000이다.
> ※ 단, 해당 회계연도에 퇴사자가 없다고 가정한다.

① (차) 종업원급여   20,000   (대) 미지급급여   20,000
② (차) 종업원급여   25,000   (대) 미지급급여   25,000
③ (차) 선급급여   20,000   (대) 종업원급여   20,000
④ (차) 선급급여   25,000   (대) 종업원급여   25,000

04 다음은 상공기업의 급여지급 거래이다. 거래를 분개할 경우, 종업원급여계정이 기입되는 포괄손익계산서(기능별) 항목과 금액으로 옳은 것은?

> 5월분 관리팀 종업원급여 ₩700,000에 대하여 소득세 ₩15,000과 건강보험료 ₩20,000을 원천징수하고 보통예금 계좌에서 이체하여 지급하다.

① 금융비용 ₩665,000
② 기타비용 ₩665,000
③ 매출원가 ₩700,000
④ 판매비와관리비 ₩700,000

● 정답과 해설

03 • 종업원급여 중 단기종업원급여란 종업원이 관련 근무용역을 제공한 회계기간의 말부터 12개월 이내에 결제될 종업원급여를 말하며, 이익분배금과 상여금 등이 이에 포함된다.
• 결산시점에서는 지급되지 아니한 것이므로 대변은 미지급급여(20,000 = 1,000,000 × 2%)로 회계처리한다.
(차) 종업원급여   20,000   (대) 미지급급여   20,000

04 종업원급여는 판매비와관리비에 속하여 반영된다.
(차) 종업원급여   700,000   (대) 예수금   35,000
                                          보통예금   665,000

정답 03 ① 04 ④

CHAPTER 07

PART 1 이론

결산수정분개

01 결산수정분개의 의의

기말에는 2 이상의 회계기간에 영향을 미치는 거래에 대하여 각 회계연도별로 정확한 금액을 귀속시키기 위한 수정분개가 필요하다. 회계연도 결산일에 자산, 부채, 자본의 현재금액과 당해 연도에 발생한 수익, 비용을 확정하기 위하여 반영하는 분개를 기말수정분개 또는 결산수정분개라 한다.

결산수정분개를 통해 회계기간별 수익과 비용을 발생주의 회계원칙에 따라 수정하고 자산과 부채를 정확하게 평가하여 결산일 시점에 재무상태와 경영성과를 적정하게 표시한다.

02 결산수정분개 유형

1 매출원가의 계산

상품의 기초재고, 당기매입, 기말재고를 이용하여 매출원가를 계산하는 과정으로 매출 시 매출원가를 계산하는 방식(분기법)이 있으나 일반적으로 회사에서 매출 시 매출원가를 계산하는 방법으로 회계시스템을 운영한다면, 회사의 회계업무는 매우 복잡하고, 힘들어질 것이다. 그래서 매출은 매출시점에 회계처리하고, 매출원가의 산정은 기말에 일괄하여 처리하는 방법을 주로 사용한다(전산회계 프로그램도 이 방식으로 운용된다).

2 감가상각

유형자산의 가치 감소액을 추정하여 비용으로 인식하는 과정으로 회사가 보유한 자산 중에서 사용하는 자산인 건물, 비품, 기계장치 등은 시간이 경과하면 그 가치가 감소하게 된다. 감가상각이란 기업이 장기간 사용목적으로 보유한 자산 등의 가치감소분을 비용으로 인식하고 자산을 감소시키는 과정을 말한다(원가의 기간배분).

3 손익의 결산정리 ☆

회계기간 중 기록한 수익과 비용을 정확하게 조정하여 당기손익을 결정하는 과정으로 손익의 결산정리는 이미 기록한 수익과 비용이 당기에 인식하여야 할 금액과 일치하지 않는 경우 일치시키는 과정을 말한다. 수익과 비용은 발생주의가 원칙이지만, 시간의 경과에 따라 인식하는 수익과 비용은 회계기간 중 현금주의로 기록하였다가 기말 손익의 결산정리를 통해 발생주의로 조정한다. 손익의 결산정리사항으로는 이연항목인 선급비용, 선수수익, 소모품과 발생항목인 미지급비용, 미수수익이 있다.

구 분		내 용
이 연	선급비용	당기에 지출한 비용 중 차기 이후의 비용
	선수수익	당기에 수취한 수익 중 차기 이후의 수익
발 생	미수수익	당기에 발생하였으나 대금을 받지 아니한 경우
	미지급비용	당기에 발생하였으나 대금을 지급하지 아니한 경우

(1) 선급비용(자산)

선급비용이란 현금은 지출되었으나 다음 연도의 비용에 해당하는 금액을 말한다. 즉, 이미 현금을 지급하고 비용으로 계상하였지만 결산일 현재 일부가 사용 또는 소비되지 않은 경우가 비용의 이연에 해당된다. 결산일까지 비용화되지 않은 부분에 대해서는 자산계정인 선급비용으로 수정하여 차기로 이연시켜야 한다. 선급비용은 차기에 사용 또는 소비될 때 비용으로 대체된다.

※ 선급비용의 회계처리 방법

현금지급시점	결산수정분개
자산처리한 경우	결산일에 소비된 부분만큼 자산(선급비용)을 감소시키고 그만큼 비용을 발생시킨다. (차) 비용계정(비용의 발생)　　　xxx　　(대) 선급비용(자산의 감소)　　　xxx
비용처리한 경우	결산일에 소비되지 않은 부분만큼 자산(선급비용)을 증가시키고 그만큼 비용을 소멸시킨다. (차) 선급비용(자산의 증가)　　　xxx　　(대) 비용계정(비용의 소멸)　　　xxx

(2) 선수수익(부채)

선수수익이란 이미 현금을 받은 금액 중에서 당기 수익이 아니고 다음 연도 수익에 속하는 부분을 말한다. 즉, 현금을 미리 받고 수익으로 계상하였지만 결산일 현재 일부의 수익이 실현되지 않은 경우가 수익의 이연에 해당된다. 결산일까지 수익이 실현되지 않은 부분에 대해서는 부채계정인 선수수익으로 수정하여 차기로 이연시켜야 한다. 선수수익은 선급비용의 상대적인 계정이다.

※ 선수수익의 회계처리 방법

구입시점	결산수정분개
부채처리한 경우	결산일 현재 실현된 부분만큼 부채(선수수익)를 감소시키고 그만큼 수익을 발생시킨다. (차) 선수수익(부채의 감소)　　　xxx　　(대) 수익계정(수익의 발생)　　　xxx
수익처리한 경우	결산일 현재 실현되지 않은 부분만큼 부채(선수수익)를 증가시키고 그만큼 수익을 소멸시킨다. (차) 수익계정(수익의 소멸)　　　xxx　　(대) 선수수익(부채의 증가)　　　xxx

다음의 거래내역을 (주)시대와 (주)고시 입장에서 각각 분개하시오.

10월 1일	(주)시대는 건물 중 일부를 (주)고시에 임대(임대기간 1년)하면서 1년분 임대료 120,000원을 현금으로 받고 수입임대료로 회계처리하다. (주)고시는 비용으로 회계처리하다.
11월 1일	(주)시대는 창고건물에 대해 삼성화재보험에 가입하면서 1년치 보험료 60,000원을 현금지급하고 비용처리하다.
12월 31일	임대료와 보험료에 대하여 발생기준에 따라 결산수정분개를 하다.

정답 ■

10월 1일	(주)시대	(차) 현 금	120,000	(대) 임대료수익	120,000
	(주)고시	(차) 임차료	120,000	(대) 현 금	120,000
11월 1일	(주)시대	(차) 보험료	60,000	(대) 현 금	60,000
12월 31일 임대·차료	(주)시대	(차) 임대료수익	90,000	(대) 선수수익	90,000
		• 당기 수익(임대료수익) : 120,000원 $\times \dfrac{3}{12}$ = 30,000원 • 수익 이연(선수수익) : 120,000원 $\times \dfrac{9}{12}$ = 90,000원			
	(주)고시	(차) 선급비용	90,000	(대) 임차료	90,000
12월 31일 보험료	(주)시대	(차) 선급비용	50,000	(대) 보험료	50,000
		• 당기 비용(보험료) : 60,000원 $\times \dfrac{2}{12}$ = 10,000원 • 비용 이연(선급비용) : 60,000원 $\times \dfrac{10}{12}$ = 50,000원			

※ 비용의 이연(보험료 지급 시 비용처리한 경우)

기말 결산정리	(차) 선급비용	xxx	(대) 보험료	xxx
손익계정 대체	(차) 손 익	xxx	(대) 보험료	xxx
차기분개	(차) 보험료	xxx	(대) 선급비용	xxx

※ 수익의 이연(임대료 수령 시 수익처리한 경우)

기말 결산정리	(차) 임대료(수익)	xxx	(대) 선수수익	xxx
손익계정 대체	(차) 임대료(수익)	xxx	(대) 손 익	xxx
차기분개	(차) 선수수익	xxx	(대) 임대료(수익)	xxx

(3) 미지급비용(부채)

미지급비용이란 기중에 용역을 제공받고도 현금을 지급하지 않아서 아직 비용을 장부에 기록하지 않은 미지급분을 말한다. 이미 서비스를 제공받아 그 대가를 지불할 의무가 있는데 결산일 현재까지 이행되지 않은 경우가 있다. 이러한 경우에 당기 비용으로 회계처리를 해야 한다.

※ 미지급비용의 기말수정분개

(차) 비용계정(비용의 발생)	xxx	(대) 미지급비용(부채의 증가)	xxx

(4) 미수수익(자산)

미수수익이란 당기에 용역을 제공하고 수익은 획득하였으나 그 대가를 받지 못해서 수익계정에 기입하지 않은 금액을 말한다. 이미 서비스를 제공하여 그 대가를 수령할 권리가 있는데 결산일 현재까지 이행되지 않은 경우가 있다. 이러한 경우에 당기 수익으로 회계처리를 해야한다.

※ 미수수익의 기말수정분개

(차) 미수수익(자산의 증가)	xxx	(대) 수익계정(수익의 발생)	xxx

예제 손익의 발생

(주)시대와 (주)고시의 거래내역에 대한 각각의 결산수정분개를 하시오.

> 9월 1일   (주)시대는 (주)고시에 1천만원을 대여하고 그에 대한 이자를 다음 연도 1월 31일에 30만원 수령할 예정이다.
>
> 12월 31일   이자수익과 이자비용에 대해 발생기준에 따라 결산수정분개를 하다.

정답

12월 31일	(주)시대	(차) 미수수익	240,000	(대) 이자수익	240,000
		당기 수익 : $300,000원 \times \dfrac{4}{5} = 240,000원$			
	(주)고시	(차) 이자비용	240,000	(대) 미지급비용	240,000
		당기 비용 : $300,000원 \times \dfrac{4}{5} = 240,000원$			

(5) 소모품

소모품이란 단기간 사용완료되는 물품으로서 소액의 문구 및 사무용품 등을 말한다. 소모품 중에서 당기 사용분은 소모품비로 하여 비용으로 계상하고, 미사용분은 자산으로 계상한다. 소모품 구입 시에 어떠한 처리를 하였느냐에 따라서 두 가지의 결산분개가 가능하게 된다.

※ 소모품의 회계처리 방법

구입시점	결산수정분개
자산(소모품) 처리한 경우	소모품 사용분에 해당하는 금액을 비용으로 인식하고 소모품을 감소시킨다. (차) 소모품비(비용의 발생)　　　xxx　　　(대) 소모품(자산의 감소)　　　xxx
비용(소모품비) 처리한 경우	소모품 미사용분에 해당하는 금액을 자산으로 인식하고 소모품비를 감소시킨다. (차) 소모품(자산의 증가)　　　xxx　　　(대) 소모품비(비용의 소멸)　　　xxx

---

예제 소모품

(주)시대의 거래내역에 대한 각각의 결산수정분개를 하시오.

> 7월 1일　　사무용 소모품을 1,000,000원에 구입하고 대금은 외상으로 하였다.
> 12월 31일　소모품 중 기말 현재 미사용액은 200,000원이다. 결산수정분개를 하시오.

정답 ■

〈자산처리법〉

7월 1일	(차) 소모품	1,000,000	(대) 미지급금	1,000,000
12월 31일	(차) 소모품비	800,000	(대) 소모품	800,000

〈비용처리법〉

7월 1일	(차) 소모품비	1,000,000	(대) 미지급금	1,000,000
12월 31일	(차) 소모품	200,000	(대) 소모품비	200,000

※ 어떤 처리방법을 사용하든 결산수정분개 후 차변 잔액은 소모품 200,000원, 소모품비 800,000원이 된다.

(6) 결산정리사항이 순이익에 미치는 효과 ☆

결산수정분개를 누락한 경우 다음과 같은 순이익의 오류가 발생한다.

① 선급비용에 관한 결산수정분개를 누락한 경우 비용을 소멸시키지 않았으므로 순이익은 과소계상된다 (수정을 통해 순이익이 증가한다).
② 미수수익에 관한 결산수정분개를 누락한 경우 수익을 발생시키지 않았으므로 순이익이 과소계상된다 (수정을 통해 순이익이 증가한다).
③ 선수수익에 관한 결산수정분개를 누락한 경우 수익을 소멸시키지 않았으므로 순이익이 과대계상된다 (수정을 통해 순이익이 감소한다).
④ 미지급비용에 관한 결산수정분개를 누락한 경우 비용을 발생시키지 않았으므로 순이익이 과대계상된다 (수정을 통해 순이익이 감소한다).

※ 결산수정분개가 순이익에 미치는 효과

자 산	부 채
선급비용(+)	선수수익(+)
미수수익(+)	미지급비용(+)
자산↑ = 순이익↑	부채↑ = 순이익↓

예제 결산정리사항과 당기순이익

결산 결과 당기순이익 ₩100,000이 산출되었으나 다음과 같은 누락 및 오류사항이 발견되었다. 수정 후의 정확한 당기순이익을 계산하면 얼마인가?

임차료 선급분	₩5,000	이자수익 미수액	₩15,000
이자비용 미지급액	₩10,000	임대료 선수분	₩20,000

정답 ■

	수정 전 당기순이익	100,000
+	임차료 선급분(선급비용)	5,000
+	이자수익 미수액(미수수익)	15,000
(−)	이자비용 미지급액(미지급비용)	10,000
(−)	임대료 선수분(선수수익)	20,000
	수정 후 당기순이익	90,000

01 상공상점의 결산 결과 당기순이익이 ₩100,000 산출되었으나, 다음과 같은 사항이 누락되었음을 발견하였다. 수정 후의 당기순이익을 계산하면 얼마인가?

가. 보험료 선급액	₩5,000
나. 이자미수액	₩3,000
다. 임대료 선수액	₩10,000

① ₩98,000　　　　　　　　　　② ₩102,000

③ ₩108,000　　　　　　　　　　④ ₩112,000

02 12월 결산법인인 (주)상공은 10월 1일 새로운 건물을 임차하였다. 임차료는 매 6개월마다 후급하기로 하였다. 12월 말 결산을 할 때 거래의 요소에 어떤 변경을 가져오는가?

① 비용의 발생과 부채의 증가

② 자산의 증가와 부채의 증가

③ 자산의 감소와 비용의 발생

④ 자본의 증가와 비용의 발생

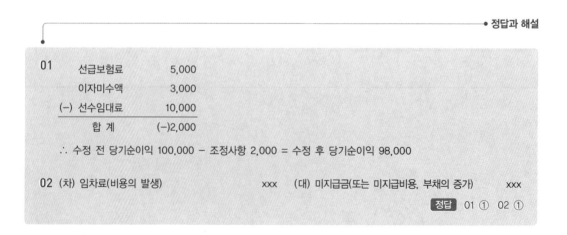

● 정답과 해설

01
선급보험료	5,000
이자미수액	3,000
(−) 선수임대료	10,000
합 계	(−)2,000

∴ 수정 전 당기순이익 100,000 − 조정사항 2,000 = 수정 후 당기순이익 98,000

02 (차) 임차료(비용의 발생)　　　　　　　xxx　　(대) 미지급금(또는 미지급비용, 부채의 증가)　　　xxx

정답 01 ① 02 ①

03 다음은 (주)상공의 20X4년 12월 31일 결산일 현재 〈결산 전 총계정원장 계정별 잔액〉의 일부와 〈결산정리사항〉이다. 결산정리분개로 옳지 않은 것은?

〈결산 전 총계정원장 계정별 잔액〉
- 선급보험료 ₩800,000
- 소모품비 ₩400,000
- 임대료 ₩840,000

〈결산정리사항〉
가. 선급보험료는 2014년 10월 1일에 6개월분 화재보험료를 현금으로 지급하면서 계상한 것이다.
나. 결산일 현재 미사용한 소모품은 ₩100,000이다.
다. 임대료는 2014년 10월 1일에 1년분을 현금으로 받으면서 계상한 것이다.
라. 차량운반구에 대한 감가상각비는 ₩550,000으로 계산되었다.

①	(차) 보험료	400,000	(대) 선급보험료	400,000
②	(차) 소모품	100,000	(대) 소모품비	100,000
③	(차) 임대료	210,000	(대) 선수임대료	210,000
④	(차) 감가상각비	550,000	(대) 감가상각누계액	550,000

04 20X4년 10월 1일 화재보험료 1년분 ₩120,000을 현금으로 지급하였다. 12월 31일 결산을 하는 경우 재무상태표에 표시될 선급보험료를 계산한 금액으로 옳은 것은?

① ₩10,000　　　　　　② ₩30,000
③ ₩90,000　　　　　　④ ₩120,000

● 정답과 해설

03 임대료 84만원 중 당기분 해당 3개월분 21만원(당기수익 계상), 차기분 9개월분 63만원(수익차감하고 부채 계상)으로 차기분은 선수수익에 해당되어 이를 아래와 같이 분개한다.
(차) 임대료　　　　　　630,000　　(대) 선수임대료　　　　　　630,000

04 화재보험료 미경과분을 계산하면 다음과 같다.
$$120,000 \times \frac{9}{12} = 90,000$$

정답　03 ③　04 ③

05 다음 중 수익의 이연과 관련 있는 계정과목은?

① 선수임대료
② 선급보험료
③ 미수이자
④ 미지급임차료

06 다음은 (주)상공의 20X5년 12월 31일 결산정리분개의 일부이다. 손익의 이연과 예상 중에서 아래의 분개에 해당하는 것으로 옳은 것은?

(차) 선급보험료	30,000	(대) 보험료	30,000

① 비용의 예상
② 수익의 예상
③ 비용의 이연
④ 수익의 이연

07 (주)대한상사는 ₩500,000의 비용을 미지급한 거래가 발생되었다. 이 거래를 누락시켰을 때 나타날 수 있는 결과로 옳은 것은?

① ₩500,000만큼의 현금계정 과소평가
② ₩500,000만큼의 순이익 과대계상
③ ₩500,000만큼의 비용계정의 과대계상
④ ₩500,000만큼의 미지급비용계정 과대계상

● **정답과 해설**

05	이 연	선급비용(비용의 이연), 선수수익(수익의 이연)
	예 상	미수수익(수익의 예상), 미지급비용(비용의 예상)

06 선급보험료는 비용의 이연에 해당한다.

07 (차) 비용(비용의 발생)   500,000   (대) 미지급비용(부채의 증가)   500,000
∴ 부채 500,000원 과소계상, 비용 500,000원 과소계상이므로 당기순이익은 500,000원 과대계상된다.

정답   05 ①   06 ③   07 ②

08 (주)상공는 결산 시 미수된 이자수익에 대한 수정분개를 하지 않았다. 이 영향으로 옳은 것은?

① 자산, 자본, 당기순이익이 과대계상된다.

② 자산, 자본, 당기순이익이 과소계상된다.

③ 자산, 자본, 당기순이익에는 아무런 영향이 없다.

④ 부채는 과소계상되고, 자본과 당기순이익이 과대계상된다.

09 20X5년 4월 1일에 1년분 보험료 ₩240,000을 현금으로 지급하고, 이를 자산(선급보험료)으로 기록하였다. 결산일인 20X5년 12월 31일 보험료와 관련된 결산정리분개로 옳은 것은?(단, 보험료는 월할계산한다)

①	(차) 보험료	60,000	(대) 선급보험료	60,000
②	(차) 선급보험료	60,000	(대) 보험료	60,000
③	(차) 보험료	180,000	(대) 선급보험료	180,000
④	(차) 선급보험료	180,000	(대) 보험료	180,000

● 정답과 해설

08 자산과 수익이 과소계상되었으며 이로 인해 자본과 당기순이익은 과소계상되었다.

(차) 미수이자(자산의 증가)   xxx   (대) 이자수익(수익의 발생)   xxx

09 • 보험료 지급 시

4월 1일 (차) 선급보험료   240,000   (대) 현 금   240,000

• 보험료 당기 경과분

$$240,000 \times \frac{9}{12} = 180,000$$

• 기말 결산정리 당기 경과분 반영

12월 31일 (차) 보험료   180,000   (대) 선급보험료   180,000

정답   08 ②   09 ③

10 다음은 상공상사가 소모품 구입 시 회계처리한 결과이다. 결산 시 미사용분이 ₩20,000일 경우 회계처리로 옳은 것은?

(차) 소모품비	200,000	(대) 현 금	200,000

① (차) 소모품   20,000 (대) 소모품비   20,000
② (차) 소모품비   20,000 (대) 소모품   20,000
③ (차) 소모품   180,000 (대) 소모품비   180,000
④ (차) 소모품비   180,000 (대) 소모품   180,000

●정답과 해설

10 구입 시 비용처리법에 의해 소모품비로 회계처리한 것으로 기말 결산 시 미사용분에 대해 소모품(자산)으로 반영한다.

사용분	소모품비(당기 비용)
미사용분	소모품(자산)

정답 10 ①

4 계정의 마감 및 재무제표의 작성

(1) 계정 마감하는 방법

회계장부의 작성을 완료하기 위해서는 당해 연도에 기록된 총계정원장의 모든 계정과목에 대해 차변과 대변금액을 일치시켜 장부를 마감한다. 계정은 영구계정과 임시계정으로 구분하며 각기 다르게 마감 처리한다. 영구계정은 잔액이 차기로 이월되어 영구적으로 존재하는 계정으로 자산, 부채, 자본계정 등 재무상태표계정을 의미한다. 임시계정은 잔액이 차기로 이월되지 않고 특정기간만 일시적으로 존재하는 계정으로 손익계산서계정을 말한다.

구 분	내 용	종 류
임시계정	잔액이 차기로 이월되지 않음	손익계산서계정(수익, 비용)
영구계정	잔액이 차기로 이월	재무상태표계정(자산, 부채, 자본)

(2) 손익계산서 마감

수익과 비용계정은 한 회계기간이 끝나게 되면 잔액을 '₩0'으로 만든다. 당기분이 차기에 영향을 미쳐서는 안 되기 때문에 다음 기의 수익계정과 비용계정은 '₩0'에서 출발하도록 해야 한다.

① 1단계 집합손익계정의 설정

수익계정과 비용계정을 마감하여 잔액을 '₩0'으로 만들기 위해 임시계정인 집합손익계정을 설정한다.

② 2단계 수익계정의 마감

수익계정은 대변에 잔액이 남아 있으므로 이를 '₩0'으로 만들기 위해서는 수익계정의 잔액을 차변에 기록하고 집합손익계정의 대변에 동일금액을 기록해서 수익계정의 잔액을 집합손익계정으로 대체한다.

➕ 예시

매출액 ₩100, 이자수익 ₩20으로 가정하면 다음과 같이 회계처리하여 마감한다.

매 출

집합손익	100	현 금	100
	100		100

이자수익

집합손익	20	현 금	20
	20		20

항상 T-계정을 탁자 위의 공이라고 생각하고 밑에 있는 집합손익을 잡아 당기면 위에 있는 매출(이자수익)이 떨어지면서 다음과 같은 분개를 하게 된다.

(차) 매 출	100	(대) 집합손익	120
이자수익	20		

이처럼 모든 수익계정을 마감분개하면 수익계정의 잔액은 모두 ₩0이 된다.

③ 3단계 비용계정의 마감

비용계정은 차변에 잔액이 남아 있으므로 이를 '₩0'으로 만들기 위해서 대변에 비용계정의 잔액을 기록하고 집합손익계정의 차변에 동일금액을 기록해서 비용계정의 잔액을 집합손익계정으로 대체한다.

➕ 예시

복리후생비 ₩30, 급여 ₩50, 임차료 ₩20으로 가정하면 다음과 같이 회계처리하여 마감한다.

복리후생비

현 금	30	집합손익	30
	30		30

급 여

현 금	50	집합손익	50
	50		50

임차료

현 금	20	집합손익	20
	20		20

(차) 집합손익	100	(대) 복리후생비	30
		급 여	50
		임차료	20

이처럼 모든 비용계정을 마감분개하면 비용계정 잔액은 모두 '₩0'이 된다.

④ 4단계 집합손익계정의 마감

수익계정과 비용계정을 마감하게 되면 수익계정 잔액은 집합손익계정의 대변에 집계되고 비용계정 잔액은 집합손익 계정의 차변에 집계된다. 따라서 집합손익계정이 대변 잔액이면 수익이 비용보다 큰 것으로 당기순이익이 발생한 것이며, 집합손익계정이 차변 잔액이면 비용이 수익보다 큰 것으로 당기순손실이 발생한 것이다. 마지막으로 두 경우 모두 집합손익계정의 잔액을 '₩0'으로 만들면서 재무상태표계정인 '이익잉여금'계정으로 대체하게 된다. 위 사례의 집합손익계정을 살펴보면 다음과 같다.

집합손익

복리후생비	30	매 출	100
급 여	50	이자수익	20
임차료	20		
잔액(=당기순이익, 이익잉여금)	20		
	120		120

수익계정의 마감에 대한 분개를 T-계정으로 옮기는 작업할 때는 양쪽을 끈으로 엮어 탁자 위로 공을 던진다고 생각하면 된다. 대변에 있는 집합손익을 위로 던지면 차변에 있던 매출, 이자수익이 우측으로 이동하면서 자리를 잡는다. 비용도 동일한 방식으로 T-계정에 반영한다.

위 사례의 경우 대변 잔액 ₩20이므로 당기순이익 ₩20이 발생한 것이다. 잔액은 당기순이익이며 이는 이익잉여금을 구성하여 집합손익을 이익잉여금에 대체하는 회계처리를 하게 된다.

㉠ 당기순이익이 발생한 경우 : 당기순이익이 얻어진 경우 집합손익계정은 대변에 잔액이 남게 된다. 이를 마감하기 위해서는 집합손익계정의 차변에 대변 잔액을 기록하고 동일금액을 이익잉여금계정(자본계정)의 대변에 기록하면 된다. 집합손익과 잔액(당기순이익, 이익잉여금)을 연결한 후 잔액을 좌측으로 잡아 당기면 위에 있던 집합손익이 떨어지면서 아래와 같은 분개가 완성된다.

(차) 집합손익	xxx	(대) 이익잉여금	xxx

결과적으로, 마감분개를 하면 집합손익계정의 잔액이 '₩0'이 되면서 이익잉여금이 증가하여 당기순이익만큼 자본이 증가하는 결과를 얻을 수 있다.

㉡ 당기순손실이 발생한 경우 : 당기순손실이 발생한 경우 집합손익계정은 차변에 잔액이 남게 된다. 이를 마감하기 위해서는 집합손익계정의 대변에 차변 잔액을 기록하고 동일금액을 이익잉여금계정의 차변에 기록하면 된다.

(차) 이익잉여금	xxx	(대) 집합손익	xxx

(3) 재무상태표 마감

손익계산서계정을 마감한 후에는 재무상태표계정인 자산, 부채, 자본계정을 마감해야 한다. 재무상태표계정은 한 회계기간이 종료되더라도 잔액이 '₩0'으로 되지 않고 계속해서 잔액을 유지하게 된다. 자산이나 부채 및 자본계정은 영구계정으로 다음 연도에도 권리나 의무가 그대로 존속되기 때문이다.

① 자산계정의 마감

자산계정은 차변에 잔액이 남아있으므로 대변에 차변 잔액만큼 기입하여 차변과 대변을 일치시켜 마감한다. 그리고 다음 연도의 첫 날짜로 남아 있던 대변 잔액을 전기이월이라고 기록해서 기초에 가지고 있는 자산금액이라는 것을 표시한다.

현금(사례)

자본금	100,000	복리후생비	30,000
매 출	100,000	급 여	50,000
장기차입금	100,000	임차료	20,000
이자수익	20,000	차기이월	220,000
	320,000		320,000
전기이월	220,000		

② 부채 및 자본계정의 마감

부채 및 자본계정은 대변에 잔액이 남아있으므로 차변에 대변 잔액만큼 기입하여 차변과 대변을 일치시켜 마감시킨 뒤에 그 잔액만큼 다음 연도 장부의 동일 계정과목 대변에 기입하여 다음 회계기간으로 이월시킨다.

장기차입금(사례)

차기이월	100,000	현 금	100,000
	100,000		100,000
		전기이월	100,000

(4) 재무상태표와 손익계산서의 작성

재무상태표계정의 잔액을 집계해서 비교해 보면 차변항목인 자산합계와 대변항목인 부채합계와 자본합계의 합계가 서로 차이가 나는데 그 금액이 당기순손익이다(= 손익계산서계정은 잔액을 집계해서 비교해 보면 대변 항목인 수익합계와 차변항목인 비용합계가 서로 차이가 나는데 이 금액도 당기순손익임). 당기순손익은 손익계산서 계정을 통해 수익과 비용을 비교하여 산정할 수 있고, 재무상태표계정에서도 파악할 수 있다.

① 재무상태표의 작성

재무상태표

(주)시대		20X1년 12월 31일 현재			(단위 : 원)
자 산	현 금	220,000	부 채	장기차입금	100,000
			자 본	자본금	100,000
				이익잉여금	20,000
	합 계	220,000		합 계	220,000

전체적인 작업 순서는 손익계산서를 작성하고 해당 이익을 산정한 후 재무상태표에 이익잉여금을 반영한다.

손익계산서 → (이익잉여금처분계산서) → 재무상태표

② 손익계산서의 작성

손익계산서

(주)시대		20X1년 1월 1일부터 20X1년 12월 31일까지			(단위 : 원)
비 용	복리후생비	30,000	수 익	매 출	100,000
	급 여	50,000		이자수익	20,000
	임차료	20,000			
	당기순이익	20,000			
	합 계	120,000		합 계	120,000

③ 손익계산서와 재무상태표의 관계

회계연도 말에 재무상태표를 작성할 때는 손익계산서계정이 자본에 미치는 효과를 이익잉여금계정에 집계해서 표시한다.

기초 재무상태표		손익계산서		기말 재무상태표	
자본금	₩100,000			자본금	₩100,000
이익잉여금	₩0	당기순이익	₩20,000	이익잉여금	₩20,000
자본총계	₩100,000			자본총계	₩120,000

이와 같이 손익계산서의 경영성과는 기업의 재무상태에 영향을 미치므로 재무상태표와 손익계산서는 서로 유기적으로 영향을 주고받는 보고서이다.

01 다음 중 이익잉여금을 증가시키는 거래는?(단, 상품매매는 3분법으로 처리한다)

① 차입금에 대한 이자를 현금으로 지급하였다.

② 상품을 외상으로 판매하였다.

③ 차입금의 일부를 현금으로 상환하였다.

④ 외상대금의 일부를 현금으로 받았다.

• 정답과 해설

01 ① 이자비용에 대한 현금 지급이므로 이익잉여금을 감소시킨다.
② 매출(수익)을 발생시키고 이에 대한 매출채권이 나타났기 때문에 이익잉여금을 증가시킨다.
③, ④ 부채의 감소와 자산의 증가이므로 이익잉여금에 영향을 미치지 아니한다.

정답 01 ②

02 다음 자료를 이용하여 당기순이익을 계산하면 얼마인가?

가. 기초상품재고액	₩200
나. 매 입	₩300
다. 기말상품재고액	₩100
라. 매 출	₩3,000
마. 급 여	₩500
바. 감가상각비	₩300
사. 임대료	₩600
아. 여비교통비	₩200
자. 대손상각비	₩100

① ₩1,900   ② ₩2,100

③ ₩2,300   ④ ₩2,500

● 정답과 해설

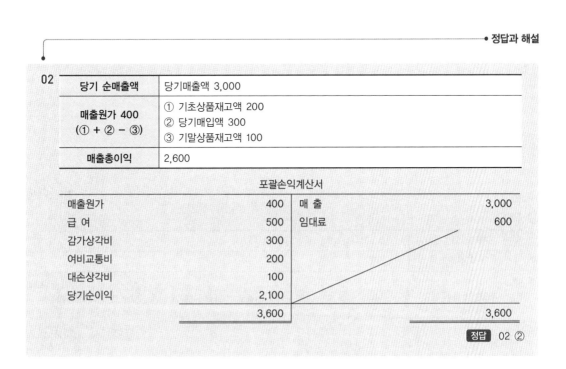

당기 순매출액	당기매출액 3,000
매출원가 400 (① + ② - ③)	① 기초상품재고액 200 ② 당기매입액 300 ③ 기말상품재고액 100
매출총이익	2,600

포괄손익계산서

매출원가	400	매 출	3,000
급 여	500	임대료	600
감가상각비	300		
여비교통비	200		
대손상각비	100		
당기순이익	2,100		
	3,600		3,600

정답 02 ②

03 포괄손익계산서에 관한 설명으로 옳지 않은 것은?

① 보험료, 감가상각비, 세금과공과, 금융원가 등은 판매비와관리비로 분류한다.
② 일정기간 동안에 기업의 재무성과를 나타내는 회계 보고서이다.
③ 총포괄손익은 당기순손익과 기타포괄손익의 모든 구성요소를 포함한다.
④ 매출액에서 매출원가를 차감하여 매출총이익을 표시할 수 있다.

04 제조업을 영위하는 (주)상공전자의 영업이익이 증가할 수 있는 요인으로 옳은 것은?

① 매출액의 증가
② 접대비의 증가
③ 매출원가의 증가
④ 배당금수익의 증가

● 정답과 해설

03	판매비와관리비	보험료, 감가상각비, 세금과공과
	금융원가	이자비용

04 '매출액 – 매출원가 – 판매비와관리비 = 영업이익'이므로 매출액 증가, 매출원가 감소, 판매비와관리비의 감소는 영업이익을 증가시키는 요인이 될 것이다.

정답 03 ① 04 ①

보론

PART 1 이론

재무보고를 위한 개념체계

01 개념체계

1 의 의

(1) 개념체계는 회계기준위원회가 일관성 있는 회계기준을 제정·개정함에 있어 도움을 주며, 재무제표의 작성자가 회계기준이 정립되지 않은 새로운 거래에 대하여 회계정책을 개발하는 데 준거체계를 제공하는 지침으로서의 역할 수행

(2) 개념체계는 국제회계기준이 아니므로, 개념체계의 어떠한 내용도 회계기준이나 회계기준의 요구사항에 우선하지 않음

02 유용한 재무정보의 질적특성

1 질적특성의 적용

근본적 질적특성	목적적합성, 표현충실성
보강적 질적특성	비교가능성, 검증가능성, 적시성, 이해가능성

2 근본적 질적특성

목적적합성	예측가치와 확인가치, 중요성
표현의 충실성	완전한 서술, 중립적 서술, 오류없는 서술

3 목적적합성과 표현충실성의 상충관계

구 분	목적적합성	표현충실성
유형자산	재평가모형	원가모형
유가증권	공정가치평가	역사적 원가측정
재무제표	중간 재무제표 작성	연차 재무제표 작성
건설공사	진행기준	완성기준

PART 2
기출문제

기출문제 추가 제공

1. 시대에듀 홈페이지(www.sdedu.co.kr)에 접속한 후 학습 자료실 클릭

2. [기출문제]를 클릭 후 검색창에 [전산회계운용사 필기]를 검색한다.

01 다음은 임대료계정에 대한 총계정원장이다. 관련된 설명으로 옳은 것은?

> • 11월 1일 임대차계약을 맺고 임대보증금 ₩5,000,000과 월세 ₩300,000을 현금으로 받았다.
> • 월세는 매월 ₩100,000으로 균등하다.
>
> | | 임대료 | | | |
> |---|---|---|---|---|
> | 12/31 (㉠) | (㉡) | 11/1 | 현 금 | 300,000 |
> | 12/31 집합손익 | (㉢) | | | |

① ㉡에 반영될 금액은 ₩200,000이다.
② ㉢에 기입될 금액은 ₩200,000이다.
③ ㉠에 들어갈 계정과목은 미수임대료이다.
④ 포괄손익계산서상 반영될 임대료는 ₩100,000이다.

02 다음 중 시산표에서 발견할 수 있는 오류로 타당한 것은?

① 거래 전체의 분개가 누락되거나, 전기가 누락된 경우
② 어떤 거래의 분개가 이중으로 분개된 경우
③ 차변의 계정과목 및 금액을 누락한 경우
④ 분개에서 원장에 대차를 반대로 전기하였을 경우

03 회계의 순환과정 순서로 옳은 것은?

① 분개 → 거래의 분석 → 전기 → 기말수정분개 → 장부마감
② 거래의 분석 → 분개 → 전기 → 장부마감 → 기말수정분개
③ 분개 → 거래의 분석 → 전기 → 장부마감 → 기말수정분개
④ 거래의 분석 → 분개 → 전기 → 기말수정분개 → 장부마감

04 다음 무형자산에 관한 설명으로 옳지 않은 것은?

① 영업권의 회수가능액이 장부금액에 미달하는 경우 손상차손을 당기비용으로 인식한다.

② 내부적으로 창출한 무형자산의 원가는 그 자산의 창출, 제조 및 경영자가 의도하는 방식으로 운영될 수 있게 준비하는데 필요한 직접 관련된 모든 원가를 포함한다.

③ 내용연수가 비한정인 무형자산은 일정기간 동안 상각을 하고 손상검사를 수행하여야 한다.

④ 연구단계의 지출은 발생시점에서 비용으로 인식하고, 개발단계에서 지출된 내역은 무형자산으로 인식한다.

05 다음 자료를 참고하여 매출총이익을 구하시오.

• 매출액	₩500,000	• 기초재고액	₩30,000
• 당기매입액	₩430,000	• 기말재고액	₩10,000

① ₩40,000

② ₩50,000

③ ₩60,000

④ ₩70,000

06 (주)상공은 당기손익-공정가치측정금융자산을 20X1년에 ₩500,000을 주고 취득하고 20X1년 기말에 공정가치 ₩450,000으로 평가한 후 20X2년 1월 1일에 ₩480,000으로 처분하였다. 이 처분으로 (주)상공이 20X2년도 포괄손익계산서에 인식해야 하는 당기순손익은 얼마인가?

① 당기순이익 ₩30,000

② 당기순손실 ₩30,000

③ 당기순이익 ₩20,000

④ 당기순손실 ₩20,000

07 다음은 (주)상공의 결산 재무상태표와 포괄손익계산서의 일부이다. 이에 대한 설명으로 옳지 않은 것은 무엇인가?

재무상태표			포괄손익계산서		
매출채권	500,000		판관비		150,000
대손충당금	(10,000)	490,000	대손상각비	8,000	

① 매출채권의 장부가액은 ₩500,000이다.
② 대손충당금으로 추가 계상한 금액은 ₩8,000이다.
③ 대손충당금의 결산 전 잔액은 ₩2,000이다.
④ 대손충당금은 매출채권의 2%를 설정하였다.

08 다음 제시된 보기 중 현금계정으로 분류될 것들끼리 묶인 것은?

가. 3년 만기 사채	나. 자기앞수표
다. 당점발행수표	라. 동점발행수표
마. 약속어음	바. 송금수표

① 가, 다, 마   ② 가, 다, 바
③ 나, 라, 마   ④ 나, 라, 바

09 다음 자료를 통해 매출총이익을 계산하면 얼마인가?

- 상품매출액 : ₩2,000
- 매출원가 관련 기말수정분개

(차) 매출원가	100	(대) 상품(기초)	100
(차) 매출원가	1,200	(대) 매 입	1,200
(차) 상품(기말)	200	(대) 매출원가	200

① ₩600   ② ₩700
③ ₩800   ④ ₩900

10 (주)상공은 20X1년에 단기시체 차익을 얻기 위한 목적으로 채권을 ₩19,000에 매입하였다. 20X1년 기말 해당 채권의 시가가 ₩19,600이 되었고, 이자수익으로 ₩2,000을 받았다. 해당 당기손익
−공정가치측정금융자산이 당기손익에 미친 영향으로 옳은 것은?

① ₩2,000

② ₩2,300

③ ₩2,500

④ ₩2,600

11 종업원급여계정을 마감할 경우 (㉠)에 남아있는 잔액을 (㉡) 계정으로 대체한다고 할 때 괄호 안에 들어갈 내용으로 알맞은 것은?

	㉠	㉡
①	차 변	집합손익
②	대 변	차기이월
③	차 변	차기이월
④	대 변	집합손익

12 (주)대한은 건물을 ₩700,000에 처분하였다. 다음 처분시점의 재무상태표를 참고하여 유형자산 처분손익을 구하면 얼마인가?

재무상태표		
건 물	1,000,000	
감가상각누계액	(400,000)	600,000

① 유형자산처분손실 ₩300,000

② 유형자산처분이익 ₩100,000

③ 유형자산처분손실 ₩200,000

④ 유형자산처분이익 ₩300,000

13 다음 안양상사에 대한 거래내역 중 수익의 발생으로 인식해야 할 내역으로 옳은 것은 무엇인가?

① 안양상사의 외상매출금을 현금으로 회수하다.
② 안양상사에게 상품을 주문받고 계약금을 현금 수령하다.
③ 안상상사의 상품을 외상으로 매입하다.
④ 안양상사에게 상품을 현금으로 판매하다.

14 다음 현금계정에 관한 설명으로 옳은 것은?

현금					
1/1	전기이월	100,000	7/1	매 입	300,000
6/1	매 출	500,000	10/1	현금과부족	200,000

① 장부상 현금이 실제 현금보다 ₩200,000 부족하다.
② 매입채무 ₩300,000을 현금으로 지급하다.
③ 차기로 이월할 금액은 ₩100,000이다.
④ 매출채권 ₩500,000을 현금으로 회수하다.

15 다음 자본에 관한 설명 중 ㉠과 관련된 설명으로 옳은 것은?

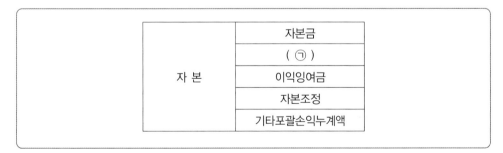

자 본	자본금
	(㉠)
	이익잉여금
	자본조정
	기타포괄손익누계액

① 상법상 정관에 기재된 금액을 의미한다.
② 주식발행가액이 액면가액을 초과하는 경우 해당 금액이 반영된다.
③ 기업활동의 결과로 축적된 이익 중 주주에게 배당하지 않고 기업 내 유보시킨 부분을 말한다.
④ 자본거래이지만 자본금, 자본잉여금에 포함되지 않고 자본항목에 가산하거나 차감하는 항목이다.

16 개인기업의 자본에 관한 설명으로 옳지 않은 것은?

① 영업개시 및 사업확장 시 출자되는 금액을 뜻한다.
② 추가출자액과 인출액을 고려하여 자본금을 산정한다.
③ 기말자본을 산정하는데 있어 당기순이익과 당기순손실은 고려하지 않는다.
④ 인출금계정의 잔액을 기말결산 시 자본금계정에 대체한다.

17 재무상태표에 관한 설명으로 옳지 않은 것은?

① 일정기간 동안 자본변동에 관한 정보를 제공한다.
② 일정시점의 재무상태와 재무구조를 나타낸다.
③ 기업의 유동성과 지급능력에 대한 평가와 정보를 제공한다.
④ 재무적 탄력성과 수익성 및 위험을 평가하는데 유용한 정보를 제공한다.

18 다음 중 피투자회사의 경영성과에 대한 배당금수익이 발생할 수 있는 계정과목은?

① 매출채권
② 선급비용
③ 지분상품
④ 대손충당금

19 (주)상공은 매출채권 ₩800,000 중 ₩50,000이 대손확정되어 제거되었다. 이후 대손예상액이 ₩46,000일 경우 재무상태표상 매출채권 장부가액은 얼마인가?

① ₩704,000
② ₩725,000
③ ₩750,000
④ ₩754,000

20 (주)대한이 당기에 받은 임대료 ₩300,000 중 선수임대료에 해당하는 ₩200,000이 포함되어 있을 경우, 다음 중 기말수정분개로 옳은 것은 무엇인가?

① (차) 선수임대료   200,000   (대) 임대료   200,000
② (차) 선수임대료   100,000   (대) 임대료   100,000
③ (차) 미수임대료   200,000   (대) 임대료   200,000
④ (차) 미수임대료   100,000   (대) 임대료   100,000

21 다음 거래에 대한 내용을 참고하여 기말 계상해야 할 대손상각비를 구하면 얼마인가?

- 대손충당금 기초잔액   ₩10,000
- 기중 대손처리한 금액   ₩4,000
- 대손처리한 내역 중 회수된 금액   ₩2,000
- 기말 대손예상액   ₩11,000

① ₩1,000
② ₩2,000
③ ₩3,000
④ ₩4,000

22 다음 중 매출액 및 매출액 관련 비용에 대한 변동이 없고 물가는 계속 상승한다고 가정할 경우, 당기순이익을 최대화하기 위한 재고자산 단가 결정방법은 무엇인가?(단 재고청산은 없다고 가정한다)

① 후입선출법
② 이동평균법
③ 총평균법
④ 선입선출법

23 다음 내용을 참고하여 상품계정에 반영될 금액을 계산하면 얼마인가?

> 가. 상품 ₩500,000을 매입하다(당사가 부담한 운반비 ₩5,000을 지급하다).
> 나. 상품 ₩15,000을 반품하다.

① ₩470,000
② ₩485,000
③ ₩490,000
④ ₩500,000

24 다음 대화를 통해 알 수 있는 사실과 거리가 먼 것은?

> • 김부장 : 박대리! 토지 처분에 대한 내역은 정리되었습니까?
> • 박대리 : 네, 장부가액 ₩2,000,000의 토지를 ₩2,500,000에 매각하여 ₩2,000,000은 보통
> 예금으로 받고 나머지는 월말에 지급받기로 하였습니다.

(차) 보통예금	2,000,000	(대) 토 지	2,000,000
(㉠)	500,000	(㉡)	500,000

① ㉠에 들어갈 계정과목은 미수금이다.
② ㉡에 들어갈 계정과목은 유형자산처분이익이다.
③ 위 거래로 인해 부채 총액이 ₩500,000 증가한다.
④ 위 거래로 인해 당기순이익이 ₩500,000 증가한다.

25 다음 거래를 분개할 경우 사용될 계정과목으로 옳은 것은?

> 당사의 보통예금 계좌에 ₩150,000이 입금되었는데 그 내역은 확인되지 않는다.

① 가수금
② 가지급금
③ 미수금
④ 미지급금

2024년 기출복원문제

기출문제

응시시간 40분

---

01 다음 중 현금및현금성자산에 관한 설명으로 옳은 것은?

① 결산일 당시 3개월 이내 환매조건인 환매채의 경우 현금이 아닌 현금성자산으로 처리한다.

② 지불수단인 유통화폐는 현금이 아닌 현금성자산으로 처리한다.

③ 소액현금(전도금)은 현금이 아닌 현금성자산으로 처리한다.

④ 취득일로부터 3개월 이내 만기인 금융상품은 현금성자산으로 처리한다.

---

02 다음 자료를 참고하여 총수익을 구하라.

• 기초자본	₩140,000	• 추가출자	₩50,000
• 기말자본	₩210,000	• 총비용	₩250,000
• 배당금	₩60,000		

① ₩300,000

② ₩330,000

③ ₩360,000

④ ₩390,000

---

03 회계의 순환과정에 관한 (가), (나), (다)에 대한 설명 중 옳은 것은?

> 거래 → (가) → 총계정원장 → 수정전 시산표 → (나) → 수정후 시산표 → 장부마감 → (다)

① (가)는 전기가 정확한가를 검증하기 위해 작성하는 계정 집계표이다.

② (나)는 거래의 발생순서대로 기입하는 장부를 말한다.

③ (나)는 거래의 내용을 계정과목별로 구분해서 전기하여 기록할 수 있도록 하는 작업이다.

④ (다)와 관련하여 재무상태표, 포괄손익계산서, 자본변동표 등을 작성한다.

04 다음 자료를 참고하여 당기 순매입액을 구하시오.

• 기초재고액	₩100,000	• 당기매입액	₩500,000
• 매입에누리	₩40,000	• 매입할인	₩20,000
• 매입운임	₩10,000	• 매출운임	₩20,000

① ₩430,000

② ₩440,000

③ ₩450,000

④ ₩470,000

05 피투자회사의 경영성과에 대한 배당금수익이 발생한 것으로 옳은 것은?

① 지분상품

② 선급비용

③ 매출채권

④ 대손충당금

06 다음 자료를 이용하면 포괄손익계산서의 영업이익은 얼마인가?

• 매출액	₩1,500,000	• 매출원가	₩700,000
• 물류원가	₩150,000	• 기타수익	₩70,000
• 관리비	₩90,000	• 금융수익	₩10,000
• 기타비용	₩40,000		

① ₩540,000

② ₩560,000

③ ₩580,000

④ ₩620,000

07 다음 자료에 의하여 당기순이익을 계산하면 얼마인가?

> • 기초자본 : ₩50,000
> • 기말자본 : 기초에 비해 ₩10,000이 증가함
> • 추가출자액 : ₩30,000
> • 현금배당액 : ₩50,000

① ₩10,000
② ₩20,000
③ ₩30,000
④ ₩40,000

08 다음 (주)대한의 잔액시산표 내용 중 금융자산의 합계금액은 얼마인가?

잔액시산표

(주)대한   20X1년 12월 31일   (단위 : 원)

차 변	계정과목	대 변
150,000	현 금	
40,000	당기손익-공정가치측정금융자산	
30,000	선급금	
220,000	외상매출금	
180,000	상 품	
	외상매입금	130,000
	선수수익	10,000
⋮	⋮	⋮

① ₩370,000
② ₩410,000
③ ₩440,000
④ ₩580,000

09 재무상태표에 관한 설명으로 옳지 않은 것은?

① 기업이 일정시점 현재에 보유하고 있는 경제적 자원인 자산, 경제적 의무인 부채 그리고 자본에 대한 정보를 제공한다.

② 자본은 자본금, 자본잉여금, 자본조정, 기타포괄손익누계액 및 이익잉여금(또는 결손금)으로 구분한다.

③ 부채는 유동부채와 비유동부채로 분류한다.

④ 유동자산은 당좌자산·투자자산을 포함하고, 비유동자산은 재고자산·유형자산·무형자산·기타비유동자산을 포함한다.

10 다음 자료를 이용하여 당기순이익을 계산하면 얼마인가?(단, 법인세비용은 고려하지 않는다)

• 총수익	₩3,000,000
• 총비용	₩1,000,000
• 기타포괄이익	₩900,000

① ₩1,900,000

② ₩2,000,000

③ ₩2,900,000

④ ₩3,900,000

11 (주)국민의 7월 중 상품매매에 관련된 자료이다. 선입선출법에 의한 7월 말의 월말재고액으로 옳은 것은?

일 자	적 요	수 량	단 가
7월 1일	월초재고	100개	@₩100
7월 20일	매 입	100개	@₩120
7월 25일	매 출	50개	

① ₩14,000

② ₩15,000

③ ₩16,000

④ ₩17,000

12 다음 자료를 참고하여 매출액을 구하면 얼마인가?

• 기초상품재고액	₩50,000
• 당기상품매입액	₩300,000
• 매입에누리와할인	₩90,000
• 기말상품재고액	₩35,000
• 매출총이익	₩100,000

① ₩225,000
② ₩315,000
③ ₩325,000
④ ₩415,000

13 (주)상공이 종업원급여 ₩1,000,000 중 종업원이 부담할 소득세 ₩30,000을 공제하고 현금으로 지급한 경우 대변 계정과목으로 옳은 것은?

① 급 여
② 미지급금, 현금
③ 소득세, 현금
④ 예수금, 현금

14 주식회사의 자본잉여금 항목으로 표시하는 계정과목(자본거래)이 아닌 것은?

① 자기주식처분이익
② 주식발행초과금
③ 미처분이익잉여금
④ 감자차익

15 당기 말에 임대료 미수액의 계상을 누락하였을 경우, 그 결과 당기의 재무제표에 미치는 영향으로 옳은 것은?

① 수익의 과대계상
② 부채의 과대계상
③ 당기순이익의 과소계상
④ 자산의 과대계상

16 다음 (가)와 (나)의 거래 내용을 분개했을 때 차변 계정과목이 재무상태표에 보고되는 계정으로 옳은 것은?

> (가) 현금 ₩100,000을 보통예금에서 인출하다.
> (나) 외상매출금을 타인발행수표 ₩200,000으로 받다.

① 기타채권
② 매출채권
③ 장기금융상품
④ 현금및현금성자산

17 다음 중 아래에서 설명하는 자산과 관계있는 거래는 무엇인가?

> 식별 가능한 비화폐성 자산으로 물리적 실체는 없지만 기업이 통제하고 있으며 장기에 걸쳐 미래에 기업에 효익을 제공하는 자산이다.

① 차량운반구를 ₩500,000에 현금으로 구입하다.
② 건물에 대한 임차보증금 ₩500,000을 현금으로 받다.
③ 신상품에 대한 특허권 ₩500,000을 취득하고 등록비 ₩10,000과 함께 현금으로 지급하다.
④ 기계장치 시운전비 ₩100,000을 지출하다.

18 다음 중 외상매출금 계정에 관한 설명으로 옳지 않은 것은?

외상매출금			
전기이월	250,000	매 출	30,000
매 출	500,000	현 금	300,000
		대손충당금	20,000

① 외상매출한 금액은 ₩500,000이다.
② 대손충당금 설정액은 ₩20,000이다.
③ 매출환입 ₩30,000이 발생되었다.
④ 외상매출금 중 현금회수분은 ₩300,000이다.

19 결산정리 시 잔액이 '0'이 되는 임시계정이 아닌 것은?

① 이익잉여금
② 매출액
③ 복리후생비
④ 집합손익

20 다음 내용에서 제시하고 있는 계정으로 바르게 짝지어진 것은?

> (가) 일반적인 상거래 외에서 발생하는 받을 권리
> (나) 일반적인 상거래 외에서 발생한 지급 의무

	(가)	(나)
①	미수금	미지급금
②	미수금	매입채무
③	선급금	선수금
④	매출채권	매입채무

21 다음 자산들 중 취득 시 부대비용을 당기 비용으로 처리하는 것은?

① 기타포괄손익–공정가치측정금융자산
② 당기손익–공정가치측정금융자산
③ 기계장치
④ 건 물

22 다음 거래 내용을 회계처리한 경우의 설명으로 옳은 것은?

> 서울상회에서 상품을 매입하고 대금 ₩3,000,000 중 ₩1,000,000은 당좌수표를 발행하여 지급하고 잔액은 외상으로 하다. 그리고 동점 부담 인수 운임 ₩10,000을 당점이 현금으로 대신 지급하다.

① 외상매입 대금은 ₩2,010,000이다.
② 인수 운임은 운반비계정으로 처리한다.
③ 상품의 매입원가는 ₩3,000,000이다.
④ 보통예금계정 ₩1,000,000이 감소한다.

23 다음은 (주)상공의 결산 시 소모품 관련 자료이다. 이를 기초로 결산정리사항을 분개하였을 때 재무 제표에 미치는 영향으로 옳은 것은?

> 수정전 잔액시산표 차변에 소모품계정 금액은 ₩240,000이며, 실제 소모품을 조사한 결과 재고 액은 ₩100,000으로 파악되었다.

① 포괄손익계산서의 비용이 ₩240,000 증가한다.
② 당기순이익이 ₩100,000 감소한다.
③ 재무상태표의 자산이 ₩140,000 감소한다.
④ 선급비용이 ₩100,000 증가한다.

24 1주당 액면가 ₩500인 주식 100주를 1주당 ₩800에 발행한 경우에 관한 설명으로 옳은 것은?

① 자본금이 감소한다.
② 자본잉여금이 증가한다.
③ 부채가 증가한다.
④ 이익잉여금이 증가한다.

25 다음 중 수익의 이연과 관련있는 계정과목으로 옳은 것은?

① 선수임대료
② 선급보험료
③ 미수이자
④ 미지급임차료

2023년 기출복원문제

기출문제

응시시간 40분

01 다음은 (주)상공의 결산 시 소모품 관련 자료이다. 이를 기초로 결산정리사항을 분개하였을 때 재무제표에 미치는 영향으로 옳은 것은?

> 수정전 잔액시산표 차변에 소모품계정 금액은 ₩240,000이며, 실제 소모품을 조사한 결과 재고액은 ₩100,000으로 파악되었다.

① 포괄손익계산서의 비용이 ₩240,000 증가한다.
② 당기순이익이 ₩100,000 감소한다.
③ 재무상태표의 자산이 ₩140,000 감소한다.
④ 선급비용이 ₩100,000 증가한다.

02 액면가 ₩500인 주식 100주를 주당 ₩800에 발행한 경우에 관한 설명으로 옳은 것은?

① 자본금이 감소한다.
② 자본잉여금이 증가한다.
③ 부채가 증가한다.
④ 이익잉여금이 증가한다.

03 당기손익-공정가치측정금융자산 주식 500주(액면가 @₩500)를 주당 @₩800에 취득하였다. 취득과 직접 관련된 비용은 ₩1,000이 발생되었다면 취득원가는 얼마인가?

① ₩250,000
② ₩251,000
③ ₩400,000
④ ₩401,000

04 당기 상품매입 시 발생한 외상대금 ₩100,000을 현금으로 상환하였다. 이에 대한 회계처리로 옳은 것은?

① 입금전표를 이용할 경우 상품 ₩100,000으로 기재한다.

② 출금전표를 이용할 경우 외상매입금 ₩100,000으로 기재한다.

③ 대체전표를 이용할 경우 '(차) 외상매출금 100,000 (대) 미지급금 100,000'으로 분개한다.

④ 대체전표를 이용할 경우 '(차) 외상매입금 100,000 (대) 선급비용 100,000'으로 분개한다.

05 다음 자료를 참고하여 기말재고자산을 구하면 얼마인가?

• 매출액 ₩500,000	• 매출에누리 ₩20,000	• 매출총이익 ₩200,000
• 기초재고 ₩100,000	• 총매입액 ₩300,000	• 매입에누리 ₩10,000

① ₩90,000

② ₩100,000

③ ₩110,000

④ ₩130,000

06 다음 거래의 분개로 옳은 것은?

(주)상공은 외상매입금 ₩100,000을 지급하기 위해 (주)대한으로부터 받아 보관 중인 어음을 배서양도하였다.

① (차) 외상매입금	100,000	(대) 지급어음	100,000
② (차) 외상매입금	100,000	(대) 받을어음	100,000
③ (차) 지급어음	100,000	(대) 외상매입금	100,000
④ (차) 받을어음	100,000	(대) 외상매입금	100,000

07 제조업을 영위하는 (주)상공전자의 영업이익이 증가될 수 있는 요인으로 옳은 것은?

① 매출액의 증가
② 접대비의 증가
③ 매출원가의 증가
④ 배당금수익의 증가

08 유가증권에 관한 설명으로 옳지 않은 것은?

① 단기매매 목적의 주식을 취득하였을 경우 당기손익-공정가치측정금융자산으로 처리한다.
② 유가증권은 재산권 또는 재산적 이익을 받을 자격을 나타내는 권리증권을 의미한다.
③ 지분증권은 상각후원가측정금융자산으로 처리될 수 있다.
④ 채무증권은 기타포괄손익-공정가치측정금융자산으로 처리될 수 있다.

09 다음은 선입선출법에 의해 작성된 재고장이다.

〈재고장〉

일 자	적 요	수 량	단 가
12월 1일	기 초	100개	₩210
12월 15일	매 입	100개	₩200

12월 15일 매입 시 매입운임 ₩2,000을 지급한 사실이 추가로 확인된 경우 12월 15일 매입단가는 얼마인가?

① ₩200
② ₩210
③ ₩220
④ ₩230

10 다음 자료를 참고하여 매출원가를 계산한 금액으로 옳은 것은?

기초재고	당기매입		기말재고
	현금매입	외상매입	
₩10,000	₩100,000	₩200,000	₩50,000

① ₩260,000

② ₩270,000

③ ₩280,000

④ ₩290,000

11 현금및현금성자산에 대한 설명으로 옳지 않은 것은?

① 취득 당시 만기가 3개월 이내에 도래하는 정기예금, 양도성예금증서 등을 의미한다.

② 지불수단인 유통화폐는 현금이 아닌 현금성자산으로 분류된다.

③ 타인발행수표, 자기앞수표, 우편환증서 등 통화대용증권은 현금및현금성자산에 속한다.

④ 소액 전도금은 현금및현금성자산에 포함된다.

12 재무제표 상호 관계에 대한 설명이다. (가), (나), (다)에 들어갈 내용으로 맞는 것은?

> (가) : 보고기간 종료일 현재의 재무상태를 나타내는 재무제표이다.
> (나) : 발생주의에 의해 작성된 (다)를 보완하기 위해 작성되고 현금주의에 의한 정보를 제공한다.
> (다) : 기업실체의 일정기간 동안의 경영성과를 나타내며, 기업의 미래현금흐름과 수익창출능력 등의 예측에 유용한 정보를 제공한다.

	(가)	(나)	(다)
①	재무상태표	현금흐름표	포괄손익계산서
②	포괄손익계산서	현금흐름표	재무상태표
③	재무상태표	포괄손익계산서	현금흐름표
④	현금흐름표	재무상태표	포괄손익계산서

13 다음 중 각 상황별로 사용되는 채권 및 채무 계정으로 옳지 않은 것은?

	상 황	채권 계정	채무 계정
①	사용된 계정이 확정되지 않은 경우	가지급금	예수금
②	외상으로 일반적인 상거래를 한 경우	외상매출금	외상매입금
③	차입 또는 대여한 경우	대여금	차입금
④	일반적 상거래 외의 거래에서 채권·채무가 발생한 경우	미수금	미지급금

14 다음 중 피투자회사의 경영성과에 대한 배당금수익이 발생할 수 있는 계정과목은?

① 매출채권
② 선급비용
③ 지분상품
④ 대손충당금

15 다음 거래 내용을 토대로 건물 매각 시 회계처리로 옳은 것은?

- 20X1년 1월 1일 건물을 ₩10,000,000에 매입하였다.
- 20X4년 1월 1일 건물을 ₩7,000,000에 현금 매각하였다.
- 해당 건물의 내용연수는 5년이고 잔존가치는 없으며 정액법에 따라 상각하였다.

① (차) 현 금 7,000,000 (대) 건 물 7,000,000

② (차) 현 금 7,000,000 (대) 건 물 10,000,000
　　　 유형자산처분손실 3,000,000

③ (차) 현 금 7,000,000 (대) 건 물 10,000,000
　　　 감가상각누계액 8,000,000 　　　 유형자산처분이익 5,000,000

④ (차) 현 금 7,000,000 (대) 건 물 10,000,000
　　　 감가상각누계액 6,000,000 　　　 유형자산처분이익 3,000,000

16 다음 자료를 토대로 계산한 (주)상공의 (가), (나)의 금액으로 옳은 것은?

• 20X1 회계연도 경영성과

구 분	총수익	총비용
20X1 회계연도	₩200,000	₩150,000

• 20X1 회계연도 재무상태

구 분	기 초	기 말
자 산	₩300,000	₩400,000
부 채	₩100,000	(가)
자 본	₩200,000	(나)

	(가)	(나)
①	₩300,000	₩100,000
②	₩250,000	₩150,000
③	₩200,000	₩200,000
④	₩150,000	₩250,000

17 유동부채와 비유동부채 분류로 가장 옳은 것은?

	유동부채	비유동부채
①	사 채	장기차입금
②	예수금	장기차입금
③	미지급금	외상매입금
④	선수금	미지급금

18 다음은 상공상사의 건물 임차와 관련된 거래이다. 결산 시 재무제표에 미치는 영향으로 옳은 것은?

10월 1일　건물을 2년간 임차하기로 계약하고, 임차보증금 ₩1,000,000과 임차료 12개월분 ₩240,000을 현금으로 지급하다.

① 당기순이익 ₩60,000이 증가한다.
② 임차료 선급분 ₩180,000은 유동자산으로 처리한다.
③ 임차보증금 ₩1,000,000은 비유동부채로 처리한다.
④ 당기분 포괄손익계산서에 비용으로 처리되는 금액은 ₩240,000이다.

19 다음은 계정과목에 대한 설명이다. 이에 해당하는 계정과목으로 옳지 않은 것은?

> • 물리적 실체는 없지만 식별가능하다.
> • 미래 경제적 효익이 있는 비화폐성자산이다.
> • 미래 경제적 효익에 대한 제3자의 접근에 대하여 통제력이 있다.

① 임차보증금
② 저작권
③ 산업재산권
④ 개발비

20 다음 (주)상공의 5월 매출처원장의 내용으로 옳은 것은?

A상사					
5/1	전월이월	1,100,000	5/20	당좌예금	1,500,000
5/10	매 출	2,000,000			
B상사					
5/1	전월이월	400,000	5/17	매 출	20,000
5/12	매 출	900,000			

① 5월에 외상으로 매출한 상품은 ₩4,400,000이다.
② 5월에 발생한 매출환입및에누리액은 ₩20,000이다.
③ 5월 외상매출금 잔액은 ₩1,500,000이다.
④ 5월에 회수한 외상매출금은 ₩2,880,000이다.

21 다음 거래를 분개할 경우 대변에 기입될 계정과목은?

> (주)상공로부터 상품 ₩500,000을 매입하고, 대금은 신용카드로 결제하다.

① 신용카드
② 미지급금
③ 외상매입금
④ 외상매출금

22 외부이해관계자에 대한 회계정보 제공을 주된 목적으로 하는 회계의 분류로 옳은 것은?

① 관리회계

② 원가회계

③ 재무회계

④ 세무회계

23 다음 자료와 관련하여 수익이 인식되는 시기로 옳은 것은?

> 5월 1일   상품 ₩150,000을 외상으로 매출하다.
> 5월 3일   상품 매입을 위한 계약금 ₩100,000을 수령하다.
> 5월 10일   상품 견본품을 제공하다.
> 5월 20일   상품 ₩200,000을 매입하다.

① 5월 1일

② 5월 3일

③ 5월 10일

④ 5월 20일

24 회계상 현금으로 처리하는 통화대용증권을 나열한 것으로 옳게 짝지어진 것은?

① 수입인지, 우편환증서

② 만기도래 공사채이자표, 송금수표, 타인발행수표

③ 수입인지, 송금수표, 타인발행수표

④ 선일자수표, 우편환증서

25 물가가 지속적으로 상승하는 시기에 재고자산 평가방법을 선입선출법에서 총평균법으로 변경할 경우에 대한 설명으로 옳은 것은?(단, 재고자산 청산효과가 없다고 가정함)

① 매출총이익은 증가한다.

② 매출원가는 감소한다.

③ 당기순이익은 증가한다.

④ 기말재고자산의 평가액은 감소한다.

01 회계순환과정에 관한 (가), (나), (다)에 대한 설명 중 옳은 것은?

> 거 래 – (가) – 총계정원장 – 수정전 시산표 – (나) – 수정후 시산표 – 장부마감 – (다)

① (가)는 전기가 정확한가를 검증하기 위해 작성하는 계정 집계표이다.
② (나)는 거래의 발생순서대로 기입하는 장부를 말한다.
③ (나)는 거래의 내용을 계정과목별로 구분해서 전기하여 기록할 수 있도록 하는 작업이다.
④ (다)와 관련하여 재무상태표, 포괄손익계산서, 자본변동표 등을 작성한다.

02 다음 자료를 참고하여 매출액을 구하면 얼마인가?

• 기초상품재고액	₩45,000	• 당기상품매입액	₩390,000
• 기말상품재고액	₩57,000	• 매출총이익	₩90,000

① ₩378,000
② ₩394,000
③ ₩468,000
④ ₩558,000

03 다음 거래의 분개로 옳은 것은?

> (주)상공은 외상매입금 ₩100,000을 지급하기 위해 (주)경기로부터 받아 보관 중인 어음을 배서 양도하였다.

① (차) 외상매입금 100,000 (대) 지급어음 100,000
② (차) 외상매입금 100,000 (대) 받을어음 100,000
③ (차) 지급어음 100,000 (대) 외상매입금 100,000
④ (차) 받을어음 100,000 (대) 외상매입금 100,000

04 다음 퇴직급여에 관한 내용은 어떤 사항에 대한 설명인가?

> 기업이 별개의 실체(기금)에 고정 기여금을 납부하여야 하고, 그 기금이 당기와 과거기간에 제공된 종업원근무용역과 관련된 모든 종업원급여를 지급할 수 있을 정도로 충분한 자산을 보유하지 못하더라도 기업에게 추가로 기여금을 납부해야 하는 법적의무나 의제의무가 없는 퇴직급여제도

① 해고급여
② 확정기여 퇴직급여
③ 확정급여 퇴직급여
④ 단기종업원급여

05 시장성이 있는 당기손익-공정가치측정금융자산에 관한 기말평가가 다음과 같을 때 당기순손익에 미치는 영향으로 옳은 것은?

종 목	20X1년(전기) 말 공정가액	20X2년(당기) 말 공정가액
(주)A	₩100,000	₩130,000
(주)B	₩200,000	₩180,000

① 당기손익-공정가치측정금융자산평가손익은 발생하지 않는다.
② 당기손익-공정가치측정금융자산평가이익 ₩10,000이다.
③ 당기손익-공정가치측정금융자산처분이익 ₩10,000이다.
④ 당기손익-공정가치측정금융자산평가손실 ₩10,000이다.

06 다음은 (주)상공기업이 사용 중이던 영업용 차량의 처분에 관한 자료이다. 해당 회계처리하기 위한 분개로 옳은 것은?

가. 취득원가   ₩5,000,000
나. 감가상각누계액   ₩1,500,000
다. 현금판매금액   ₩3,000,000

① (차) 현 금   3,000,000   (대) 차량운반구   3,000,000
② (차) 현 금   3,000,000   (대) 차량운반구   3,500,000
     유형자산처분손실   500,000
③ (차) 현 금   3,000,000   (대) 차량운반구   5,000,000
     유형자산처분손실   2,000,000
④ (차) 현 금   3,000,000   (대) 차량운반구   5,000,000
     감가상각누계액   1,500,000
     유형자산처분손실   500,000

07 다음 중 아래에서 설명하는 자산과 관계없는 거래는 무엇인가?

식별 가능한 비화폐성 자산으로 물리적 형체가 없지만 기업이 통제하고 있으며 장기에 걸쳐 미래에 기업에 효익을 제공하는 자산이다.

① 컴퓨터소프트웨어 ₩500,000을 현금으로 구입하다.
② 건물에 대한 임차보증금 ₩500,000을 현금으로 지급하다.
③ 신제품 개발을 위한 개발비 ₩500,000을 현금으로 지급하다.
④ 신상품에 대한 특허권 ₩500,000을 취득하고 등록비 ₩10,000과 함께 현금으로 지급하다.

08 재무제표에 대한 설명이다. (가), (나), (다)에 들어갈 내용으로 맞는 것은?

(가)는 기업실체의 특정시점의 재무상태를 나타내는 재무제표이다. (나)는 발생주의에 의해 작성된 (다)를 보완하기 위해 작성되고 현금주의에 의한 정보를 제공한다. (다)는 기업실체의 일정기간 동안의 경영성과를 나타내며, 기업의 미래현금흐름과 수익창출능력 등의 예측에 유용한 정보를 제공한다.

	(가)	(나)	(다)
①	재무상태표	현금흐름표	포괄손익계산서
②	포괄손익계산서	현금흐름표	재무상태표
③	재무상태표	포괄손익계산서	현금흐름표
④	현금흐름표	재무상태표	포괄손익계산서

09 (주)상공은 아래와 같이 (주)대한상사의 주식을 매입하고 순차적으로 매각하였다. (주)상공이 해당 주식을 당기손익–공정가치측정금융자산으로 처리할 경우 당기순손익에 미치는 영향으로 옳은 것은?

가. 주식 20주를 주당 ₩3,000에 매입
나. 주식 5주를 주당 ₩3,000에 매각
다. 주식 10주를 주당 ₩2,000에 매각
라. 주식 5주를 주당 ₩4,000에 매각

① 순손실 ₩5,000
② 순이익 ₩5,000
③ 순이익 ₩20,000
④ 순손실 ₩20,000

10 다음 자료에서 금융자산의 합계액을 계산하면 얼마인가?

• 선급금	₩3,000	• 매출채권	₩20,000
• 선급비용	₩1,000	• 현금및현금성자산	₩10,000
• 당기손익-공정가치측정금융자산	₩4,000		

① ₩14,000
② ₩23,000
③ ₩34,000
④ ₩38,000

11 다음은 상품재고장의 일부이다. 선입선출법을 적용할 경우 매출총이익은 얼마인가?

일 자	적 요	수 량	단 가
5월 1일	기 초	100개	₩500
5월 10일	매 입	100개	₩550
5월 16일	매 출	120개	₩600
5월 21일	매 입	30개	₩500

① ₩8,000
② ₩9,000
③ ₩10,000
④ ₩11,000

12 다음 중 시장성이 있는 당기손익-공정가치측정금융자산의 설명으로 옳지 않은 것은?(단, 당기손익-공정가치측정금융자산은 20X1년 12월 중에 취득하였다)

종 목	취득원가	20X1년 말 공정가치	20X2년 말 공정가치
(주)상공	₩2,000,000	₩2,500,000	₩2,200,000

① 20X1년 말 당기손익-공정가치측정금융자산평가이익은 ₩500,000이다.
② 20X2년 말 당기손익-공정가치측정금융자산평가손실은 ₩300,000이다.
③ 20X1년 말 재무상태표에 반영될 당기손익-공정가치측정금융자산의 금액은 ₩2,000,000이다.
④ 20X2년 말 재무상태표에 반영될 당기손익-공정가치측정금융자산의 금액은 ₩2,200,000이다.

13 다음 거래에 대한 오류를 수정할 경우 관련 설명으로 옳은 것은?

> • 상품 매입 후 보관 중인 어음으로 대금을 결제하다.
>   (차) 매 입   20,000   (대) 지급어음   20,000

① 부채가 증가한다.
② 자본이 감소한다.
③ 자산이 감소하게 된다.
④ 재무상태의 변동은 없다.

14 회계상 현금으로 처리하는 통화대용증권을 나열한 것으로 옳게 짝지어진 것은?

① 수입인지, 우편환증서
② 만기도래 공사채이자표, 송금수표, 타인발행수표
③ 수입인지, 송금수표, 타인발행수표
④ 약속어음, 우편환증서

15 다음은 (주)대한의 〈결산 전 잔액시산표〉와 〈결산정리사항〉의 일부이다. 이를 통해 기말에 대손충당금 설정에 따른 정리분개로 옳은 것은?

〈결산 전 잔액시산표〉

잔액시산표

현 금	182,000	외상매입금	100,000
외상매출금	150,000	미지급금	200,000
받을어음	170,000	대손충당금	2,000
비 품	100,000	자본금	300,000
	⋮		⋮
	xxx		xxx

〈결산정리사항〉
기말 매출채권 잔액에 대하여 1%의 대손을 예상하다.

① (차) 대손상각비   1,200   (대) 대손충당금   1,200
② (차) 대손충당금   1,200   (대) 대손상각비   1,200
③ (차) 대손상각비   3,200   (대) 대손충당금   3,200
④ (차) 대손충당금   3,200   (대) 대손상각비   3,200

16 수익과 비용의 대응원칙에 따라 비용을 인식하는 방법 중 인과관계에 의한 직접 대응에 해당하는 비용으로 옳은 것은?

① 임차료
② 매출원가
③ 광고선전비
④ 통신비

17 다음은 개인기업인 대한상점의 회계정보를 나타낸 것이다. (가)의 금액을 추정한 것으로 옳은 것은?

```
가. 기초 자본금            ₩1,000,000
나. 추가 출자액                ( 가 )
다. 당기 수익총액          ₩2,500,000
라. 당기 비용총액          ₩1,800,000
```

기말 재무상태표			
자 산	3,500,000	부 채	1,000,000
		자 본	2,500,000

① ₩1,000,000
② ₩800,000
③ ₩700,000
④ ₩500,000

18 상품매입 시 발생하는 인수운임을 매입자가 부담하는 경우 인수운임에 대한 매입자의 회계처리로 옳은 것은?

① 운반비로 처리한다.
② 매출액에서 차감한다.
③ 외상매입금에서 차감한다.
④ 상품의 매입원가에 포함한다.

19 다음은 자본을 분류한 것이다. (A)에 해당하는 계정과목으로 옳은 것은?

자 본	자본금
	(A)
	자본조정
	기타포괄손익누계액
	이익잉여금

① 자기주식
② 주식할인발행차금
③ 재평가잉여금
④ 주식발행초과금

20 도매업을 영위하는 (주)상공에 관한 내역이다. 당기순이익으로 옳은 것은?

• 매출액	₩5,000,000	• 이자수익	₩350,000
• 매출원가	₩2,800,000	• 통신비	₩200,000
• 임차료	₩200,000	• 종업원급여	₩1,000,000

① ₩1,150,000
② ₩1,200,000
③ ₩1,300,000
④ ₩1,400,000

21 다음 비품계정에 대한 전표처리로 타당한 것은?(단, 3전표제 사용)

비 품

4/20 현 금	100,000	

① 입금전표 : 비품 100,000
② 대체전표 : (차) 비품 100,000 (대) 미지급금 100,000
③ 출금전표 : 비품 100,000
④ 매입전표 : (차) 비품 100,000 (대) 현금 100,000

22 포괄손익계산서(기능별)의 영업이익에 영향을 미치지 않는 거래는?

① 구입한 소모품에 대한 당기 사용분을 회계처리하다.
② 종업원급여 중 소득세 등을 제외하고 현금으로 지급하다.
③ 차량운반구에 대한 감가상각비를 반영하다.
④ 단기차입금에 대한 이자 ₩5,000을 보통예금에서 지급하다.

23 액면가 ₩500인 주식 100주를 주당 ₩800에 발행한 경우 관련 설명으로 옳은 것은?

① 자본금이 증가한다.
② 자본잉여금이 감소한다.
③ 부채가 증가한다.
④ 이익잉여금이 증가한다.

24 현금및현금성자산에 포함되지 않는 것은?

① 취득 당시 만기가 3개월 이내인 받을어음
② 취득 당시 상환일까지의 기간이 3개월 이내인 상환우선주
③ 가입 당시 3개월 이내 만기되는 정기예금
④ 취득 당시 만기가 3개월 이내인 양도성예금증서

25 다음은 급여지급에 관한 거래이다. 분개로 옳은 것은?

> 2월 종업원 급여 ₩2,000,000 중에서 소득세 ₩20,000, 건강보험료 ₩50,000, 국민연금 ₩30,000을 차감하고 보통예금 계좌에서 이체하다.

	(차변)		(대변)	
①	종업원급여	1,900,000	보통예금	1,900,000
②	종업원급여	1,900,000	보통예금	1,800,000
			세금과공과	100,000
③	종업원급여	2,000,000	예수금	100,000
			보통예금	1,900,000
④	종업원급여	2,000,000	소득세	50,000
			보험료	50,000
			보통예금	1,900,000

01 결산 시 임차료 미지급분 ₩40,000에 대한 회계처리를 누락하였다. 이를 정상적으로 반영하였을 경우 자산, 부채, 자본에 변화로 옳은 것은?

① 부채의 증가
② 자산의 감소
③ 자산의 증가
④ 부채의 감소

02 다음이 설명하는 자산과 가장 관련이 깊은 것은?

> 계약상 권리 또는 기타 법적 권리로부터 발생한 비화폐성 자산으로 물리적 실체는 없지만 미래의 경제적 효익을 갖으며, 기초가 되는 자원에서 유입되는 미래 경제적 효익을 확보할 수 있고 그 효익에 대한 제3자의 접근을 제한 및 통제할 수 있다.

① 사무실 임차보증금
② 자산 취득에 따른 부대비용
③ 대여금 지급(3년 만기)
④ 신상품 개발을 위한 특허권 취득

03 주식회사의 자본잉여금 항목으로 표시하는 계정과목이 아닌 것은?

① 자기주식처분이익
② 주식발행초과금
③ 이익준비금
④ 감자차익

04 개인기업의 자본에 관한 설명으로 옳지 않은 것은?

① 개인기업의 자본은 고정되어 있지 않다.

② 잔액은 항상 대변에 생긴다.

③ 원시출자, 추가출자를 포함하나, 당기순이익과 당기순손실은 포함하지 않는다.

④ 인출금은 자본을 감소시킨다.

05 다음 자료를 참고하여 매출원가를 구하면 얼마인가?

기초재고	₩10,000
당기매입	₩100,000 (현금매입)
	₩200,000 (외상매입)
기말재고	₩50,000

① ₩260,000

② ₩270,000

③ ₩280,000

④ ₩290,000

06 유동성배열법에 따른 자산계정의 분류와 그 계정과목이 바르게 짝지어진 것은?

분 류	계정과목
당좌자산	현금및현금성자산
	(가)
재고자산	(나)
유형자산	(다)
무형자산	(라)

	(가)	(나)	(다)	(라)
①	상 품	매출채권	차량운반구	산업재산권
②	매출채권	상 품	차량운반구	산업재산권
③	차량운반구	매출채권	산업재산권	상 품
④	산업재산권	상 품	매출채권	차량운반구

07 (주)국민의 7월 중 상품 매매에 관련된 자료이다. 선입선출법에 의한 7월 말의 기말재고액으로 옳은 것은?

일 자	적 요	수 량	단 가
7월 1일	기초재고	100개	@₩100
7월 20일	매 입	100개	@₩120
7월 25일	매 출	50개	

① ₩14,000   ② ₩15,000

③ ₩16,000   ④ ₩17,000

08 피투자회사의 경영성과에 대한 배당금수익이 발생한 것으로 옳은 것은?

① 매출채권   ② 선급비용

③ 지분상품   ④ 대손충당금

09 (주)상공이 종업원급여 ₩1,000,000 중 종업원이 부담할 소득세 ₩30,000을 공제하고 현금으로 지급한 경우 대변 계정과목으로 옳은 것은?

① 급여   ② 미지급금, 현금

③ 소득세, 현금   ④ 예수금, 현금

10 다음 중 외상매출금 계정에 관한 설명으로 옳지 않은 것은?(단, 매출은 전액 외상매출이다)

외상매출금

기 초	250,000	매 출	30,000
매 출	500,000	현 금	300,000
		대손충당금	100,000

① 총매출액은 ₩500,000이다.

② 대손충당금 설정액은 ₩100,000이다.

③ 매출환입 ₩30,000이 발생되었다.

④ 현금 회수분은 ₩300,000이다.

11 다음 (가)와 (나)의 거래 내용을 분개했을 때 차변 계정과목이 재무상태표에 보고되는 계정으로 옳은 것은?

> (가) 현금 ₩100,000을 보통예금에서 인출하다.
> (나) 현금 ₩500,000을 60일 만기 정기예금에 예입하다.

① 기타채권
② 매출채권
③ 장기금융상품
④ 현금및현금성자산

12 회계순환과정에 관한 (가), (나), (다)에 대한 설명 중 옳은 것은?

> 거 래 – (가) – 총계정원장 – 수정전 시산표 – (나) – 수정후 시산표 – 장부마감 – (다)

① (가)는 전기가 정확한가를 검증하기 위해 작성하는 계정 집계표이다.
② (나)는 거래의 발생순서대로 기입하는 장부를 말한다.
③ (나)는 거래의 내용을 계정과목별로 구분해서 전기하여 기록할 수 있도록 하는 작업이다.
④ (다)와 관련하여 재무상태표, 포괄손익계산서, 자본변동표 등을 작성한다.

13 자산 취득 시 부대비용을 당기 비용으로 처리하는 것은?
① 당기손익–공정가치측정금융자산
② 기계장치
③ 컴퓨터프로그램
④ 기타포괄손익–공정가치측정금융자산

14 다음은 (주)상공기업이 사용 중이던 영업용 화물차량의 처분과 관련된 자료이다. 아래 거래에 관련된 회계처리 시 차변의 계정과목으로 옳은 것은?

가. 취득원가	₩5,000,000
나. 감가상각누계액	₩3,000,000
다. 판매금액(1개월 후에 받기로 함)	₩1,500,000

① 미수금
② 선수금
③ 선급금
④ 외상매출금

15 다음 포괄손익계산서(기능별) 자료를 이용하여 계산한 영업이익은 얼마인가?

• 매출총이익	₩800,000	• 물류원가	₩150,000
• 기타수익	₩70,000	• 관리비	₩90,000
• 금융수익	₩10,000	• 기타비용	₩40,000

① ₩520,000
② ₩560,000
③ ₩590,000
④ ₩600,000

16 다음 자료를 이용하여 당기순이익을 계산하면 얼마인가?(단, 법인세비용은 고려하지 않는다)

가. 총수익	₩3,000,000
나. 총비용	₩1,000,000
다. 기타포괄이익	₩80,000

① ₩2,000,000
② ₩2,080,000
③ ₩1,920,000
④ ₩1,900,000

17 다음 자료를 참고하여 당기 순매입액은 얼마인가?

• 기초매입액	₩100,000	• 당기매입액	₩500,000
• 매입에누리	₩40,000	• 매출에누리	₩30,000
• 매입할인	₩20,000	• 매출할인	₩10,000

① ₩420,000
② ₩430,000
③ ₩440,000
④ ₩450,000

18 다음 각 상황에 따른 대변의 회계처리로 옳은 것은?

가. 배당금을 현금으로 수령하다.
나. 사채를 구입하여 이자를 현금으로 지급받다.

	가	나
①	배당금수익	이자비용
②	배당수수료	이자수익
③	배당금수익	이자수익
④	배당수수료	이자비용

19 기능별 포괄손익계산서의 판매비와관리비에 해당하지 않는 것은?

① 감가상각비
② 이자비용
③ 대손상각비
④ 종업원급여

20 결산 시 업무용 건물에 대한 임차료 미지급분 ₩60,000에 대한 결산정리분개로 옳은 것은?

① (차) 미지급비용   60,000   (대) 임차료   60,000
② (차) 임차료   60,000   (대) 미지급비용   60,000
③ (차) 임차료   60,000   (대) 선급비용   60,000
④ (차) 선급비용   60,000   (대) 임차료   60,000

21 다음 (주)상공의 잔액시산표 내용 중 금융자산의 합계금액은 얼마인가?

잔액시산표

(주)상공	20X1년 12월 31일	(단위 : 원)
차 변	계정과목	대 변
150,000	현금및현금성자산	
30,000	선급금	
260,000	매출채권	
180,000	상 품	
	매입채무	130,000
	선수금	10,000
⋮	⋮	⋮

① ₩370,000
② ₩410,000
③ ₩440,000
④ ₩580,000

22 다음 중 포괄손익계산서상 영업이익을 증가시키는 거래로 옳은 것은?

① 기부금 납부
② 매출원가 증가
③ 매출액 증가
④ 외상매출금의 대손처리

23 유형자산의 취득 이후 발생한 지출 중 해당 자산을 증가시키는 것은?

> 가. 건물의 외벽 도색   나. 건물 증축
> 다. 파손된 유리 교체   라. 건물의 냉난방기 설치

① 가, 나
② 다, 라
③ 가, 다
④ 나, 라

24 재무상태표에 관한 설명으로 옳지 않은 것은?

① 기업이 일정시점 현재에 보유하고 있는 경제적 자원인 자산, 경제적 의무인 부채 그리고 자본에 대한 정보를 제공한다.
② 자본은 자본금, 자본잉여금, 자본조정, 기타포괄손익누계액 및 이익잉여금(또는 결손금)으로 구분한다.
③ 부채는 유동부채와 비유동부채로 분류한다.
④ 유동자산은 당좌자산, 투자자산을 포함하고, 비유동자산은 재고자산, 유형자산, 무형자산, 기타비유동자산을 포함한다.

25 다음 거래 내용을 회계처리 시 옳은 것은?

> (주)상공은 (주)서울에서 상품을 매입하고 대금 ₩3,000,000 중 ₩1,000,000은 당좌수표를 발행하여 지급하고 잔액은 외상으로 하다. 그리고 (주)서울이 부담할 운임 ₩10,000은 (주)상공이 현금으로 대신 지급하다.

① 외상매입 대금은 ₩2,010,000이다.
② 인수운임은 운반비계정으로 처리한다.
③ 상품의 매입원가는 ₩3,000,000이다.
④ 보통예금계정 ₩1,000,000이 감소한다.

01 다음은 (주)상공의 잘못 기입한 이월시산표이다. 이월시산표를 수정한 후 이에 대한 설명으로 옳은 것은?

이월시산표

(주)상공		20X1년 12월 31일	(단위 : 원)
차 변	원 면	계정과목	대 변
300,000		현 금	
		상 품	250,000
100,000		받을어음	
80,000	생 략	외상매출금	
		지급어음	350,000
200,000		미지급금	
		자본금	180,000
680,000			780,000

① 매출채권은 ₩350,000이다.

② 당기순이익은 ₩180,000이다.

③ 기말자산 총액은 ₩680,000이다.

④ 기말재고자산은 ₩250,000이다.

02 다음은 (주)상공의 7월 중 상품재고장과 매출거래를 나타낸 것이다. 이에 대한 설명으로 옳은 것은?

상품재고장

(주)상공　　　　　　　　　　　　　　품명 : 갑상품　　　　　　　　　　　　　（단위 : 원）

20X1		적요	인 수			인 도			잔 액		
			수량	단가	금액	수량	단가	금액	수량	단가	금액
7	1	전월 이월	50	600	30,000				50	600	30,000
	10	매입	30	700	21,000				50 30	600 700	30,000 21,000
	24	매출				50 20	600 700	30,000 14,000	10	700	7,000
	31	차월 이월				10	700	7,000			
			80		51,000	80		51,000			
8	1	전월 이월	10	700	7,000				10	700	7,000

※ 7월 24일 거래는 매출거래처 (주)수원에 갑상품 70개(@900)를 판매한 것이다.

① 7월 중 갑상품의 매출원가는 ₩51,000이다.

② 7월 중 갑상품의 매출총이익은 ₩19,000이다.

③ 이동평균법으로 인도단가를 결정하여 기입한 것이다.

④ 7월 24일 매출을 후입선출법으로 기입할 경우 매출원가는 더 적어진다.

03 다음 주 당기순손익에 영향을 주는 거래로 옳은 것은?

① 외상매출금을 어음으로 수령하다.

② 임대료를 현금으로 받다.

③ 보통예금을 현금으로 인출하다.

④ 상품을 외상으로 매입하다.

04 다음 각 상황에 따른 대변의 회계처리로 옳은 것은?

> 가. 배당금을 현금으로 수령하다.
> 나. 사채를 구입하여 이자를 현금으로 지급받다.

	가	나
①	배당금수익	이자비용
②	배당수수료	이자수익
③	배당금수익	이자수익
④	배당수수료	이자비용

05 소모품 ₩100,000을 구입하면서 ₩70,000은 수표를 발행하고, 나머지 잔액은 1개월 후에 지급하기로 하였다. 관련된 내용에 대한 대변 회계처리로 타당한 것은?

① 당좌예금, 미지급금
② 당좌예금, 단기차입금
③ 보통예금, 미지급금
④ 보통예금, 단기차입금

06 다음 중 포괄손익계산서(기능별)의 구성항목 중 매출원가의 증가로 인하여 변동될 수 있는 내용으로 옳은 것은?(단, 다른 항목은 변동이 없는 것으로 가정함)

① 매출총이익의 증가
② 영업이익의 감소
③ 당기순이익의 증가
④ 물류원가의 증가

07 (주)상공은 상품 ₩1,500,000을 (주)대한에 판매하였고, 이에 대한 대금결제로 약속어음을 받았다. 이를 추심하여 당좌예금 계좌에 입금한 경우 관련 회계처리로 옳은 것은?

① (차) 당좌예금   1,500,000   (대) 받을어음   1,500,000
② (차) 당좌예금   1,500,000   (대) 미수금   1,500,000
③ (차) 외상매출금   1,500,000   (대) 받을어음   1,500,000
④ (차) 외상매출금   1,500,000   (대) 미수금   1,500,000

08 다음은 어떤 자산에 대한 설명이다. 이와 관련하여 옳게 짝지어진 것은?

> • 식별 가능한 비화폐성 자산으로 물리적 형체가 없지만 기업이 통제하고 있으며 장기에 걸쳐 미래 기업에 효익을 제공하는 자산이다.
> • 해당 자산 : ㄱ. 영업권, ㄴ. 저작권, ㄷ. 창업비, ㄹ. 교육훈련비

① ㄱ, ㄴ   ② ㄷ, ㄹ
③ ㄱ, ㄷ   ④ ㄴ, ㄹ

09 포괄손익계산서에 관한 설명으로 옳지 않은 것은?

① 수익은 매출액과 기타수익 및 금융수익을 구분 표시한다.
② 기능별로 분류를 할 경우 매출원가를 다른 비용과 분리한다.
③ 금융비용은 기업이 재무활동을 수행함에 따라 발생하는 비용을 말한다.
④ 수익과 비용은 직접 상계하여 표시한다.

10 다음의 자료에서 갑상품의 7월 29일의 매출원가를 구하면 얼마인가?(단, 상품재고장의 작성방법은 선입선출법에 의한다)

7월	1일	전기이월	100개	@150	₩15,000
	13일	매 입	100개	@200	₩20,000
	26일	매 입	200개	@250	₩50,000
	29일	매 출	100개	@400	₩40,000

① ₩15,000   ② ₩20,000
③ ₩25,000   ④ ₩40,000

11 당기손익-공정가치측정금융자산 주식 500주(액면가 @₩500)를 주당 @₩800에 취득하였다. 취득과 직접 관련된 비용이 ₩1,000이 발생되었다. 취득원가를 얼마인가?

① ₩250,000

② ₩251,000

③ ₩400,000

④ ₩401,000

12 포괄손익계산서(기능별)에서 영업외비용에 속하는 것은?

① 감가상각비

② 이자비용

③ 대손상각비

④ 종업원급여

13 비유동자산에 해당하지 않는 계정과목은?

① 건설중인자산

② 차량운반구

③ 제 품

④ 건 물

14 정기예금이 만기되어 원금 ₩1,000,000과 이자 ₩50,000을 현금 수령하였다. 이 중 ₩700,000을 보통예금에 예입하였다. 관련 회계처리로 옳은 것은?

① 대변에 정기예금 ₩1,000,000을 기입한다.

② 차변에 이자수익 ₩50,000을 반영한다.

③ 대변에 보통예금 ₩700,000으로 회계처리한다.

④ 차변에 현금 ₩1,050,000을 기입한다.

15 자본조정에 속하지 않은 것은?

① 미교부주식배당금

② 감자차손

③ 자기주식처분손실

④ 주식발행초과금

16 물가가 지속적으로 상승하고 재고자산에 대한 청산효과가 없는 경우, 매출원가의 크기로 옳은 것은?

① 후입선출법 > 선입선출법 > 평균법
② 선입선출법 > 평균법 > 후입선출법
③ 평균법 > 후입선출법 > 선입선출법
④ 후입선출법 > 평균법 > 선입선출법

17 상품을 ₩300,000 매입하였다. 이전에 선지급된 ₩30,000을 차감한 나머지 금액은 외상으로 하였다. 재고실사법에 따라 회계처리할 경우 올바른 것은?

①	(차) 상 품	300,000	(대) 외상매입금	300,000		
②	(차) 매 입	300,000	(대) 선급금	30,000		
			외상매입금	270,000		
③	(차) 매 입	300,000	(대) 외상매입금	300,000		
④	(차) 상 품	300,000	(대) 선급금	30,000		
			외상매입금	270,000		

18 (주)상공은 (주)대한에 상품 ₩2,700,000을 외상으로 매출하고 (주)상공이 부담할 운반비 ₩30,000은 현금으로 지급하였다. 재고실사법으로 적용할 경우 회계처리로 옳은 것은?

①	(차) 외상매출금	2,730,000	(대) 상 품	2,700,000	
			현 금	30,000	
②	(차) 외상매출금	2,700,000	(대) 상 품	2,700,000	
	운반비	30,000	현 금	30,000	
③	(차) 외상매출금	2,700,000	(대) 매 출	2,700,000	
	운반비	30,000	현 금	30,000	
④	(차) 외상매출금	2,730,000	(대) 매 출	2,700,000	
			현 금	30,000	

19 다음 내용에 따른 각 회계처리로 옳은 것은?

> ㄱ. (주)상공은 (주)대한에 ₩2,000,000을 대여해 주다(만기 1년).
> ㄴ. (주)대한은 이자지급일에 ₩50,000을 지급하다.
> ㄷ. (주)대한은 만기가 도래하여 원금과 이자 ₩2,050,000을 모두 현금으로 지급하다.

① ㄱ은 손익거래이다.
② ㄴ은 교환거래에 해당한다.
③ ㄷ은 혼합거래에 속한다.
④ ㄴ과 ㄷ은 혼합거래이다.

20 재고자산에 관한 설명으로 옳지 않은 것은?

① 상품매입 과정에서 지출되는 부대비용은 판매비와관리비로 처리한다.
② 기업이 정상적인 영업활동 과정에서 판매를 목적으로 구입한 물품을 말한다.
③ 재고자산은 감가상각을 하지 않는다.
④ 판매되지 않은 위탁품은 기말재고자산에 포함하여야 한다.

21 시산표를 작성하는 이유로 가장 타당한 것은?

① 잔액시산표의 작성을 통해 정확한 당기순이익을 산출하기 위함이다.
② 회계상 거래가 분개장에 정확히 분개되었는가를 확인하기 위함이다.
③ 분개장으로부터 총계정원장의 각 계정으로 정확하게 전기되었는지를 파악하기 위함이다.
④ 거래의 이중성에 의해 분개장의 기록이 정확한지를 파악하기 위함이다.

22 부채에 관한 설명으로 옳지 않은 것은?

① 부채는 과거사건의 결과로 존재하는 현재의무이다.
② 부채에서 의무는 경제적 자원을 이전하는 것이다.
③ 부채에서 의무는 기업에게 있다.
④ 부채 발생 시 채권자가 확정되어야 한다.

23 당기손익–공정가치측정금융자산을 ₩2,000,000에 취득하였다. 기말에 해당 자산의 공정가치가 ₩2,500,000일 경우 다음 설명 중 옳은 것은?

① 기말 재무상태표에 당기손익–공정가치측정금융자산은 ₩2,000,000으로 표시된다.

② 평가손익은 당기손익으로 인식하지 않고 처분 시 인식한다.

③ 당기손익–공정가치측정금융자산에 대한 평가이익은 기타포괄손익에 반영한다.

④ 당기손익–공정가치측정금융자산에 대한 평가이익은 ₩500,000이다.

24 건물 취득 이후 지출된 다음 내용 중 해당 자산을 증가시키는 것은?

> ㄱ. 건물의 외벽 도색   ㄴ. 건물 증축
> ㄴ. 파손된 유리 교체   ㄹ. 건물의 냉난방기 설치

① ㄱ, ㄴ
② ㄷ, ㄹ
③ ㄱ, ㄷ
④ ㄴ, ㄹ

25 자본금에 영향을 미치지 아니하는 거래는 다음 중 어느 것인가?

① 배당금 현금 지급
② 유상감자
③ 유상증자
④ 무상증자

07 기출문제

응시시간 40분

01 회계상 현금으로 처리하는 통화대용증권을 나열한 것으로 옳게 짝지어진 것은?

① 만기도래 공사채이자표, 송금수표, 타인발행수표
② 수입인지, 우편환증서
③ 환어음, 송금수표, 타인발행수표
④ 약속어음, 우편환증서

02 다음 중 특정 수익과 비용으로 대응되는 것으로 옳은 것은?

① 광고선전비
② 임차료
③ 매출원가
④ 감가상각비

03 시장성이 있는 당기손익-공정가치측정금융자산에 관한 설명으로 옳지 않은 것은?

종 목	취득원가	20X1년 말 공정가치	20X2년 말 공정가치
(주)상공	₩2,000,000	₩2,500,000	₩2,200,000

① 20X1년 말 당기손익-공정가치측정금융자산평가이익은 ₩500,000이다.
② 20X2년 말 당기손익-공정가치측정금융자산평가손실은 ₩300,000이다.
③ 20X1년 말 재무상태표에 반영될 당기손익-공정가치측정금융자산의 금액은 ₩2,000,000이다.
④ 20X2년 말 재무상태표에 반영될 당기손익-공정가치측정금융자산의 금액은 ₩2,200,000이다.

04 (주)상공은 3전표제를 채택하고 있으며, 전표를 해당 계정에 직접 전기할 경우, 다음 계정에 기입된 전표로 옳은 것은?

현 금		
3/5	보통예금	100,000

비 품		
4/20	현 금	50,000

	3월 5일	4월 20일
①	출금전표	입금전표
②	출금전표	출금전표
③	입금전표	출금전표
④	대체전표	출금전표

05 선입선출법을 적용할 경우 매출총이익은 얼마인가?

일 자	적 요	수 량	단 가
7월 5일	전월이월	100개	₩500
7월 10일	상품매입	100개	₩550
7월 16일	상품판매	120개	₩1,500
7월 21일	상품매입	30개	₩520

① ₩108,000   ② ₩109,000

③ ₩115,000   ④ ₩119,000

06 다음 거래에 대한 오류를 수정할 경우 관련 설명으로 옳은 것은?

- 상품 매입 후 보관 중인 어음으로 대금을 결제하다.
  (차) 매 입   20,000   (대) 지급어음   20,000

① 부채가 증가한다.   ② 현금성자산이 감소한다.

③ 자산이 감소하게 된다.   ④ 자산은 변동없다.

07 도매업을 영위하는 (주)상공에 관한 내역이다. 당기순이익으로 옳은 것은?

• 매출액	₩1,500,000	• 이자수익	₩100,000
• 매출원가	₩800,000	• 이자비용	₩100,000
• 임차료	₩200,000	• 종업원급여	₩300,000

① ₩100,000   ② ₩200,000

③ ₩300,000   ④ ₩400,000

08 다음 자료를 참고하여 당기매출액을 구하면 얼마인가?

• 기초상품재고	₩200,000	• 당기매입액	₩700,000
• 기말상품재고	₩300,000	• 매출총이익	₩400,000

① ₩700,000   ② ₩800,000

③ ₩900,000   ④ ₩1,000,000

09 보관어음을 상품 매입 시 대금 결제로 지급할 경우 분개로 옳은 것은?

① (차) 상 품   (대) 지급어음
② (차) 상 품   (대) 미지급금
③ (차) 상 품   (대) 미수금
④ (차) 상 품   (대) 받을어음

10 당기손익-공정가치측정금융자산에 관한 기말 평가가 다음과 같을 때 당기순손익에 미치는 영향으로 옳은 것은?

구 분	20X1년	20X2년
(주)A	₩100,000	₩130,000
(주)B	₩200,000	₩180,000

① 당기손익-공정가치측정금융자산평가손익은 발생하지 않는다.
② 당기손익-공정가치측정금융자산평가이익 ₩10,000이다.
③ 당기손익-공정가치측정금융자산처분이익 ₩10,000이다.
④ 당기손익-공정가치측정금융자산평가손실 ₩10,000이다.

11 재무제표 특성에 관한 설명이다. (가), (나), (다)에 들어갈 내용으로 맞는 것은?

> (가)는 기업실체의 특정시점에서의 재무상태를 나타내는 재무제표이다. (나)는 발생주의에 의해 작성된 (다)를 보완하기 위해 작성되고 현금주의에 의한 정보를 제공한다. (다)는 기업실체의 일정기간 동안의 경영성과를 나타내며, 기업의 미래현금흐름과 수익창출능력 등의 예측에 유용한 정보를 제공한다.

	(가)	(나)	(다)
①	재무상태표	현금흐름표	포괄손익계산서
②	포괄손익계산서	현금흐름표	재무상태표
③	재무상태표	포괄손익계산서	현금흐름표
④	현금흐름표	재무상태표	포괄손익계산서

12 다음 설명과 관련 있는 항목은?

> 비화폐성 자산으로 당해 자산이 계약상 권리 또는 기타 법적 권리로부터 발생한다. 또한 그 효익에 대한 제3자의 접근을 제한 및 통제할 수 있으며, 미래의 경제적 효익을 갖는다.

① 일상적인 수선을 위한 지출
② 자산 취득에 따른 부대비용
③ 소모품 구입 후 비용처리
④ 신상품 개발을 위한 특허권 취득

13 재고자산에 관한 설명으로 옳은 것은?

① 상품 매입 시 반품으로 처리되는 부분은 매입할인 계정과목을 사용한다.
② 상품 매입 시 운임에 대해서는 상품 계정에 포함한다.
③ 선입선출법에 의할 경우 기말재고자산은 현행원가 근사치로 반영되지 않는다.
④ 수입관세와 제세금은 매입원가를 결정할 때 차감한다.

14 포괄손익계산서의 영업이익에 영향을 미치지 않는 거래는?

① 구입한 소모품에 대한 당기 사용분을 회계처리하다.

② 종업원급여 중 소득세 등을 제외하고 현금으로 지급하다.

③ 차량운반구에 대한 감가상각비를 반영하다.

④ 단기차입금에 대한 이자 ₩5,000을 보통예금에서 지급하다.

15 회계순환과정에 관한 (가), (나), (다)에 대한 설명 중 옳은 것은?

> 거 래 − (가) − 총계정원장 − (나) − 결산정리분개 및 기입 − 장부마감 − (다)

① (가)는 거래의 발생순서대로 기입하는 장부이다.

② (가)는 거래의 내용을 계정과목별로 구분해서 전기하여 기록할 수 있도록 설정되어 있는 장부이다.

③ (나)에서 기업 실체의 일정시점에 재무상태를 나타내는 회계보고서를 작성한다.

④ (다)는 분개장에서 총계정원장으로 전기가 정확한가를 검증하기 위해 작성하는 계정 집계표이다.

16 이번 달 종업원 급여 ₩2,000,000을 지급하면서 소득세 ₩200,000을 차감한 잔액을 보통예금으로 지급하다. 이 거래에 대한 분개로 옳은 것은?

①	(차) 보통예금	1,800,000	(대) 종업원급여		1,800,000
②	(차) 종업원급여	2,200,000	(대) 예수금		200,000
			보통예금		2,000,000
③	(차) 종업원급여	2,000,000	(대) 보통예금		2,000,000
④	(차) 종업원급여	2,000,000	(대) 예수금		200,000
			보통예금		1,800,000

17 다음은 자본을 분류한 것이다. (가)에 해당하는 계정과목으로 옳은 것은?

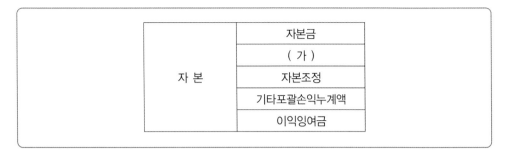

자 본	자본금
	(가)
	자본조정
	기타포괄손익누계액
	이익잉여금

① 자기주식
② 주식할인발행차금
③ 재평가잉여금
④ 주식발행초과금

18 액면가 ₩500인 주식 100주를 주당 ₩800에 발행한 경우 관련 설명으로 옳은 것은?

① 자본금이 감소한다.
② 자본잉여금이 증가한다.
③ 부채가 증가한다.
④ 자산이 감소한다.

19 피투자회사의 경영성과에 대한 배당금수익이 발생한 것으로 옳은 것은?

① 지분상품
② 선급비용
③ 매출채권
④ 대손충당금

20 다음 퇴직급여에 관한 내용은 어떤 사항에 대한 설명인가?

기업이 부담할 기여금 수준을 사전에 합의하고 자산운용실적에 따라 퇴직급여 수준이 변동된다.

① 해고급여
② 확정급여형 퇴직급여
③ 확정기여형 퇴직급여
④ 명예퇴직급여

21 다음 자료를 참고하여 기말부채를 구하면 얼마인가?

[기 초]
- 자 산   ₩100,000
- 부 채   ₩20,000
- 자 본   ₩80,000
- 당기비용 ₩150,000
- 당기수익 ₩200,000

[기 말]
- 자 산   ₩400,000
- 부 채   (   )
- 자 본   (   )

① ₩250,000
② ₩260,000
③ ₩270,000
④ ₩280,000

22 다음은 개인기업인 대한상점의 회계정보를 나타낸 것이다. (가)의 금액을 추정한 것으로 옳은 것은?

가. 기초 자본금   ₩1,000,000
나. 추가 출자액   ₩800,000
다. 당기 수익총액   ₩2,500,000
라. 당기 비용총액   (가)

기말 재무상태표

자 산	3,500,000	부 채	1,000,000
		자 본	2,500,000

① ₩1,500,000
② ₩1,700,000
③ ₩1,800,000
④ ₩1,900,000

23 다음은 (주)상공기업이 사용 중이던 영업용 차량의 처분과 관련된 자료이다. 아래 거래에 관련된 회계처리로 옳은 것은?

가. 취득원가	₩5,000,000
나. 감가상각누계액	₩1,500,000
다. 현금판매금액	₩3,000,000

① (차) 현 금   3,000,000   (대) 차량운반구   3,000,000

② (차) 현 금   3,000,000   (대) 차량운반구   3,500,000
      유형자산처분손실   500,000

③ (차) 현 금   3,000,000   (대) 차량운반구   5,000,000
      유형자산처분손실   2,000,000

④ (차) 현 금   3,000,000   (대) 차량운반구   5,000,000
      감가상각누계액   1,500,000
      유형자산처분손실   500,000

24 12월 31일이 결산일인 (주)상공은 20X1년 중에 단기시세차익을 목적으로 A회사 주식을 ₩500,000에 취득한 후 당기손익-공정가치측정금융자산으로 분류하였다. 20X1년 말 현재 A회사 주식의 시가는 ₩450,000이었다. (주)상공은 20X2년 중에 A회사 주식 전부를 ₩480,000에 매각처분하였다. (주)상공이 20X2년도 포괄손익계산서에 인식해야 할 A회사 주식에 대한 처분손익은 얼마인가?

① 처분이익 ₩30,000

② 처분이익 ₩50,000

③ 처분손실 ₩30,000

④ 처분손실 ₩50,000

25 현금및현금성자산에 포함되지 않는 것은?

① 취득 당시 만기가 3개월 이내인 받을어음

② 취득 당시 상환일까지의 기간이 3개월 이내인 상환주

③ 가입 당시 3개월 이내 만기되는 정기예금

④ 취득 당시 만기가 3개월 이내인 양도성예금증서

01 다음 중 계정의 기입 방법에 대한 설명으로 옳은 것은?

① 자산계정은 증가를 차변에, 감소를 대변에 기입하며, 잔액은 대변에 남는다.
② 부채계정은 증가를 대변에, 감소를 차변에 기입하며, 잔액은 차변에 남는다.
③ 자본계정은 증가를 대변에, 감소를 차변에 기입하며, 잔액은 차변에 남는다.
④ 수익계정은 발생을 대변에, 소멸을 차변에 기입하며, 잔액은 대변에 남는다.

02 외상매출금에 대한 대손충당금이 ₩500,000이다. 이 중 ₩300,000 대손이 발생할 경우 이에 관한 설명으로 옳은 것은?

① 대손상각비 ₩300,000을 계상한다.
② 대손충당금의 잔액은 변동없다.
③ 위 거래 발생 시 대변의 계정과목은 대손충당금으로 한다.
④ 자산 총액의 변동은 없다.

03 한국채택국제회계기준(K-IFRS)의 재무제표에 해당하지 않는 것은?

① 재무상태표
② 포괄손익계산서
③ 현금흐름표
④ 이익잉여금처분계산서

04 피투자회사의 경영성과에 대한 배당금수익이 발생한 것으로 옳은 것은?

① 지분상품
② 선급비용
③ 매출채권
④ 대손충당금

05 다음 거래를 분개한 것으로 옳은 것은?

> 당좌차월 잔액이 ₩500,000 있는 상황에서 소유하고 있던 자기앞수표 ₩200,000을 당좌예입하다.

① (차) 당좌예금   200,000   (대) 현 금   200,000
② (차) 단기차입금   200,000   (대) 현 금   200,000
③ (차) 단기차입금   200,000   (대) 당좌예금   200,000
④ (차) 당좌예금   200,000   (대) 단기차입금 200,000

06 포괄손익계산서의 판매비와관리비에 해당하는 것은?

① 통신비, 대손상각비, 임차료
② 이자비용
③ 개발비
④ 기부금

07 다음 자료는 개인기업 상공에 관한 자료이다. 기초자본을 계산한 금액으로 옳은 것은?

• 기말자산	₩1,000,000	• 기말부채	₩400,000
• 매출총이익	₩500,000	• 이자수익	₩100,000
• 종업원급여	₩400,000		

① ₩420,000
② ₩410,000
③ ₩400,000
④ ₩400,000

08 (주)상공은 아래와 같이 (주)대한상사의 주식을 매입하고 순차적으로 매각하였다. (주)상공이 해당 주식을 당기손익–공정가치측정금융자산으로 처리할 경우, 당기순손익에 미치는 영향으로 옳은 것은?

> 가. 주식 20주를 주당 ₩3,000에 매입
> 나. 주식 5주를 주당 ₩3,000에 매각
> 다. 주식 10주를 주당 ₩2,000에 매각
> 라. 주식 5주를 주당 ₩4,000에 매각

① 순손실 ₩5,000
② 순이익 ₩5,000
③ 순이익 ₩20,000
④ 순손실 ₩20,000

09 다음은 개인기업인 상공상점에 관한 사항이다. 기말자본을 계산한 금액으로 옳은 것은?

• 기초자본	₩500,000	• 인출금	₩100,000
• 추가출자	₩200,000	• 당기순이익	₩300,000

① ₩600,000
② ₩700,000
③ ₩800,000
④ ₩900,000

10 다음 제시된 이월시산표에 관한 설명으로 옳은 것은?

이월시산표

(주)상공	20X1년 12월 31일	(단위 : 원)
차 변	계정과목	대 변
40,000	미수수익	
100,000	외상매출금	
	대손충당금	1,000
250,000	이월상품	
⋮	⋮	⋮
	자본금	750,000

① 포괄손익계산서상 수익은 ₩40,000으로 확정된다.
② 기초재고자산은 ₩250,000이다.
③ 외상매출금에 대해 1% 대손이 발생하다.
④ 기말자본금은 ₩750,000이다.

11 다음 중 기능별 포괄손익계산서 작성에 관한 설명으로 옳지 않은 것은?

① 당기 매출액에서 매출원가를 차감하여 매출총손익을 표시한다.

② 당기 매출액은 총매출액에서 매출환입 및 에누리, 매출할인 등을 차감한 금액이다.

③ 당기 상품변동액을 당기 상품매입액에 가감하는 방법으로 표시한다.

④ 포괄손익계산서상 이자수익과 이자비용은 총액에 의하여 기재하여야 하며, 서로 상계하지 아니함을 원칙으로 한다.

12 다음에서 설명하고 있는 자산으로 분류되는 계정과목으로 옳은 것은?

> • 식별 가능한 비화폐성 자산
> • 기업이 자산을 통제하고 있음
> • 미래에 기업의 효익을 제공

① 임차보증금

② 경상개발비

③ 창업비

④ 특허권

13 포괄손익계산서상 수익이 아닌 것은?

① 이자수익

② 감가상각누계액

③ 배당금수익

④ 유형자산처분이익

14 물자가 지속적으로 상승하는 시기에 재고자산의 평가방법을 선입선출법에서 총평균법으로 변경할 경우 내용으로 옳은 것은?(단, 재고자산 청산효과가 없다고 가정함)

① 매출총이익은 증가한다.

② 매출원가는 감소한다.

③ 당기순이익은 증가한다.

④ 재고자산의 크기는 감소한다.

15 다음 거래에 관한 회계처리 시 차변 내용으로 옳은 것은?

> 가. 상품 ₩500,000을 외상으로 매입하고 운반비 ₩50,000은 현금 지급하다.
> 나. 상품 ₩200,000 외상매출하고 당사 부담 운반비 ₩20,000은 현금 지급하다.

	가	나
①	상품 500,000	외상매출금 220,000
②	상품 550,000	외상매출금 220,000
③	상품 500,000	외상매출금 200,000, 운반비 20,000
④	상품 550,000	외상매출금 200,000, 운반비 20,000

16 자산 취득 시 부대비용을 당기 비용으로 처리하는 것은?

① 기계장치
② 당기손익–공정가치측정금융자산
③ 건 물
④ 기타포괄손익–공정가치측정금융자산

17 본사 건물에 대한 실질적인 가치를 증가시키는 지출이 발생되어 ₩500,000을 어음으로 지급한 경우의 회계처리로 옳은 것은?

①	(차) 건 물	500,000	(대) 지급어음	500,000
②	(차) 수선비	500,000	(대) 미지급금	500,000
③	(차) 건 물	500,000	(대) 미지급금	500,000
④	(차) 수선비	500,000	(대) 지급어음	500,000

18 다음 주 재고자산과 관련된 설명으로 옳지 않은 것은?

① 판매목적으로 보유하는 자산이다.
② 상품매입 과정에서 지출되는 부대비용은 판매관리비로 처리한다.
③ 재고자산은 감가상각을 하지 않는다.
④ 재고자산의 대표적인 예는 상품, 제품이다.

19 종업원급여 지급 시 원천징수한 소득세 ₩100,000을 현금으로 납부한 경우 차변 계정과목으로 옳은 것은?

① 예수금
② 현 금
③ 소득세
④ 종업원급여

20 다음은 대한상사의 총계정원장 일부이다. 자료를 통하여 (가)의 계정과목과 (나)의 금액으로 옳은 것은?

총계정원장					
임대료					
12/31	선수수익	50,000	6/1	현 금	120,000
12/31	손 익	70,000			
(가)					
12/31	차기이월	xxx	12/31	임대료	(나)

① 손익 ₩50,000
② 선수수익 ₩50,000
③ 손익 ₩70,000
④ 선수수익 ₩70,000

21 여유자금으로 자산 취득한 경우로 상각후원가측정금융자산의 대상이 아닌 것은?

① 주 식
② 공 채
③ 국 채
④ 사 채

22 매월 임대료가 ₩100,000인 사업장을 임대하여 11월 1일 현금 ₩300,000을 수령한 경우 관련 설명으로 옳은 것은?(단, 회계연도 1월 1일 ~ 12월 31일 가정)

임대료					
12/31	선수임대료	( )	11/1	현 금	300,000
12/31	손 익	( )			

① 임대료 차기분은 ₩100,000이다.
② 재무상태표에 기입될 선수임대료는 ₩200,000이다.
③ 포괄손익계산서에 기입될 임대료는 ₩100,000이다.
④ 임대료 당기분을 차기로 이월하는 것을 수익의 예상이라 한다.

23 다음 중 재무상태표에 표시되는 현금및현금성자산의 변동에 영향을 주는 거래로 옳은 것은?

① 현금 ₩500,000을 보통예금 계좌에 예입하다.
② 외상매출 대금 ₩200,000을 약속어음으로 받다.
③ 1년 만기 정기예금 ₩1,000,000이 만기가 되어 현금으로 인출하다.
④ 취득 당시 환매조건이 2개월인 환매채 ₩500,000을 매입하고 대금은 수표를 발행하여 지급하다.

24 당좌예금 거래 분개로 옳지 않은 것은?

① 상품을 매입하고 당좌수표를 발행하여 지급하다.
② 상품을 매출하고 대금은 타인발행수표로 받다.
③ 외상매출금을 현금으로 받아 즉시 당좌예금하다.
④ 은행과 당좌거래 계약을 체결하고 현금을 당좌예금하다.

25 시산표 관련한 설명으로 옳지 않은 것은?

① 잔액시산표는 총계정원장의 각 계정의 잔액을 산출하여 작성한다.
② 합계잔액시산표는 합계시산표와 잔액시산표가 분리되어 작성된 것이다.
③ 분개장에서 총계정원장으로의 전기가 정확한가를 검증하기 위해 작성하는 계정집계표이다.
④ 시산표등식은 '기말자산 + 총비용 = 기말부채 + 기초자본 + 총수익'이다.

01 상품매입 시 발생하는 인수운임을 매입자가 부담하는 경우 인수운임에 대한 매입자의 회계처리로 옳은 것은?

① 운반비로 처리한다.
② 매출액에서 차감한다.
③ 외상매입금에서 차감한다.
④ 상품의 매입원가에 포함한다.

02 상공상회에서 상품 ₩100,000을 매입하고, 인수운임 ₩7,000과 함께 현금으로 지급하였을 경우의 옳은 분개는?(단, 상품계정은 3분법으로 처리한다)

①	(차) 매 입	107,000	(대) 현 금			107,000
②	(차) 매 입	93,000	(대) 현 금			93,000
③	(차) 매 입	100,000	(대) 현 금			107,000
	인수운임	7,000				
④	(차) 상 품	100,000	(대) 현 금			107,000
	인수운임	7,000				

03 다음은 (주)상공상사의 비품에 관한 자료이다. 20X1년 결산정리 후 비품의 장부금액은 얼마인가?

> 가. 비품의 취득원가 : ₩1,000,000   나. 취득일 : 20X1년 1월 1일
> 다. 감가상각방법 : 정액법   라. 내용연수 : 10년
> 마. 잔존가액 : 없음   바. 결산일 : 20X1년 12월 31일

① ₩90,000   ② ₩100,000
③ ₩900,000   ④ ₩910,000

04 다음 중 주식회사의 설립요건에 관한 설명으로 옳은 것은?

① 주식회사의 설립 규정은 민법에 규정되어 있다.

② 수권주식의 2분의 1 이상 발행하면 회사가 설립되는 제도가 수권자본제도이다.

③ 회사설립 시 정관에 기재해야 할 사항은 회사가 발행할 주식총수, 설립 시 발행할 주식의 총수, 1주의 금액, 회사의 명칭 등이 있다.

④ 회사의 설립 후 미발행주식을 액면가액 이하로 발행하는 경우 경영진의 결의에 의해서 추가로 발행할 수 있다.

05 다음 중 시장성이 있는 당기손익-공정가치측정금융자산의 설명으로 옳지 않은 것은?(단, 당기손익-공정가치측정금융자산은 20X1년 12월 중에 취득하였다)

종 목	취득원가	20X1년 말 공정가치	20X2년 말 공정가치
(주)상공	₩2,000,000	₩2,500,000	₩2,200,000

① 20X1년 말 당기손익-공정가치측정금융자산평가이익은 ₩500,000이다.

② 20X2년 말 당기손익-공정가치측정금융자산평가손실은 ₩300,000이다.

③ 20X1년 말 재무상태표에 반영될 당기손익-공정가치측정금융자산의 금액은 ₩2,000,000이다.

④ 20X2년 말 재무상태표에 반영될 당기손익-공정가치측정금융자산의 금액은 ₩2,200,000이다.

06 (주)상공은 단기시세차익을 목적으로 (주)대한이 발행한 주식을 ₩1,000,000(100주, 1주당 ₩10,000)에 구입하였던 바, 결산 시 주식의 공정가치가 ₩1,500,000이 되었다. 이에 대한 결산 시 분개로 옳은 것은?

① (차) 당기손익-공정가치측정   500,000   (대) 당기손익-공정가치측정   500,000
       금융자산   금융자산평가이익

② (차) 당기손익-공정가치측정   500,000   (대) 당기손익-공정가치측정   500,000
       금융자산   금융자산처분이익

③ (차) 기타포괄손익-공정가치측정   500,000   (대) 기타포괄손익-공정가치측정   500,000
       금융자산   금융자산평가이익

④ (차) 기타포괄손익-공정가치측정   500,000   (대) 기타포괄손익-공정가치측정   500,000
       금융자산   금융자산처분이익

07 '영업을 목적으로 하는 취득원가 ₩2,000,000의 건물을 ₩1,500,000에 처분하고, 대금은 월말에 받기로 하다.'의 분개로 옳은 것은?(단, 처분한 건물의 감가상각누계액은 ₩800,000이다)

① (차) 미수금 1,500,000 (대) 건 물 1,500,000

② (차) 미수금 1,500,000 (대) 건 물 2,000,000
　　 유형자산처분손실 500,000

③ (차) 미수금 1,500,000 (대) 건 물 2,000,000
　　 감가상각누계액 800,000 　　 유형자산처분이익 300,000

④ (차) 미수금 1,500,000 (대) 건 물 1,500,000
　　 감가상각누계액 800,000 　　 유형자산처분이익 800,000

08 다음 거래를 바르게 분개한 것은?

> 직원 갑에게 이달분 급여 ₩3,000,000을 지급함에 있어 국민연금 ₩100,000, 건강보험료 ₩100,000을 제외한 금액을 수표 발행하여 지급하다.

① (차) 급 여 3,000,000 (대) 당좌예금 3,000,000

② (차) 급 여 3,000,000 (대) 예수금 200,000
　　 　　 　　 당좌예금 2,800,000

③ (차) 급 여 2,800,000 (대) 당좌예금 3,000,000
　　 예수금 200,000

④ (차) 급 여 2,800,000 (대) 당좌예금 2,800,000

09 선입선출법을 적용할 경우 매출총이익은 얼마인가?

일 자	적 요	수 량	단 가
7월 5일	전월이월	100개	₩500
7월 10일	상품매입	100개	₩550
7월 16일	상품판매	120개	₩1,500
7월 21일	상품매입	30개	₩520

① ₩108,000　　　　② ₩109,000

③ ₩115,000　　　　④ ₩119,000

10 본사 직원들의 사기 진작을 위하여 체육대회를 개최하고 상품비 등 ₩500,000을 현금으로 지출한 경우의 회계처리 시 차변 계정과목으로 옳은 것은?

① 기부금　　　　　　　　　　　② 접대비
③ 복리후생비　　　　　　　　　　④ 광고선전비

11 12월 31일이 결산일인 (주)상공은 20X1년 중에 단기시세차익을 목적으로 A회사 주식을 ₩500,000에 취득한 후 당기손익–공정가치측정금융자산으로 분류하였다. 20X1년 말 현재 A회사 주식의 시가는 ₩450,000이었다. (주)상공은 20X2년 중에 A회사 주식 전부를 ₩480,000에 매각처분하였다. (주)상공이 20X2년도 포괄손익계산서에 인식해야 할 A회사 주식에 대한 처분손익은 얼마인가?

① 처분이익 ₩30,000　　　　　　② 처분이익 ₩50,000
③ 처분손실 ₩30,000　　　　　　④ 처분손실 ₩50,000

12 수익과 비용의 대응원칙에 따라 비용을 인식하는 방법 중 인과관계에 의한 직접 대응에 해당하는 비용으로 옳은 것은?

① 임차료　　　　　　　　　　　② 매출원가
③ 광고선전비　　　　　　　　　　④ 통신비

13 다음 (주)대한상공의 결산정리 누락사항이다. 이를 회계처리하지 않았을 때 나타날 재무제표의 결과에 대한 설명으로 옳은 것은?

> 결산일에 장기차입금에 대한 이자 미지급분 ₩50,000을 계상하지 않았다.

① 비용이 ₩50,000 과대계상되었다.
② 수익이 ₩50,000 과소계상되었다.
③ 부채가 ₩50,000 과소계상되었다.
④ 자산이 ₩50,000 과소계상되었다.

14 다음 중 계정의 기입 방법에 대한 설명으로 옳은 것은?

① 자산계정은 증가를 차변에, 감소를 대변에 기입하며, 잔액은 대변에 남는다.
② 부채계정은 증가를 대변에, 감소를 차변에 기입하며, 잔액은 차변에 남는다.
③ 자본계정은 증가를 대변에, 감소를 차변에 기입하며, 잔액은 차변에 남는다.
④ 수익계정은 발생을 대변에, 소멸을 차변에 기입하며, 잔액은 대변에 남는다.

15 다음은 개인기업인 대한상점의 재무정보를 나타낸 것이다. (가)의 금액을 추정한 것으로 옳은 것은?

가. 기초 자본금	₩1,000,000
나. 추가 출자액	₩800,000
다. 당기 수익총액	₩2,500,000
라. 당기 비용총액	(가)

기말 재무상태표

자 산	3,500,000	부 채	1,000,000
		자 본	2,500,000

① ₩1,500,000
② ₩1,700,000
③ ₩1,800,000
④ ₩1,900,000

16 다음 중 현금성자산으로 옳지 않은 것은?

① 취득 당시 3개월 이내의 환매 조건이 있는 환매채
② 취득 당시 만기가 3개월 이내에 도래하는 정기예금
③ 취득 당시 만기가 3개월 이내에 도래하는 받을어음
④ 취득 당시 상환일까지의 기간이 3개월 이내인 상환 우선주

17 다음 거래의 분개로 옳은 것은?

> (주)서울은 외상매입금 ₩200,000을 지급하기 위해 (주)경기로부터 받아 보관 중인 어음을 배서 양도하였다.

①	(차)	외상매입금	200,000	(대)	지급어음	200,000
②	(차)	외상매입금	200,000	(대)	받을어음	200,000
③	(차)	지급어음	200,000	(대)	외상매입금	200,000
④	(차)	받을어음	200,000	(대)	외상매입금	200,000

18 다음과 같이 상품을 취득하는 과정에서 불가피하게 발생한 운반비를 판매비와관리비로 처리한 경우 재무제표에 미치는 영향으로 옳지 않은 것은?

> (주)상공으로부터 상품 100개(@₩1,000)를 외상매입하고 운반비 ₩7,000은 현금으로 지급하다.

① 순매입액의 과소계상
② 매출원가의 과소계상
③ 매출총이익의 과대계상
④ 기타비용의 과대계상

19 다음 자료를 토대로 건물(업무용으로 사용함)을 처분할 경우 유형자산처분손익은?

> 가. 건물의 취득가액　　　　　₩5,000,000
> 나. 건물의 감가상각누계액　　₩3,000,000
> 다. 건물의 처분가액(현금수취)　₩2,500,000

① 유형자산처분이익 ₩500,000
② 유형자산처분손실 ₩500,000
③ 유형자산처분이익 ₩2,500,000
④ 유형자산처분손실 ₩2,500,000

20 다음은 (주)상공의 원장내역이다. 이 원장 거래 기록에 대한 해석으로 옳지 않은 것은?

현 금			
제 좌	103,000		

단기금융상품			
		현 금	100,000

이자수익			
		현 금	3,000

① 정기적금(6개월 만기)이 만기가 되어 원금 ₩100,000과 이자 ₩3,000을 현금으로 받다.

② 소지하고 있던 기업어음(5개월 만기)이 만기가 되어 금융 회사에 제시하고 원금 ₩100,000과 이자 ₩3,000을 현금으로 받다.

③ 소지하고 있던 사채(장부금액 ₩100,000, 3년 만기)가 만기가 되어 이자 ₩3,000과 함께 현금으로 상환하였다.

④ 대한은행으로부터 구입한 양도성예금증서(7개월 만기)가 만기가 되어 원금 ₩100,000과 이자 ₩3,000을 현금으로 받다.

21 다음 중 거래요소의 결합관계로 옳지 않은 것은?

① (차) 자산의 증가   (대) 자산의 감소
                                  수익의 발생

② (차) 부채의 감소   (대) 자산의 감소
                                  비용의 발생

③ (차) 부채의 감소   (대) 자본의 증가
                                  자산의 감소

④ (차) 자본의 감소   (대) 자본의 증가

22 다음 중 금융자산으로 분류되는 항목을 모두 고른 것은?

가. 선급금	나. 매출채권
다. 단기대여금	라. 당기손익-공정가치측정금융자산
마. 현금및현금성자산	

① 가   ② 가, 나

③ 나, 다, 라   ④ 나, 다, 라, 마

23 다음 회계순환과정의 절차를 순서대로 맞게 배열한 것은?

> 가. 수정후 시산표　　　　　　　　나. 수정분개
> 다. 역분개　　　　　　　　　　　　라. 결산분개

① 가 → 나 → 다 → 라　　　　　② 가 → 라 → 나 → 다
③ 나 → 가 → 다 → 라　　　　　④ 나 → 가 → 라 → 다

24 다음 중 (가), (나), (다)에 들어갈 것으로 옳은 것끼리 짝지어진 것은?

> (가)는 기업실체의 특정시점에서의 재무상태를 나타내는 재무제표로서 기업의 유동성, 재무적 탄력성, 수익성과 위험을 평가하는데 유용한 정보를 제공한다. (나)는 소유주(주주)와의 자본거래에 따른 자본의 변동을 제외한 기업 순자산의 변동을 표시하는 보고서이다. (다)는 일정기간 동안의 자본변동에 관한 정보를 제공하는 재무제표로서 자본의 각 구성요소별로 당기순손익과 기타포괄손익의 각 항목 및 소유주(주주)와의 자본거래에 따른 변동액을 구분하여 표시한다.

	(가)	(나)	(다)
①	재무상태표	포괄손익계산서	자본변동표
②	포괄손익계산서	자본변동표	재무상태표
③	재무상태표	현금흐름표	자본변동표
④	포괄손익계산서	재무상태표	현금흐름표

25 (주)상공은 3전표제를 채택하고 있으며, 전표를 해당 계정에 직접 전기할 경우, 다음 계정에 기입된 전표로 옳은 것은?

현 금		
3/5　보통예금	100,000	

비 품		
4/20　현 금	50,000	

① 3월 5일 - 출금전표　　　4월 20일 - 입금전표
② 3월 5일 - 출금전표　　　4월 20일 - 출금전표
③ 3월 5일 - 입금전표　　　4월 20일 - 출금전표
④ 3월 5일 - 대체전표　　　4월 20일 - 출금전표

01 다음 수정전 잔액시산표와 결산정리사항에 의하여 기말의 대손설정 분개 내용으로 옳은 것은?

수정전 잔액시산표

갑상사	20X1년 12월 31일	(단위 : 원)
차 변	계정과목	대 변
50,000	현 금	
100,000	외상매출금	
	대손충당금	1,500
80,000	이월상품	
	지급어음	70,000
	자본금	130,000

[결산정리사항]
기말 매출채권 잔액에 대하여 2%의 대손을 예상하다.

① (차) 대손상각비   500   (대) 대손충당금   500
② (차) 대손상각비   1,500   (대) 대손충당금   1,500
③ (차) 대손상각비   2,000   (대) 대손충당금   2,000
④ (차) 대손충당금   2,000   (대) 대손상각비   2,000

02 재고자산에 대한 설명으로 옳지 않은 것은?

① 판매되지 않은 위탁품은 기말재고자산에 포함하여야 한다.
② 정상적인 영업활동 과정에서 판매를 위하여 보유 중인 자산을 말한다.
③ 매입 의사표시를 하지 않은 시송품은 기말재고자산에 포함하여야 한다.
④ 도착지인도기준에 의하여 매입할 경우 매입운임은 반드시 매입원가에 포함하여야 한다.

03 다음 중 시산표에 대한 설명으로 옳지 않은 것은?

① 작성 시기에 따라 합계, 잔액, 합계잔액 시산표로 분류할 수 있다.

② 분개내용의 정확성을 검증할 수 있다.

③ 시산표를 통해 모든 오류를 검증할 수 있다.

④ 총계정원장에의 전기가 정확한가를 파악할 수 있다.

04 시산표에서 발견할 수 있는 오류로 옳지 않은 것은?

① 외상매입금 ₩1,000을 현금으로 지급한 거래 전체를 기장 누락하였다.

② 건물 화재보험료 ₩2,000을 현금으로 지급한 거래를 현금계정, 보험료계정 모두 차변에 기입하였다.

③ 소모품 ₩5,000을 외상으로 구입하고 대변에 미지급금은 기장하였으나 차변 소모품계정 기장 누락하였다.

④ 상품 ₩50,000을 현금으로 구입한 거래를 상품계정 차변에는 ₩50,000을 기입하였으나, 대변에 ₩5,000을 기입하였다.

05 다음 중 재무상태표에 표시되는 현금및현금성자산의 변동에 영향을 주는 거래로 옳은 것은?

① 현금 ₩500,000을 보통예금 계좌에 예입하다.

② 외상매출 대금 ₩200,000을 약속어음으로 받다.

③ 1년 만기 정기예금 ₩1,000,000이 만기가 되어 현금으로 인출하다.

④ 취득 당시 환매조건이 2개월인 환매채 ₩500,000을 매입하고 대금은 수표 발행하여 지급하다.

06 다음 중 당기순손익에 영향을 주는 거래는 어느 것인가?

① 현금으로 배당을 지급하다.

② 해외사업환산이익을 계상하다.

③ 기타포괄손익-공정가치측정금융자산의 장부금액 ₩50,000을 ₩60,000에 평가하다.

④ 매출채권을 회수하면서 ₩20,000의 매출할인을 제공하다.

07 다음은 (주)대한상공의 현금계정의 기입 내용이다. 거래내용을 추정한 것으로 옳지 않은 것은?

현 금			
자본금	500,000	매 출	300,000
외상매출금	400,000	통신비	100,000

① 상품 ₩300,000을 현금으로 매출하다.
② 전화요금 ₩100,000을 현금으로 지급하다.
③ 현금 ₩500,000을 출자하여 영업을 개시하다.
④ 외상매출 대금 ₩400,000을 현금으로 회수하다.

08 다음 자료는 손익계정과 이월시산표의 일부 내용이다. 당기 매입액을 계산하면 얼마인가?(단, 기초상품재고액은 ₩50,000이다)

손 익			
매 입	210,000	매 출	250,000
이월시산표			
이월상품	40,000		

① ₩160,000
② ₩200,000
③ ₩210,000
④ ₩250,000

09 다음 단기차입금계정의 기입 내용을 보고 거래 내용을 추정한 것으로 옳은 것은?

단기차입금			
		기계장치	200,000

① 기계장치를 판매하고 단기차입금을 받았다.
② 단기차입을 통해 기계장치를 구입하였다.
③ 기계장치를 구입하고 대금은 이번 달 말에 지급하기로 하였다.
④ 기계장치를 판매하고 대금은 보유하고 있는 받을어음으로 지급하였다.

10 (주)상공은 매출총이익률을 30%로 설정하고 있고 총매출액이 ₩90,000, 기초상품재고액이 ₩50,000, 기말상품재고액이 ₩70,000일 때 당기매입액은 얼마인가?

① ₩47,000
② ₩83,000
③ ₩90,000
④ ₩110,000

11 (주)서울의 당 회계연도의 상품에 대한 변동내역이 다음과 같을 때, 선입선출법으로 계산된 기말재고액은 얼마인가?

가. 기초상품 : 100개(@₩100)
나. 기중매입 : 300개(@₩200)
다. 기중판매 : 320개

① ₩8,000
② ₩10,000
③ ₩12,000
④ ₩16,000

12 다음은 급여지급에 관한 거래이다. 분개로 옳은 것은?

2월 종업원 급여 ₩2,000,000 중에서 소득세 ₩20,000, 건강보험료 ₩50,000, 국민연금 ₩30,000을 차감하고 보통예금 계좌에서 이체하다.

	(차변)		(대변)	
①	종업원급여	1,900,000	보통예금	1,900,000
②	종업원급여	1,900,000	보통예금	1,800,000
			세금과공과	100,000
③	종업원급여	2,000,000	예수금	100,000
			보통예금	1,900,000
④	종업원급여	2,000,000	소득세	50,000
			보험료	50,000
			보통예금	1,900,000

13 한국상사는 일시적 여유자금을 이용하여 당기손익-공정가치측정금융자산으로 분류되는 고려상사의 주식을 20X2년 12월 20일에 500주(취득원가 @₩100)를 구입하였다. 기말 현재 고려상사 주식의 종가가 @₩90일 때, 20X2년도 재무제표에 계상될 당기손익-공정가치측정금융자산과 당기손익-공정가치측정금융자산평가손익의 금액은 얼마인가?

	당기손익-공정가치측정금융자산	당기손익-공정가치측정금융자산평가손익
①	₩50,000	0
②	₩50,000	손실 ₩5,000
③	₩45,000	손실 ₩5,000
④	₩45,000	0

14 다음은 상공상사의 상장주식 관련 자료이다. 아래의 거래와 관련하여 당기 포괄손익계산서에 기타수익(영업외수익)으로 보고될 금액은 얼마인가?(단, 제시된 자료만 고려한다)

> 가. 매입목적
>   – 단기매매 시세차익(매입·매도가 적극적이고 빈번하게 이루어진다)
> 나. 매 입
>   – 10월 1일 A사 100주 매입단가 @₩5,000(액면가 @₩2,000)
>   – 매입 시 수수료 ₩10,000이 발생되어 현금으로 지급하다.
> 다. 매 도
>   – 12월 1일 A사 100주 매도단가 @₩7,000(액면가 @₩2,000)
>   – 매도 시 수수료 ₩15,000이 차감되어 당좌예입하다.

① ₩185,000   ② ₩190,000
③ ₩195,000   ④ ₩200,000

15 다음은 유통업을 영위하는 A사의 수익 및 비용이다. 포괄손익계산서(기능별)상 기타수익 금액을 계산하면 얼마인가?

> • 영업이익   ₩200,000
> • 기부금   ₩30,000
> • 이자수익   ₩10,000
> • 이자비용   ₩50,000
> • 법인세차감전순이익   ₩150,000

① ₩10,000   ② ₩20,000
③ ₩50,000   ④ ₩60,000

16 다음 거래 내용을 회계처리 시 옳은 것은?

> 서울상회에서 상품을 매입하고 대금 ₩3,000,000 중 ₩1,000,000은 당좌수표를 발행하여 지급하고 잔액은 외상으로 하다. 그리고 동점 부담 인수 운임 ₩10,000을 당점이 현금으로 대신 지급하다.

① 외상매입 대금은 ₩2,010,000이다.
② 인수 운임은 운반비계정으로 처리한다.
③ 상품의 매입원가는 ₩3,000,000이다.
④ 보통예금계정이 ₩1,000,000이 감소한다.

17 다음 거래를 분개한 것으로 옳은 것은?

> 신축 중인 건물이 완공되어 인수하고, 공사비 잔액 ₩5,000을 수표를 발행하여 지급하다(단, 지금까지 건물 신축을 위해 지급된 공사비는 ₩1,000이다).

①	(차) 건 물	5,000	(대)	당좌예금		4,000
				건설중인자산		1,000
②	(차) 건 물	6,000	(대)	당좌예금		5,000
				건설중인자산		1,000
③	(차) 건 물	5,000	(대)	당좌예금		5,000
	미지급금	1,000		건설중인자산		1,000
④	(차) 건 물	5,000	(대)	당좌예금		5,000
	건설중인자산	1,000		미지급금		1,000

18 다음 거래의 분개로 옳은 것은?

> (주)서울은 취득원가 ₩1,000,000(감가상각누계액 ₩300,000)의 비품을 ₩700,000에 처분하고, 대금은 월말에 받기로 하다.

① (차) 감가상각누계액   300,000   (대) 비 품   1,000,000
      미수금   700,000
② (차) 미수금   700,000   (대) 비 품   700,000
③ (차) 감가상각누계액   1,000,000   (대) 비 품   1,000,000
④ (차) 미지급금   700,000   (대 비 품   1,000,000
      감가상각누계액   300,000

19 (주)상공은 다음 달 급여에서 차감하기로 하고 종업원 갑에게 현금 ₩150,000을 빌려주었다. 이를 분개한 것으로 옳은 것은?

① (차) 장기대여금   150,000   (대) 현 금   150,000
② (차) 장기차입금   150,000   (대) 현 금   150,000
③ (차) 단기대여금   150,000   (대) 현 금   150,000
④ (차) 단기차입금   150,000   (대) 현 금   150,000

20 다음 중 이익잉여금이 아닌 것은?

① 법정적립금   ② 임의적립금
③ 미처분이익잉여금   ④ 주식발행초과금

21 다음 중 재무제표에 해당되지 않는 것은?

① 재무상태표   ② 현금흐름표
③ 시산표   ④ 포괄손익계산서

22 다음은 어음과 관련된 거래를 나타낸 것이다. A 입장에서 거래를 분개한 것으로 옳은 것은?

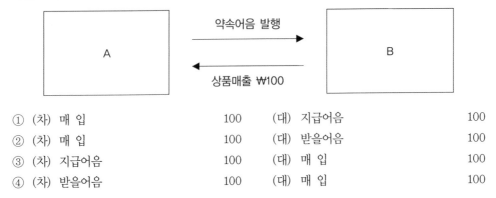

① (차) 매 입　　　　　100　　　(대) 지급어음　　　　　100
② (차) 매 입　　　　　100　　　(대) 받을어음　　　　　100
③ (차) 지급어음　　　　100　　　(대) 매 입　　　　　　100
④ (차) 받을어음　　　　100　　　(대) 매 입　　　　　　100

23 당기의 상품 매출원가가 ₩260,000이고 당기의 상품매입액이 ₩300,000인 경우 기말시점에서의 상품재고액은 기초시점에서의 상품재고액에 비해 어떠한가?

① ₩40,000만큼 크다.
② ₩40,000만큼 적다.
③ ₩10,000만큼 적다.
④ 동일하다.

24 다음은 개인기업인 상공상점의 거래와 분개이다. 이에 대한 12월 31일 결산정리분개로 옳은 것은?(단, 결산일은 12월 31일이고, 월할계산한다)

> • 9월 1일 1년분 임대료 ₩120,000을 현금으로 받다.
>   (차) 현 금　　　　120,000　　(대) 임대료　　　　　120,000

① (차) 임대료　　　　40,000　　(대) 선수임대료　　　　40,000
② (차) 임대료　　　　80,000　　(대) 선수임대료　　　　80,000
③ (차) 미수임대료　　40,000　　(대) 임대료　　　　　　40,000
④ (차) 미수임대료　　80,000　　(대) 임대료　　　　　　80,000

25 손익법 등식으로 옳은 것은?

① 자산 + 부채 = 자본　　　　　② 자산 - 자본 = 부채
③ 총수익 + 총비용 = 당기순손익　④ 총수익 - 총비용 = 당기순손익

01 다음 중 기업의 재무정보에 대한 설명으로 옳지 않은 것은?

① 회계란 정보이용자들이 경제적인 의사결정을 할 수 있도록 기업실체에 관한 재무적 정보를 식별하여 그들에게 전달하는 과정을 말한다.

② 기업 입장에서는 이해관계자들의 정보이용목적을 충족시키고 신뢰성을 얻기 위해 믿을 수 있는 재무정보를 제공해야 한다.

③ 한 기업의 재무상태를 파악하기 위해서는 재무제표 중 포괄손익계산서 중심의 접근을 해야 한다.

④ 경영자는 재무적 정보를 통해 회사의 현재 상태를 파악할 수 있다.

02 다음 중 회계순환과정의 순서로 올바르게 구성된 것은?(단, 시산표는 고려하지 않는다)

① 분개 – 전기 – 재무제표의 작성 – 기말수정분개

② 전기 – 분개 – 재무제표의 작성 – 기말수정분개

③ 분개 – 전기 – 기말수정분개 – 재무제표의 작성

④ 전기 – 분개 – 기말수정분개 – 재무제표의 작성

03 거래의 8요소에 대한 설명으로 옳지 않은 것은?

① 자본계정의 증가는 대변, 감소는 차변에 기록한다.

② 부채계정의 증가는 대변, 감소는 차변에 기록한다.

③ 수익계정의 발생은 차변, 소멸은 대변에 기록한다.

④ 자산계정의 증가는 차변, 감소는 대변에 기록한다.

04 다음 거래를 회계처리할 경우 (주)현대기업의 재무상태에 미치는 영향으로 옳은 것은?

> (주)현대기업은 20X2년 12월 중 종업원에 대한 급여 ₩100,000을 지급하면서 소득세 ₩20,000
> 을 원천징수하고 잔액을 현금으로 지급하였다.

① 자산 감소, 부채 감소
② 자산 감소, 부채 증가
③ 자산 증가, 부채 감소
④ 자산 증가, 부채 증가

05 수정전 시산표상 선급보험료계정 잔액은 ₩70,000이었다. 결산 시 미경과 보험료는 ₩20,000임
을 확인하였다. 다음 중 올바른 수정분개는 어느 것인가?

①	(차)	보험료	20,000	(대)	선급보험료	20,000
②	(차)	보험료	50,000	(대)	선급보험료	50,000
③	(차)	선급보험료	20,000	(대)	보험료	20,000
④	(차)	선급보험료	50,000	(대)	보험료	50,000

06 (주)대전은 거래처 (주)경기의 파산으로 외상매출금 ₩90,000 중 ₩40,000을 현금으로 받고 잔
액은 대손처리하다. 이 거래에 대한 분개로 옳은 것은?(단, 대손충당금 잔액 ₩20,000이 있다)

①	(차)	현 금	40,000	(대)	외상매출금	90,000
		대손충당금	20,000			
		대손상각비	30,000			
②	(차)	현 금	40,000	(대)	외상매출금	90,000
		대손상각비	50,000			
③	(차)	외상매출금	50,000	(대)	대손충당금	20,000
					대손상각비	30,000
④	(차)	대손충당금	20,000	(대)	외상매출금	50,000
		대손상각비	30,000			

07 액면주식을 발행한 주식회사의 자본금을 계산하는 방법으로 옳은 것은?

① 주당 액면가액 × 수권주식수
② 주당 발행가액 × 수권주식수
③ 주당 액면가액 × 발행주식수
④ 주당 발행가액 × 발행주식수

08 다음은 수익의 인식시점에 대한 설명이다. 옳은 것은?

① 상품을 주문받은 날에 수익으로 인식한다.
② 상품을 판매한 날에 수익으로 인식한다.
③ 상품을 매출하고 대금을 회수한 날에 수익으로 인식한다.
④ 배당금수익은 배당금을 현금으로 수취한 날에 수익으로 인식한다.

09 다음 거래에 대한 분개를 수정분개한 것으로 옳은 것은?

• 거래 : 종업원의 급여 ₩1,000,000을 지급할 때 종업원이 부담할 소득세 ₩50,000을 차감하고 현금으로 지급하였다.
• 분개 : (차) 종업원급여   950,000   (대) 현 금   950,000

① (차) 종업원급여   50,000   (대) 현 금   50,000
② (차) 종업원급여   50,000   (대) 예수금   50,000
③ (차) 소득세   50,000   (대) 현 금   50,000
④ (차) 소득세   50,000   (대) 예수금   50,000

10 다음 상공상사의 자료에 의하여 기말자본을 구하면 얼마인가?

가. 기초자산	₩500,000
나. 기초부채	₩300,000
다. 총수익	₩300,000
라. 총비용	₩210,000
마. 당기 중 추가출자	₩20,000

① ₩200,000   ② ₩270,000
③ ₩290,000   ④ ₩310,000

11 다음 중 자본의 증가를 가져오는 거래로 옳지 않은 것은?

① 단기대여금에 대한 이자 ₩20,000을 현금으로 받다.

② 건물의 일부를 빌려주고 사용료 ₩150,000을 현금으로 받다.

③ 상품 판매의 중개를 하고 수수료 ₩50,000을 현금으로 받다.

④ 소지하고 있던 약속어음이 만기가 되어 어음대금 ₩300,000을 현금으로 받다.

12 다음 중 보험료계정에 기입된 내용의 설명으로 옳은 것은?

보험료			
7/1 현 금	100,000	12/31 선급보험료	60,000
		12/31 손 익	40,000
	100,000		100,000

① 당기분 보험료는 ₩100,000이다.

② 차기분 보험료는 ₩100,000이다.

③ 차기분 보험료는 ₩40,000이다.

④ 당기분 보험료는 ₩40,000이다.

13 다음 중 약속어음에 관한 설명이 옳지 않은 것은?

① 발행인이 수취인에게 어음에 기재한 금액을 약정한 기일과 장소에서 지급할 것을 약속한 증서이다.

② 수취인은 어음상의 채권이 발생한다.

③ 발행인은 어음상의 채무가 발생한다.

④ 약속어음의 당사자는 발행인, 수취인, 지급인 등 3인이다.

14 자본적 지출(자산의 원가에 포함되는 지출)을 수익적 지출(자산의 원가에 포함되지 않는 지출)로 처리하였을 때 재무제표에 미치는 영향으로 옳은 것은?

① 이익의 과소계상

② 비용의 과소계상

③ 자산의 과대계상

④ 수익의 과대계상

15 주식회사의 자본잉여금 항목으로 표시하는 계정과목(자본거래)이 아닌 것은?

① 자기주식처분이익
② 주식발행초과금
③ 미처분이익잉여금
④ 감자차익

16 전표제도의 장점을 설명한 것으로 옳지 않은 것은?

① 총계정원장을 대신해서 사용할 수 있으므로 장부조직을 간소화할 수 있다.
② 책임소재를 명확히 하고 거래의 발생사실을 증명할 수 있다.
③ 거래를 다른 부서에 쉽게 전달할 수 있어 분과제도를 용이하게 한다.
④ 각 부서별로 기장 사무를 분담할 수 있다.

17 20X1년 1월 1일에 영업을 개시한 상공상점의 20X1년 외상매출금 회수액을 계산하면 얼마인가? (상공상점은 상품 원가에 30%의 이익을 가산하여 전액 외상매출 방식으로 상품을 판매하고 있다. 단, 기중에 대손의 발생액과 상품거래의 반품과 에누리, 할인은 없었다)

- 20X1년 1월 1일 ~ 12월 31일 상품 총매입액   ₩500,000
- 20X1년 12월 31일 상품재고액   ₩100,000
- 20X1년 12월 31일 외상매출금 잔액   ₩200,000

① ₩120,000
② ₩250,000
③ ₩320,000
④ ₩350,000

18 (주)서울은 영업용 건물을 구입하였던 바, 그에 따른 취득세 ₩400,000을 현금으로 납부한 경우 분개로 옳은 것은?

① (차) 세금과공과   400,000   (대) 현 금   400,000
② (차) 취득세   400,000   (대) 현 금   400,000
③ (차) 건 물   400,000   (대) 현 금   400,000
④ (차) 수수료비용   400,000   (대) 현 금   400,000

19 다음 거래를 회계처리할 때 분개로 옳은 것은?

> 기 회계처리한 5월 2일 보통예금 계좌로 입금되었던 ₩20,000은 거래처로부터 상품주문 대금을 미리 받은 것임이 판명되다.

① (차) 현 금　　　　20,000　　(대) 가수금　　　　20,000
② (차) 가수금　　　　20,000　　(대) 매 출　　　　20,000
③ (차) 가수금　　　　20,000　　(대) 선수금　　　　20,000
④ (차) 선급금　　　　20,000　　(대) 가수금　　　　20,000

20 상공상회의 20X1년 1월 1일의 재무상태표에는 미지급급여가 ₩30,000이 있었고, 20X1년 12월 31일의 재무상태표에는 미지급급여가 ₩40,000, 손익계산서에는 급여가 ₩200,000이다. 상공상회가 20X1년도에 지급한 급여는?

① ₩150,000
③ ₩190,000
② ₩160,000
④ ₩210,000

21 다음 자료에 의하여 정확한 당기순손익을 계산하면 얼마인가?

> 가. 상품매출이익　　　　₩70,000
> 나. 이자수익　　　　₩50,000
> 다. 이자비용　　　　₩60,000
> 라. 임대료　　　　₩40,000
> 마. 급 여　　　　₩30,000
> 바. 보험료　　　　₩20,000

① 이익 ₩50,000
③ 이익 ₩40,000
② 손실 ₩50,000
④ 손실 ₩40,000

22 다음 상품계정 및 외상매출금계정의 기입 내용을 보고, 4월 15일 현재 외상매출금의 잔액은 얼마인가?

상 품					
3/10 외상매입금	12,000	4/1	외상매출금		9,000

외상매출금					
4/1 제 좌	12,000	4/15	현 금		2,000

① ₩10,000 ② ₩9,000

③ ₩7,000 ④ ₩3,000

23 다음은 경북상점의 9월 중 상품거래내역이다. 경북상점이 총평균법을 사용하고 있을 때, 9월 중의 매출원가와 기말재고액은 각각 얼마인가?

		단 위	단위당 원가	합 계
가. 기초재고		10개	₩50	₩500
나. 매 입	9월 5일	10개	₩60	₩600
다. 매 입	9월 10일	20개	₩80	₩1,600
라. 매 출	9월 13일	15개		
다. 매 입	9월 20일	10개	₩100	₩1,000

	매출원가	기말재고액
①	₩1,110	₩2,590
②	₩2,590	₩1,110
③	₩1,800	₩2,900
④	₩2,900	₩1,800

24 다음은 상품계정을 총액법으로 기장한 속초상점의 손익계정이다. 회계담당자의 실수로 인하여 기초상품재고액이 ₩20,000 과대계상되고, 기말상품재고액이 ₩30,000 과소계상된 경우 정확한 매출총이익은 얼마인가?

손 익			
매 입	150,000	매 출	250,000

① ₩50,000 ② ₩90,000

③ ₩110,000 ④ ₩150,000

25 다음 자료에 의하여 (주)상공기업의 토지 취득원가를 계산하면 얼마인가?

(주)상공기업은 공장용 건물 신축을 위하여 토지를 ₩5,000,000에 구입하고 대금은 수표를 발행하여 지급하였다. 이에 따른 취득세 ₩60,000, 등기비용 ₩40,000, 중개수수료 ₩200,000은 현금으로 지급하였다.

① ₩5,000,000 ② ₩5,100,000

③ ₩5,200,000 ④ ₩5,300,000

01 다음 계정에 기입된 내용으로 보아 ( ) 안에 해당하는 계정과목으로 옳은 것은?

( )			
6/26 당좌예금	100,000	6/3 현 금	300,000

① 임차료
② 외상매출금
③ 상품매출이익
④ 단기차입금

02 시산표에 대한 설명 중 옳은 것은?

① 시산표를 작성하면 회계기록과정에서의 모든 오류를 찾아낼 수 있다.

② 회계거래가 분개장과 원장에 올바르게 기록되고 집계되면 원장의 모든 차변의 합계액과 대변의 합계액이 일치하게 된다.

③ 기계를 ₩100,000에 구입한 거래를 분개장의 차변과 대변에 ₩100,000으로 기록하였으나 전기과정에서 원장에 있는 관련 계정의 차변과 대변에 각각 ₩120,000씩 기록한 오류는 시산표의 작성으로 발견할 수 있다.

④ 시산표상 차변의 총계와 대변의 총계가 일치하면 분개장과 원장에 거래가 올바르게 기록됐다고 할 수 있다.

03 상공상점의 결산 결과 당기순이익이 ₩100,000으로 산출되었으나, 다음과 같은 사항이 누락되었음을 발견하였다. 수정 후의 당기순이익을 계산하면 얼마인가?(단, 보험료 지급 시 비용계정으로, 임대료는 수입 시 수익계정으로 처리하였으며 세금효과는 무시하기로 한다)

가. 보험료 선급액	₩5,000
나. 이자 미수액	₩3,000
다. 임대료 선수액	₩10,000

① ₩98,000
② ₩102,000
③ ₩108,000
④ ₩112,000

04 다음은 소모품에 대한 회계처리이다. 이에 대한 설명으로 옳은 것은?

> • 20X1년 10월 2일   (차) 소모품   100,000   (대) 현 금   100,000
> • 20X1년 12월 31일   (차) 소모품비   60,000   (대) 소모품   60,000

① 10월 2일 소모품 매입 시 비용처리법으로 처리하였다.
② 당기분 소모품 사용액은 ₩40,000이다.
③ 결산 시 소모품 재고액은 ₩60,000이다.
④ 포괄손익계산서에 기입될 소모품비는 ₩60,000이다.

05 다음 자료의 회계처리로 옳은 것은?

> 당기에 발생하였으나, 회계기간 말 현재 지급되지 않은 이자

① (차) 이자비용   xxx   (대) 미지급이자   xxx
② (차) 미지급이자   xxx   (대) 이자수익   xxx
③ (차) 미수이자   xxx   (대) 이자수익   xxx
④ (차) 이자비용   xxx   (대) 미수이자   xxx

06 다음 결산절차 중 (가)에 해당하는 내용으로 옳은 것은?

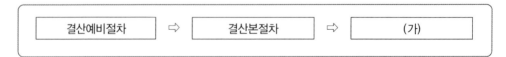

① 결산정리분개를 한다.
② 재고조사표를 작성한다.
③ 재무상태표를 작성한다.
④ 수정후 시산표를 작성한다.

07 다음은 (주)상공의 출금전표의 일부이다. (가)에 해당하는 계정과목으로 옳은 것은?

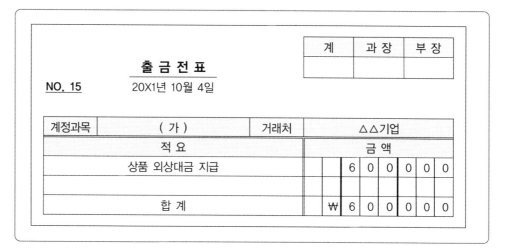

계	과 장	부 장

출 금 전 표

NO. 15   20X1년 10월 4일

계정과목	(가)	거래처	△△기업					
적 요			금 액					
상품 외상대금 지급				6	0	0	0	0	0
합 계			₩	6	0	0	0	0	0

① 현 금
② 미지급금
③ 외상매입금
④ 외상매출금

08 다음 중 기업의 이해관계자에게 특정 회계기간 동안의 경영성과를 보고하기 위하여 작성하는 보고서를 무엇이라 하는가?

① 잔액시산표
② 재무상태표
③ 현금흐름표
④ 포괄손익계산서

09 다음 중 금융자산으로 분류되는 계정과목으로 옳지 않은 것은?

① 선급금
② 현금성자산
③ 단기대여금
④ 당기손익-공정가치측정금융자산

10 다음 (주)상공의 9월 매출처원장의 내용으로 옳은 것은?

	대한상사				
9/1	전기이월	20,000	9/3	현 금	( )
9/10	매 출	( )	9/30	차기이월	240,000
		250,000			250,000
	민국상사				
9/1	전기이월	( )	9/17	현 금	100,000
9/12	매 출	30,000	9/30	차기이월	( )
		120,000			120,000

① 9월 외상매출금 기초잔액은 ₩240,000이다.
② 9월 외상매출금 기말잔액은 ₩40,000이다.
③ 9월에 회수한 외상매출금은 ₩110,000이다.
④ 9월에 외상으로 매출한 상품은 ₩230,000이다.

11 다음 거래 중 대변에 기입될 계정과목으로 옳은 것은?

> (주)서울로부터 상품 ₩30,000을 매입하고, 대금은 신용카드로 결제하다.

① 신용카드　　　　　　　　② 미지급금
③ 외상매입금　　　　　　　④ 외상매출금

12 다음 중 사용 금액을 부채로 회계처리하는 결제수단에 해당하는 것은?

① 신용카드　　　　　　　　② 직불카드
③ 체크카드　　　　　　　　④ 자기앞수표

13 다음 기중 거래를 올바르게 회계처리한 것은?

> 거래처의 파산으로 인해 외상매출금 ₩300,000이 회수불능되었다(단, 대손충당금 잔액은 ₩350,000이다).

① (차) 대손충당금   300,000   (대) 외상매출금   300,000
② (차) 대손상각비   300,000   (대) 외상매출금   300,000
③ (차) 외상매출금   300,000   (대) 대손충당금   300,000
④ (차) 대손충당금   300,000   (대) 대손상각비   300,000

14 다음 자료에서 금융부채의 합계액을 계산하면 얼마인가?

> 가. 미지급금   ₩60,000
> 나. 선수금   ₩50,000
> 다. 외상매입금   ₩100,000

① ₩110,000   ② ₩150,000
③ ₩160,000   ④ ₩210,000

15 '상공가구에 업무용 비품이었던 책상을 ₩100,000에 매각하고, 대금은 1주일 후에 받기로 하였다'를 분개할 때 차변 계정과목으로 옳은 것은?

① 미수금   ② 선수금
③ 미지급금   ④ 외상매출금

16 다음 거래를 올바르게 회계처리한 것은?

> 종업원에게 급여 지급 시 원천징수한 소득세 ₩55,000을 현금으로 납부하다.

① (차) 복리후생비	55,000	(대) 현 금	55,000
② (치) 세금과공과	55,000	(대) 현 금	55,000
③ (차) 가수금	55,000	(대) 현 금	55,000
④ (차) 예수금	55,000	(대) 현 금	55,000

17 다음은 업종별 경영활동 관련 내역이다. 각 회사의 입장에서 수익으로 인식되는 거래로 옳지 않은 것은?

① 대한호텔은 고객으로부터 객실료를 현금으로 받다.
② 대한상사는 거래처로부터 외상매입금 전액을 면제받다.
③ 부동산임대업인 (주)미래부동산은 기일이 도래한 건물 임대료를 현금으로 받다.
④ (주)상공상사는 거래처와 상품 판매계약을 체결하고, 계약금액의 20%를 현금으로 먼저 받다.

18 상품재고장에 관한 설명으로 옳지 않은 것은?

① 상품의 종류별로 인수, 인도 및 잔액을 알 수 있도록 기입하는 보조원장이다.
② 상품재고장의 인수, 인도 및 잔액란의 모든 단가와 금액은 매입원가로 기입한다.
③ 매출한 상품에 불량품이 있어 에누리해 준 금액은 인도란에 붉은 글씨로 기입한다.
④ 매입단가가 다른 경우 매출원가를 결정하는 방법으로는 선입선출법, 이동평균법, 총평균법 등이 있다.

19 다음의 비품에 대하여 20X4년 12월 31일 결산 시 재무상태표에 기입할 감가상각누계액의 금액으로 옳은 것은?

> 가. 취득일 : 20X1년 1월 1일
> 나. 취득원가 : ₩1,000,000
> 다. 내용연수 : 5년
> 라. 잔존가치 : 없음
> 마. 결산 연 1회 : 매년 12월 31일
> 바. 정액법에 의하여 매년 월할상각으로 감가상각하였음

① ₩200,000　　　　　　　　② ₩400,000
③ ₩600,000　　　　　　　　④ ₩800,000

20 비유동자산인 기계장치의 취득원가로 옳은 것은?

> • 기계장치 구입대금　　　　　　₩300,000
> • 택배회사에 지급한 운반비　　　₩20,000
> • 매장에 설치한 기계장치 설치비　₩10,000
> • 구입 이후 수선비　　　　　　　₩10,000

① ₩310,000　　　　　　　　② ₩320,000
③ ₩330,000　　　　　　　　④ ₩340,000

21 다음 (A), (B)의 거래가 모두 기입되는 장부에 해당하는 것은?

> (A) 상품 100개(@₩30,000)를 ₩3,000,000에 외상매출하다.
> (B) 제주상점의 외상매입금 ₩200,000을 수표 발행하여 지급하다.

① 매출처원장　　　　　　　　② 상품재고장
③ 총계정원장　　　　　　　　④ 당좌예금출납장

22 다음 중 회계상의 거래가 아닌 것은?

① 상품 주문 대금 ₩300,000이 당점의 보통예금으로 입금되다.
② 상공상사로부터 컴퓨터 2대를 기증받다.
③ 신입사원과의 고용계약을 체결하다.
④ 사용 중인 건물에 대하여 감가상각하다.

23 개인기업인 A회사의 다음 자료에 의한 기말 자본금을 계산하면 얼마인가?

〈기초의 재무상태〉

가. 현 금	₩100,000	나. 외상매출금	₩320,000
다. 상 품	₩450,000	라. 외상매입금	₩300,000
마. 단기차입금	₩70,000	바. 자본금	( )

〈당기 중의 경영성과〉

사. 매출총이익	₩45,000	아. 임대료	₩5,000
자. 수수료수익	₩10,000	차. 급 여	₩40,000
카. 통신비	₩3,000	타. 보험료	₩7,000

① ₩450,000
② ₩500,000
③ ₩510,000
④ ₩545,000

24 남대문상점에 대한 외상매입금 ₩5,000을 지급하기 위하여 매출처 종로상회로부터 수취한 약속어음을 배서양도한 경우의 회계처리로 옳은 것은?

① (차) 외상매입금   5,000   (대) 지급어음   5,000
② (차) 외상매출금   5,000   (대) 지급어음   5,000
③ (차) 외상매입금   5,000   (대) 받을어음   5,000
④ (차) 외상매출금   5,000   (대) 받을어음   5,000

25 결산 시 현금실제액이 장부잔액보다 ₩30,000 많은 경우 분개 시 대변 계정과목으로 옳은 것은?
(단, 그 원인은 결산이 끝날 때까지 밝혀지지 않았다고 가정한다)

① 잡손실
② 현금과부족
③ 잡이익
④ 현 금

01 3전표제도에서 입금전표에 기입될 거래로 옳은 것은?

① 전화요금 ₩10,000을 현금으로 지급하다.
② 보통예금에서 현금 ₩500,000을 인출하다.
③ 외상매입 대금 ₩2,000,000은 어음을 발행하여 지급하다.
④ 업무용 선풍기를 ₩70,000에 구입하고 대금은 신용카드로 결제하다.

02 20X1년 10월 1일 화재보험료 1년분 ₩120,000을 현금으로 지급하였다. 20X1년 12월 31일 결산을 하는 경우 재무상태표에 표시될 선급보험료를 계산한 금액으로 옳은 것은?

① ₩10,000   ② ₩30,000
③ ₩90,000   ④ ₩120,000

03 다음 중 수익의 이연과 관련 있는 계정과목으로 옳은 것은?

① 선수임대료   ② 선급보험료
③ 미수이자   ④ 미지급임차료

04 재무제표에 대한 설명으로 옳은 것은?

① 손익계산서의 두 가지 기본요소는 비용과 이익이다.
② 재무상태표는 회계기간의 재산상태 변동을 나타내는 보고서이다.
③ 현금흐름표는 기업의 지급능력 및 미래현금흐름 창출능력에 대한 정보를 제공한다.
④ 주석은 재무제표에 표시된 정보에 대하여 추가로 제공된 정보로서 재무제표에 포함되지 않는다.

05 다음 중 비유동부채에 속하는 계정과목으로 옳은 것은?

① 사 채
② 미지급금
③ 예수금
④ 유동성장기부채

06 다음 중 포괄손익계산서의 구성 항목에 해당하지 않는 것은?

① 매출액
② 용역수익
③ 매출원가
④ 자본조정

07 다음은 (주)상공의 20X1년 말 현금 및 예금 관련 계정잔액이다. 20X1년도 말 재무상태표에 보고하는 계정들에 대한 설명 중 옳은 것은?

(단위 : 원)

하나은행		**우리은행**	
당좌예금 :	100,000	당좌예금 :	△10,000 (당좌차월)
보통예금 :	80,000	정기예금 :	40,000 (만기 20X3년 말)

① 현금및현금성자산 ₩80,000, 차입금 ₩110,000, 비유동자산(기타금융자산) ₩40,000
② 현금및현금성자산 ₩190,000, 비유동자산(기타금융자산) ₩40,000
③ 현금및현금성자산 ₩230,000
④ 현금및현금성자산 ₩180,000, 단기차입금 ₩10,000, 비유동자산(기타금융자산) ₩40,000

08 (주)상공은 단기시세차익을 목적으로 1주당 액면 ₩5,000의 주식 1,000주를 주당 ₩6,000에 취득하고 수수료 ₩30,000과 함께 현금으로 지급하였다. 회사는 동 주식을 당기손익-공정가치측정 금융자산으로 분류하였다. 주식의 취득원가는 얼마인가?

① ₩5,000,000
② ₩6,000,000
③ ₩5,030,000
④ ₩6,030,000

다음 매입처원장 각 계정의 기입 내용을 보고 1월 말 현재 외상매입금 미지급액을 계산하면 얼마인가?

<table>
<tr><td colspan="6" align="center">갑상점</td></tr>
<tr><td>1/17</td><td>현 금</td><td>20,000</td><td>1/1</td><td>전기이월</td><td>30,000</td></tr>
<tr><td></td><td></td><td></td><td>1/15</td><td>매 입</td><td>240,000</td></tr>
<tr><td colspan="6" align="center">을상점</td></tr>
<tr><td>1/25</td><td>당좌예금</td><td>400,000</td><td>1/1</td><td>전기이월</td><td>20,000</td></tr>
<tr><td></td><td></td><td></td><td>1/20</td><td>매 입</td><td>500,000</td></tr>
</table>

① ₩340,000   ② ₩350,000
③ ₩360,000   ④ ₩370,000

10 다음 상품 매매와 관련된 자료를 통하여 계산한 매입채무 잔액은 얼마인가?(단, 기초 매입채무는 잔액이 없었다)

- 현금매입액   ₩50,000
- 외상매입액   ₩200,000
- 외상대금 현금상환액   ₩100,000
- 외상대금 조기상환에 따른 할인액   ₩1,000

① ₩99,000   ② ₩149,000
③ ₩249,000   ④ ₩250,000

11 다음 거래의 차변에 들어갈 계정과목으로 옳은 것은?

(가) 종업원에게 출장을 명하고, 출장여비 ₩200,000을 현금으로 지급하다.
(나) 상품 ₩500,000을 매입하기로 계약하고, 계약금 ₩200,000을 현금으로 지급하다.

① (가) 가지급금   (나) 선수금
② (가) 가지급금   (나) 선급금
③ (가) 가수금   (나) 상 품
④ (가) 가수금   (나) 계약금

12 (주)국민의 7월 중 상품 매매에 관련된 자료이다. 선입선출법에 의한 7월 말의 기말재고액과 매출원가를 계산한 금액으로 옳은 것은?

일 자	적 요	수 량	단 가
7월 1일	기초재고	100개	₩100
7월 10일	매 입	100개	₩100
7월 15일	매 출	100개	
7월 20일	매 입	100개	₩120
7월 25일	매 출	100개	

① 기말재고액 : ₩10,000   매출원가 : ₩22,000
② 기말재고액 : ₩10,000   매출원가 : ₩20,000
③ 기말재고액 : ₩12,000   매출원가 : ₩20,000
④ 기말재고액 : ₩12,000   매출원가 : ₩22,000

13 원자재 가격 상승으로 상품의 매입단가가 계속 오르고 있다. 이때 선입선출법에 의하여 재고자산을 평가할 경우, 이동평균법과 비교하여 재무제표에 미치는 영향으로 옳지 않은 것은?

① 당기의 순이익이 과소계상된다.
② 당기의 매출원가가 과소계상된다.
③ 당기의 기말상품재고액이 과대계상된다.
④ 차기의 기초상품재고액이 과대계상된다.

14 다음과 같이 구입한 기계장치의 취득원가를 계산하면 얼마인가?

가. 구입가격	₩500,000
나. 인수운임	₩30,000
다. 사용 전 시운전비	₩20,000

① ₩500,000   ② ₩520,000
③ ₩530,000   ④ ₩550,000

15 다음 중 결산 시 손익계정에 대체하는 계정과목으로 옳지 않은 것은?

① 개발비   ② 연구비
③ 세금과공과   ④ 무형자산상각비

16 종업원급여 지급 시 공제한 소득세 ₩15,000을 현금으로 납부한 경우 차변 계정과목으로 옳은 것은?

① 급 여   ② 현 금
③ 소득세   ④ 예수금

17 손익계정 차변에 기입된 내용에 대한 설명으로 옳지 않은 것은?

손 익

12/31 자본금	100,000	

① 기말자본금 ₩100,000이 증가한다.
② 당기순이익 ₩100,000이 발생하다.
③ 대체분개는 (차) 자본금 100,000 (대) 손 익 100,000이다.
④ 손익계정 차변의 자본금 ₩100,000은 자본금계정 대변으로 대체하다.

18 다음 거래를 분개한 것으로 옳은 것은?

> 협력 업체 체육대회 행사에 기부할 모자 구입 대금 ₩300,000과 당사 직원들을 위한 체력 단련 비용 ₩500,000을 함께 국민은행 보통예금 계좌의 체크카드로 결제하다.

① (차)	복리후생비	800,000	(대) 현 금		800,000
② (차)	기부금	300,000	(대) 보통예금		800,000
	복리후생비	500,000			
③ (차)	접대비	300,000	(대) 보통예금		800,000
	복리후생비	500,000			
④ (차)	접대비	300,000	(대) 미지급금		800,000
	복리후생비	500,000			

19 다음의 회계자료를 보고, 상품의 매출원가와 상품매출이익을 계산하시오.

가. 기초상품재고액		₩30,000
나. 당기상품매입액		₩55,000
다. 당기순매출액		₩75,000
라. 기말상품재고액		₩35,000

① 매출원가   ₩55,000   상품매출이익   ₩20,000
② 매출원가   ₩50,000   상품매출이익   ₩25,000
③ 매출원가   ₩35,000   상품매출이익   ₩40,000
④ 매출원가   ₩20,000   상품매출이익   ₩55,000

20 수익을 인식하기 위한 올바른 순서는?

가. 고객과의 계약을 식별
나. 수행의무를 식별
다. 거래가격을 산정
라. 수행의무를 이행할 때 수익을 인식

① 가, 나, 다, 라   ② 가, 다, 나, 라
③ 나, 가, 다, 라   ④ 나, 다, 가, 라

21 다음 비용을 기능별로 분류한 포괄손익계산서 자료를 이용하여 계산한 영업이익은 얼마인가?

• 매출총이익	₩800,000
• 물류원가	₩150,000
• 기타수익	₩70,000
• 관리비	₩90,000
• 금융수익	₩10,000
• 기타비용	₩40,000

① ₩520,000   ② ₩560,000
③ ₩590,000   ④ ₩600,000

22 다음 중 아래에서 설명하는 자산과 관계없는 거래는 무엇인가?

> 식별 가능한 비화폐성 자산으로 물리적 형체가 없지만 기업이 통제하고 있으며 장기에 걸쳐 미래에
> 기업에 효익을 제공하는 자산이다.

① 컴퓨터소프트웨어 ₩500,000을 현금으로 구입하다.
② 건물에 대한 임차보증금 ₩500,000을 현금으로 지급하다.
③ 신제품 개발을 위한 개발비 ₩500,000을 현금으로 지급하다.
④ 신상품에 대한 특허권 ₩500,000을 취득하고 등록비 ₩10,000과 함께 현금으로 지급하다.

23 다음 중 거래요소의 결합관계로 옳지 않은 것은?

① (차) 자산의 증가   (대) 자산의 감소, 수익의 발생
② (차) 부채의 감소   (대) 자산의 감소, 비용의 발생
③ (차) 부채의 감소   (대) 자본의 증가, 자산의 감소
④ (차) 자본의 감소   (대) 자본의 증가

24 12월 31일이 결산일인 (주)상공은 20X1년 중에 단기시세차익을 목적으로 A회사 주식을 ₩500,000에 취득한 후 당기손익-공정가치측정금융자산으로 분류하였다. 20X1년 말 현재 A회사 주식의 시가는 ₩450,000이었다. (주)상공은 20X2년 중에 A회사 주식 전부를 ₩480,000에 매각처분하였다. (주)상공이 20X2년도 포괄손익계산서에 인식해야 할 A회사 주식에 대한 처분손익은 얼마인가?

① 처분이익 ₩30,000   ② 처분이익 ₩50,000
③ 처분손실 ₩30,000   ④ 처분손실 ₩50,000

25 다음 중 성격별 포괄손익계산서의 분류 항목에만 해당하는 것은?

① 매출원가   ② 수익(매출액)
③ 법인세비용   ④ 제품과 재공품의 변동

01 회계의 궁극적인 목적으로 가장 적절한 것은?

① 채권자들에게 과세 결정의 기초 자료를 제공한다.

② 투자자들에게 경영 방침 및 경영 계획 수립을 위한 자료를 제공한다.

③ 경영자에게 기업의 수익성과 지급능력을 측정하는 데 필요한 기준 정보를 제공한다.

④ 기업의 모든 이해관계자들이 합리적인 의사결정을 할 수 있도록 유용한 재무정보를 제공한다.

02 (주)상공의 10월 거래를 전표에 기입한 내용은 다음과 같다. 이 전표를 통해서 알 수 있는 내용이 아닌 것은?

• 입금전표 매출	₩100,000	
• 입금전표 외상매출금	₩20,000	
• 출금전표 종업원급여	₩30,000	
• 대체전표　　(차) 토 지	500,000　　(대) 미지급금	500,000

① 현금계정의 증가액은 ₩90,000이다.

② 거래의 발생건수는 4건이다.

③ 입금전표 외상매출금 ₩20,000의 의미는 '상품 ₩20,000을 매출하고 대금을 외상으로 하다' 이다.

④ 토지를 ₩500,000에 구입하고 대금을 아직 지급하지 않았다.

03 20X1년 4월 1일에 1년분 보험료 ₩240,000을 현금으로 지급하고, 이를 자산(선급보험료)으로 기록하였다. 결산일인 20X1년 12월 31일 보험료와 관련한 결산정리분개로 옳은 것은?(단, 보험료 는 월할계산한다)

①	(차) 보험료	60,000	(대) 선급보험료	60,000
②	(차) 선급보험료	60,000	(대) 보험료	60,000
③	(차) 보험료	180,000	(대) 선급보험료	180,000
④	(차) 선급보험료	180,000	(대) 보험료	180,000

04 결산 시 현금의 장부금액 ₩100,000과 실제금액 ₩90,000의 차이가 발생하였음을 발견하였으나 그 원인을 알 수 없었다. 분개로 옳은 것은?

① (차) 현 금   10,000   (대) 잡이익   10,000
② (차) 현 금   10,000   (대) 현금과부족   10,000
③ (차) 잡손실   10,000   (대) 현 금   10,000
④ (차) 현금과부족   10,000   (대) 현 금   10,000

05 다음은 회계순환과정을 나타낸 것이다. (가) ~ (라)에 들어갈 용어로 옳은 것은?

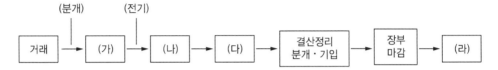

① (가) 분개장, (나) 총계정원장, (다) 시산표, (라) 재무제표
② (가) 분개장, (나) 시산표, (다) 총계정원장, (라) 재무제표
③ (가) 총계정원장, (나) 분개장, (다) 시산표, (라) 재무제표
④ (가) 시산표, (나) 재무제표, (다) 분개장, (라) 총계정원장

06 다음 중 비유동자산으로 분류되는 기타자산에 해당하는 계정과목으로 옳은 것은?

① 선급금   ② 임차보증금
③ 선급비용   ④ 미수수익

07 다음 자산의 분류에서 (가)에 해당하는 계정과목으로 옳은 것은?

① 비 품   ② 상 품
③ 미수금   ④ 산업재산권

08 다음 중 포괄손익계산서 구성 항목으로 옳은 것은?

① 이익잉여금
② 당기순손익
③ 유동자산
④ 자본조정

09 다음 거래를 분개할 경우 대변에 기입될 계정과목은?

> 상품 ₩500,000을 매입하고 대금은 신용카드로 결제하다.

① 미수금
② 미지급금
③ 외상매입금
④ 외상매출금

10 다음 중 금융자산에 해당하는 계정과목으로 옳게 짝지어진 것은?

① 상품, 비품
② 예수금, 미지급금
③ 외상매출금, 받을어음
④ 미수수익, 미지급비용

11 약속어음과 환어음에 대한 다음 설명 중 옳은 것은?

① 매입처에서 제시한 환어음을 인수하면 어음상의 채권이 발생한다.
② 상품매출 대금으로 약속어음을 받으면 현금및현금성자산이 증가한다.
③ 상품매입 대금으로 약속어음을 발행해 주면 어음상의 채권이 발생한다.
④ 상품을 매입하고 매출처 앞 환어음을 발행하면 어음상의 채권·채무는 발생하지 않는다.

12 매출처 (주)상공으로부터 상품의 주문을 받고 계약금 ₩50,000을 현금으로 받은 경우 회계처리시 대변 계정과목으로 옳은 것은?

① 가수금
② 선수금
③ 선급금
④ 미수금

13 다음은 (주)상공의 당좌거래와 관련된 거래이다. 결산 후 재무상태표에 표시될 단기차입금의 금액을 계산한 것으로 옳은 것은?(단, 당좌차월 한도액은 ₩2,000,000이다)

- 9월 1일   당좌예금 잔액 ₩500,000
- 9월 15일   비품 ₩1,000,000을 구입하고 대금은 당좌수표를 발행하여 지급하다.
- 9월 20일   상품 ₩300,000을 매출하고 대금은 현금으로 받아 즉시 당좌예입하다.
- 9월 30일   상품 ₩200,000을 매입하고 대금은 당좌수표를 발행하여 지급하다.

① ₩200,000   ② ₩300,000
③ ₩400,000   ④ ₩500,000

14 다음 중 매입계정을 증가시키는 내용으로 옳지 않은 것은?(단, 상품거래는 3분법에 의한다)

① 상품의 운송비
② 상품의 하역비
③ 상품의 구입원가
④ 상품의 불량으로 에누리받은 금액

15 다음 거래의 분개로 옳은 것은?

(주)서울은 취득원가 ₩1,000,000(감가상각누계액 ₩300,000)의 비품을 ₩700,000에 처분하고, 대금은 월말에 받기로 하다.

①	(차) 감가상각누계액	300,000	(대) 비 품		1,000,000
	미수금	700,000			
②	(차) 미수금	700,000	(대) 비 품		700,000
③	(차) 감가상각누계액	1,000,000	(대) 비 품		1,000,000
④	(차) 미지급금	700,000	(대) 비 품		1,000,000
	감가상각누계액	300,000			

16 다음은 자본에 대한 설명이다. 옳지 않은 것은?

① 주식회사의 자본은 그 성격상 자본금, 자본잉여금, 자본조정, 기타포괄손익누계액, 이익잉여금으로 분류되는데, 기말 재무상태표에는 납입자본, 이익잉여금, 기타자본구성요소로 분류 표시한다.

② 주식할인발행차금은 발생할 당시에 장부상 주식발행초과금 계정잔액이 있는 경우 그 범위 내에서 주식발행초과금과 상계처리하고 잔액은 자본조정으로 분류한다.

③ 회계기간 말 재무상태표상의 이익잉여금은 주주총회 승인 후의 금액으로 나타내야 한다.

④ 회사가 이미 발행한 주식을 주주로부터 취득한 경우 그 취득가액으로 자기주식계정 차변에 기록하며 자본의 차감항목이다.

17 다음의 거래를 분개할 경우 옳은 것은?(단, 제시된 자료만 고려한다)

> 종업원에 대한 급여 ₩1,500,000을 자기앞수표로 지급하다.

①	(차) 종업원급여	1,500,000	(대) 현 금	1,500,000
②	(차) 종업원급여	1,500,000	(대) 자기앞수표	1,500,000
③	(차) 종업원급여	1,500,000	(대) 당좌예금	1,500,000
④	(차) 종업원급여	1,500,000	(대) 보통예금	1,500,000

18 어떤 지출이 수익창출을 기대할 것이 확실하나 특정한 수익과 관련짓기가 어렵거나 혹은 수익창출을 기대하기 어려울 것으로 판단되면 발생시점에 비용으로 인식하는데 이를 비용의 간접 대응이라고 한다. 이에 대한 설명으로 옳지 않은 것은?

① 임원급여 등과 같은 관리비가 이에 해당된다.

② 일반적으로 취득과 동시에 혹은 취득 직후 소비되므로 취득시점에 비용으로 인식된다.

③ 광고비, 판매촉진비 등과 같은 판매비가 이에 해당된다.

④ 상품을 판매할 때 비용인 매출원가가 이에 해당된다.

19 20X1년 6월 1일에 임대료 1년분 ₩120,000을 현금으로 받았으며, 결산일인 20X1년 12월 31일 임대료와 관련 결산정리분개 및 차기 초에 재수정분개 결과를 임대료계정에 기입한 내용이다. 다음 (가)와 (나)에 해당하는 계정과목과 금액으로 옳게 짝지어진 것은?(단, 임대료는 월할계산된다)

	임대료			
12/31	선수임대료	(?)	6/1 현 금	120,000
12/31	(가)			
		120,000		120,000
			1/1 (나)	

① (가) 손 익 50,000 (나) 미수임대료 50,000
② (가) 손 익 70,000 (나) 선수임대료 50,000
③ (가) 손 익 70,000 (나) 선수임대료 70,000
④ (가) 선수임대료 50,000 (나) 손 익 70,000

20 (주)영동으로부터 상품 ₩5,000을 매입하고 대금은 당좌수표를 발행하여 지급하였다. 당좌예금 잔액은 ₩4,000이며 당좌차월 한도액은 ₩3,000이라고 할 때, 적절한 회계처리는?

① (차) 매 입 5,000 (대) 당좌예금 4,000
　　　　　　　　　　　　　　　 단기차입금 1,000
② (차) 매 입 5,000 (대) 당좌예금 5,000
③ (차) 매 입 5,000 (대) 당좌예금 4,000
　　　　　　　　　　　　　　　 매출채권 1,000
④ (차) 매 입 5,000 (대) 당좌차월 5,000

21 다음 중 순매출액의 구성요소가 아닌 것은?

① 매출에누리 ② 매출환입
③ 매출할인 ④ 매출원가

22 다음 중 자본적 지출이 아닌 것은?

① 유형자산에 대한 대폭적인 수선을 통하여 실질적인 경제적 내용연수가 연장되는 경우
② 기존 생산설비에 새로운 장치를 추가시켜서 내용연수의 증가는 없지만 생산량이 증가된 경우
③ 기계장치의 성능을 유지시키기 위해서 윤활유를 교체한 경우
④ 제품의 불량률을 감소시키도록 기존의 부품을 첨단부품으로 교체한 경우

23 수정분개 전 당기순이익은 ₩540,000이었다. 다음의 기말정리사항들을 올바르게 수정분개하였을 때, 정확한 당기순이익은 얼마인가?

가. 이자수익 미경과분	₩65,000
나. 수수료 미회수분	₩52,000
다. 급여 미지급액	₩45,000
라. 영업비로 처리한 소모품 미사용액	₩25,000

① ₩507,000 　　　　　　　　② ₩553,000
③ ₩673,000 　　　　　　　　④ ₩867,000

24 다음 거래의 분개로 옳은 것은?

상품 ₩250,000을 구입하고 대금은 약속어음을 발행하여 지급하다.	

① (차) 매 입	250,000	(대) 약속어음	250,000
② (차) 매 입	250,000	(대) 지급어음	250,000
③ (차) 받을어음	250,000	(대) 매 출	250,000
④ (차) 약속어음	250,000	(대) 매 출	250,000

25 취득원가 ₩300,000의 비품을 ₩150,000에 처분하여 유형자산처분이익 ₩30,000이 발생하였다. 처분시점의 비품 감가상각누계액은 얼마인가?

① ₩120,000 　　　　　　　　② ₩150,000
③ ₩180,000 　　　　　　　　④ ₩270,000

T·E·S·T 15 기출문제

01 다음 등식 중 옳지 않은 것은?

① 자산 + 부채 = 자본
② 자산 − 자본 = 부채
③ 총비용 − 당기순손실 = 총수익
④ 총수익 − 당기순이익 = 총비용

02 결산이 예비절차, 본절차 및 보고서 작성절차로 이루어질 경우, 다음 중 결산의 예비절차에 해당하는 것은?

① 분개장의 마감
② 수정전 시산표의 작성
③ 총계정원장의 마감
④ 재무상태표의 작성

03 시산표에서 발견할 수 있는 오류로 옳지 않은 것은?

① 외상매입금 ₩1,000을 현금으로 지급한 거래 전체를 기장 누락하였다.
② 건물 화재보험료 ₩2,000을 현금으로 지급한 거래를 현금계정, 보험료계정 모두 차변에 기입하였다.
③ 소모품 ₩5,000을 외상으로 구입하고 대변에 미지급금은 기장하였으나 차변 소모품계정 기장 누락하였다.
④ 상품 ₩50,000을 현금으로 구입한 거래를 상품계정 차변에는 ₩50,000을 기입하였으나, 대변에 ₩5,000을 기입하였다.

04 다음 중 결산수정사항에 대한 내용으로 옳지 않은 것은?

① 광고선전비를 현금으로 지급하고 장부에 계상하다.
② 기말시점 현재 원인을 알 수 없는 현금 부족액을 발견하다.
③ 기말매출채권에 대한 대손금액을 추정하다.
④ 당기분 감가상각비를 인식하다.

05 다음 중 기능별 분류를 적용한 포괄손익계산서와 성격별 분류를 적용한 손익계산서상에서 동일한 명칭으로 표시되는 과목은?

① 관리비   ② 물류원가
③ 매출액   ④ 매출총이익

06 다음에서 설명하는 재무제표의 종류로 옳은 것은?

> 일정시점 현재 기업이 보유하고 있는 경제적 자원인 자산과 경제적 의무인 부채, 그리고 자본에 대한 정보를 제공하는 보고서이다.

① 자본변동표   ② 포괄손익계산서
③ 현금흐름표   ④ 재무상태표

07 다음 중 금융부채에 해당하지 않는 것은?

① 외상매입금   ② 지급어음
③ 단기차입금   ④ 가지급금

08 다음 자료에 의하여 당기순이익을 계산하면 얼마인가?

가. 세금과공과	₩20,000
나. 당기손익-공정가치측정금융자산처분이익	₩10,000
다. 급 여	₩50,000
라. 임차료	₩30,000
마. 이자수익	₩1,000
바. 매출총이익	₩200,000
사. 기부금	₩2,000
아. 잡이익	₩10,000

① ₩81,000   ② ₩98,000
③ ₩119,000   ④ ₩121,000

09 다음 중 금융자산으로 볼 수 없는 것은?

① 선급금   ② 매출채권
③ 정기예금   ④ 현금성자산

10 다음 거래에 대한 분개로 옳은 것은?

20X1년 9월 24일	상공상점에 상품 ₩200,000을 매출하고, 2개월 만기의 동점발행 약속어음으로 받다.

① (차) 받을어음	200,000	(대) 매 출	200,000
② (차) 지급어음	200,000	(대) 매 출	200,000
③ (차) 당좌예금	200,000	(대) 매 출	200,000
④ (차) 현 금	200,000	(대) 매 출	200,000

11 다음 거래를 분개할 경우 대변의 계정과목과 금액으로 옳은 것은?

> 상품 ₩1,000,000을 매입하고 대금 중 ₩600,000은 3개월 만기의 약속어음을 발행하여 주고,
> 잔액은 매출처로부터 받은 환어음을 배서양도하다.

① 지급어음 ₩600,000, 외상매출금 ₩400,000
② 받을어음 ₩600,000, 외상매입금 ₩400,000
③ 받을어음 ₩600,000, 지급어음　₩400,000
④ 지급어음 ₩600,000, 받을어음　₩400,000

12 다음 중 기말재고자산이 기말 현재의 시점에서 가장 가까운 금액으로 평가되는 방법은?

① 선입선출법　　　　　　　　　② 후입선출법
③ 이동평균법　　　　　　　　　④ 총평균법

13 토지(원가 ₩100,000)를 갑회사에 ₩120,000을 받고 처분하였는데, ₩20,000은 동 회사가 발행한 수표로, 나머지 ₩100,000은 동 회사가 발행한 어음으로 받은 경우 재무상태에 미치는 영향은?

① 자산 증가, 부채 증가　　　　② 부채 증가, 자본 증가
③ 부채 증가, 자산 감소　　　　④ 자산 증가, 자본 증가

14 다음 거래의 분개에서 공통적으로 사용되는 계정과목은?

> 가. 사원에게 출장을 명하고 여비 명목으로 ₩200,000을 수표로 발행하여 지급하다.
> 나. 출장간 사원이 돌아와 출장비를 정산하고 잔액 ₩50,000은 현금으로 반납하다.

① 가수금　　　　　　　　　　　② 선급금
③ 가지급금　　　　　　　　　　④ 여비교통비

15 재무제표에 계상하는 유형자산의 취득원가에 대한 설명으로 옳지 않은 것은?

① 건물 구입 시 지급한 취득세는 건물의 취득원가에 포함한다.
② 새로운 건물을 짓기 위해서 낡은 건물을 토지와 함께 구입했다면 기존 건물을 철거하고 제거하는 지출까지도 토지 취득원가로 본다.
③ 기계의 경우 취득하여 설치하는 과정에서 지출된 조립비, 설치비, 시운전비도 취득원가에 포함한다.
④ 차량 구입 시 가입한 자동차보험료는 차량운반구 취득원가에 포함한다.

16 이번 달 종업원급여 ₩10,000을 지급하면서 소득세 ₩200을 차감한 잔액은 현금으로 지급하다. 이 거래에 대한 분개로 옳은 것은?

①	(차)	현 금	10,000	(대)	급 여	10,000
②	(차)	급 여	10,000	(대)	현 금	9,800
					예수금	200
③	(차)	급 여	10,000	(대)	현 금	10,000
④	(차)	급 여	10,200	(대)	현 금	10,000
					예수금	200

17 수익과 비용의 대응원칙에 따라 비용을 인식하는 방법 중 인과관계에 의한 직접 대응에 해당하는 비용으로 옳은 것은?

① 임차료   ② 매출원가
③ 광고선전비   ④ 통신비

18 다음 자료에 의하여 당기 중의 매출채권 회수액을 계산한 것으로 옳은 것은?(단, 상품매매는 모두 외상거래이다)

가. 매출채권 기초잔액	₩150,000
나. 매출채권 기말잔액	₩200,000
다. 당기 총 매출액	₩270,000
라. 당기 중 매출환입액	₩50,000
마. 당기 중 대손액	₩50,000

① ₩120,000   ② ₩150,000
③ ₩200,000   ④ ₩220,000

19 다음 중 관리회계와 비교할 때, 재무회계의 특징이 아닌 것은?

① 재무회계는 재무제표 작성을 위해 일반적으로 인정된 회계원칙을 준수한다.
② 재무제표는 정보의 비교가능성을 위해 통일된 형식에 따라 작성 보고된다.
③ 재무회계는 수시로 정보를 제공하기보다는 정기적으로 재무제표를 보고한다.
④ 재무회계에서는 경영자의 경영의사결정만을 중요시한다.

20 다음 수정전 잔액시산표와 결산정리사항에 의하여 기말의 대손설정 분개 내용으로 옳은 것은?

수정전 잔액시산표

갑상사   20X1년 12월 31일   (단위 : 원)

차 변	계정과목	대 변
50,000	현 금	
100,000	외상매출금	
	대손충당금	1,500
80,000	이월상품	
	지급어음	70,000
	자본금	130,000
⋮	⋮	⋮

〈결산정리사항〉
기말 매출채권 잔액에 대하여 2%의 대손을 예상하다.

①	(차) 대손상각비	500	(대)	대손충당금	500
②	(차) 대손상각비	1,500	(대)	대손충당금	1,500
③	(차) 대손상각비	2,000	(대)	대손충당금	2,000
④	(차) 대손충당금	2,000	(대)	대손상각비	2,000

21 유형자산 취득 후 지출 중에서 자본적 지출로 처리해야 하는 것은?

① 공장설비 유지비
② 기계의 보수비
③ 기계부품의 성능개선비
④ 공장 청소비

22 서울(주)는 7월 15일 사무용 소모품 ₩70,000을 현금으로 구입했다. 12월 31일 결산시점에 미사용 소모품을 재고조사한 결과 ₩12,000이 아직 남아 있었다. 다음의 설명 중 옳지 않은 것은?(단, 회계처리는 자산처리법으로 한다)

① 7월 15일 분개는 차변에 소모품 ₩70,000, 대변에 현금 ₩70,000이다.

② 12월 31일 분개는 차변에 소모품비 ₩12,000, 대변에 소모품 ₩12,000이다.

③ 소모품비 ₩58,000이 손익계산서의 비용 항목에 기록된다.

④ 12월 31일 현재 소모품 ₩12,000이 재무상태표 자산 항목에 기록된다.

23 다음 중 주식회사의 주식 할증발행에 대한 설명으로 옳은 것은?

① 발행금액과 액면금액이 같다.

② 주식 할증발행 결과 자본 총액이 증가할 수 있다.

③ 할증발행의 결과 이익잉여금이 변동된다.

④ 발행가액과 액면가액의 차액을 주식할인발행차금으로 처리한다.

24 (주)상공상사는 외상매출금 ₩100,000을 약정일보다 미리 회수하게 되어 ₩2,000을 할인해 주고 잔액은 현금으로 회수하였다. 이 거래와 관련된 올바른 분개는?

①	(차)	현 금	98,000	(대)	외상매출금	100,000
		매 출	2,000			
②	(차)	현 금	98,000	(대)	외상매출금	98,000
③	(차)	현 금	98,000	(대)	외상매출금	100,000
		이자비용	2,000			
④	(차)	외상매출금	100,000	(대)	매 출	98,000
					현 금	2,000

25 다음 중 현금계정에 포함되지 않는 것은?

① 자기앞수표 ② 타인발행당좌수표

③ 배당금수령통지표 ④ 수입인지

16 기출문제

응시시간 40분

01 다음은 개인기업인 상공상점의 거래와 분개이다. 이에 대한 12월 31일 결산정리분개로 옳은 것은?(단, 결산일은 12월 31일이고, 월할계산한다)

> • 9월 1일   1년분 임대료 ₩120,000을 현금으로 받다.
>
> (차) 현 금   120,000   (대) 임대료   120,000

① (차) 임대료   40,000   (대) 선수임대료   40,000
② (차) 임대료   80,000   (대) 선수임대료   80,000
③ (차) 미수임대료   40,000   (대) 임대료   40,000
④ (차) 미수임대료   80,000   (대) 임대료   80,000

02 다음은 (주)상공의 결산 시 소모품 관련 자료이다. 이를 기초로 결산정리사항을 분개하였을 때 재무제표에 미치는 영향으로 옳은 것은?

> 수정전 잔액시산표 차변에 소모품계정 금액은 ₩240,000이며, 실제로 소모품을 조사한 결과 재고액이 ₩100,000으로 파악되었다.

① 포괄손익계산서의 비용이 ₩140,000만큼 증가한다.
② 당기순이익은 ₩100,000만큼 감소한다.
③ 재무상태표에 자산이 ₩240,000만큼 감소한다.
④ 자본에는 아무런 영향이 없다.

03 다음 (주)대한상공의 결산정리 누락사항이다. 이를 회계처리하지 않았을 때 나타날 재무제표의 결과에 대한 설명으로 옳은 것은?

> 결산일에 장기차입금에 대한 이자 미지급분 ₩50,000을 계상하지 않았다.

① 비용이 ₩50,000 과대계상되었다.
② 수익이 ₩50,000 과소계상되었다.
③ 부채가 ₩50,000 과소계상되었다.
④ 자산이 ₩50,000 과소계상되었다.

04 다음 거래 중 현금및현금성자산의 금액을 증가시키지 않는 거래는?

① 은행으로부터 현금 ₩100,000을 차입하였다.
② 외상매출금 ₩500,000을 거래처발행 수표로 받다.
③ 상품 ₩300,000을 매출하고 대금은 당좌예금에 입금되다.
④ 기업어음(만기 1년) ₩1,000,000을 취득하고 금융회사에 수표를 발행하여 입금하다.

05 다음은 개인기업인 상공상점의 결산절차이다. (가) 절차에 해당하는 내용으로 옳은 것을 〈보기〉에서 모두 고른 것은?

> 결산의 예비절차 ⇨ (가) ⇨ 결산보고서의 작성

> 〈보 기〉
> ㄱ. 주요부와 각종 보조부의 마감
> ㄴ. 재무상태표 및 포괄손익계산서 작성
> ㄷ. 손익계정의 대변 잔액을 자본금계정 대변에 대체
> ㄹ. 정확한 당기순손익 파악을 위하여 결산수정사항 정리

① ㄱ, ㄴ   ② ㄱ, ㄷ
③ ㄴ, ㄹ   ④ ㄷ, ㄹ

06 재무상태표를 유동성 순서에 따른 표시방법에 따라 작성할 경우, 순서대로 나열된 것은?

① 현금및현금성자산 → 매출채권 → 상 품 → 건 물 → 산업재산권
② 매출채권 → 건 물 → 산업재산권 → 상 품 → 현금및현금성자산
③ 건 물 → 산업재산권 → 상 품 → 현금및현금성자산 → 매출채권
④ 산업재산권 → 상 품 → 건 물 → 현금및현금성자산 → 매출채권

07 다음 중 판매비와관리비에 포함할 수 없는 항목은?

① 종업원에 대한 급여
② 사무실 임차료
③ 사무실 전기료
④ 수재의연금

08 다음 현금과부족계정의 기입 내용과 관련 자료에 따라 (가)와 (나)에 해당하는 계정과목으로 옳은 것은?

현금과부족			
12/20 현 금	25,000	12/21 (가)	20,000
		12/31 (나)	5,000

〈관련 자료〉

12월 21일 현금 부족액 중 ₩20,000은 사무실 인터넷 사용료 납부 내용을 누락한 것임을 확인하다.

12월 31일 결산일 현재 현금과부족 차변 잔액 ₩5,000에 대한 원인을 파악하지 못하다.

① (가) 현 금   (나) 잡이익
② (가) 현 금   (나) 잡손실
③ (가) 통신비   (나) 잡이익
④ (가) 통신비   (나) 잡손실

09 다음 중 당좌예금계정과 관련된 거래인 것은?

① 소유주식에 대한 배당금통지표를 받다.
② 상품을 매입하고 약속어음을 발행하여 지급하다.
③ 사무용 컴퓨터를 매입하고 대금은 자기앞수표로 지급하다.
④ 거래처에 대한 외상매입 대금을 당점발행수표로 지급하다.

10 다음 중 금융자산이 증가하는 내용의 분개로 옳은 것은?

① (차) 보통예금   ××× (대) 선수금   ×××
② (차) 기계장치   ××× (대) 미지급금   ×××
③ (차) 단기차입금   ××× (대) 현 금   ×××
④ (차) 외상매입금   ××× (대) 지급어음   ×××

11 다음 (주)대한의 잔액시산표 내용 중 금융자산의 합계금액은 얼마인가?

잔액시산표

(주)대한	20X1년 12월 31일	(단위 : 원)
차 변	계정과목	대 변
150,000	현 금	
40,000	당기손익–공정가치측정금융자산	
30,000	선급금	
220,000	외상매출금	
180,000	상 품	
	외상매입금	130,000
	선수수익	10,000
⋮	⋮	⋮

① ₩370,000   ② ₩410,000
③ ₩440,000   ④ ₩580,000

12 다음은 상공상사의 상장주식 관련 자료이다. 아래의 거래와 관련하여 당기 포괄손익계산서에 기타수익(영업외수익)으로 보고될 금액은 얼마인가?(단, 제시된 자료만 고려한다)

> 가. 기타포괄손익-공정가치측정지분상품에 해당함
> 나. 취 득
> - 10월 1일 A사 100주, 매입금액 1주당 ₩5,000(액면가 1주당 ₩2,000)
> - 취득 시 수수료 ₩10,000이 발생되어 현금으로 지급하다.
> 다. 처 분
> - 12월 1일 A사 100주, 매도금액 1주당 ₩7,000
> - 매도 시 수수료 ₩15,000이 차감되어 당좌예입하다.

① ₩0
② ₩185,000
③ ₩190,000
④ ₩195,000

13 다음은 (주)한국의 어음 관련 거래이다. 이에 대한 일자별 회계처리로 옳은 것은?

> • 10월 25일 거래처로부터 받은 약속어음 ₩100,000을 거래 은행에 추심의뢰하고, 추심수수료 ₩500을 현금으로 지급하였다.
> • 10월 27일 위 어음이 정상적으로 추심되어 당점의 예금 계좌에 입금된 것을 확인하였다.

①	10월 25일	(차) 수수료비용	500	(대) 현 금	500
	10월 27일	(차) 매출채권	100,000	(대) 은행예금	100,000
②	10월 25일	(차) 수수료비용	500	(대) 현 금	500
	10월 27일	(차) 은행예금	100,000	(대) 매출채권	100,000
③	10월 27일	(차) 수수료비용	500	(대) 현 금	500
		(차) 매출채권	100,000	(대) 은행예금	100,000
④	10월 27일	(차) 수수료비용	500	(대) 현 금	500
		(차) 은행예금	100,000	(대) 매출채권	100,000

14 다음 중 거래처의 외상매출금이 회수불능된 거래에 대한 회계처리 시 차변 계정과목으로 옳은 것은?(단, 대손충당금계정 잔액은 없다)

① 잡손실
② 외상매출금
③ 감가상각비
④ 대손상각비

15 다음은 (주)서울의 거래 내용이다. 9월 16일에 (주)서울이 수행할 회계처리로 옳은 것은?

> 8월 30일   (주)서울은 (주)인천에 상품 ₩500,000을 외상매출하다.
> 9월 16일   (주)서울은 매입처인 (주)수원에 외상매입 대금 ₩500,000을 상환하기 위하여 매출처인 (주)인천 앞 환어음을 발행하여 동점의 인수를 받아 (주)수원에 교부하여 주다.

① (차) 매 입   500,000   (대) 지급어음   500,000
② (차) 매 입   500,000   (대) 외상매출금   500,000
③ (차) 외상매입금   500,000   (대) 지급어음   500,000
④ (차) 외상매입금   500,000   (대) 외상매출금   500,000

16 다음 중 금융자산 및 금융부채에 대한 설명이 옳지 않은 것은?

① 재고자산은 금융자산이 될 수 없다.
② 선급금은 화폐를 미리 지불한 것이므로 금융자산이다.
③ 선수금은 미래에 재화나 용역을 제공해야 할 의무이므로 금융부채가 아니다.
④ 특허권은 무형자산이므로 금융자산이 아니다.

17 다음 중 직원의 급여 지급 시 소득세, 국민연금, 건강보험료 등에 대해 일시적으로 차감하여 보관하는 경우 사용하는 계정과목으로 옳은 것은?

① 가수금   ② 미수금
③ 선수금   ④ 예수금

18 다음 중 상품의 구입원가가 계속 상승하는 경우에 기말상품재고액이 시가에 가장 가깝게 반영되는 재고자산평가방법으로 옳은 것은?

① 총평균법   ② 이동평균법
③ 선입선출법   ④ 후입선출법

19 원자재 가격 상승으로 상품의 매입단가가 계속 오르고 있다. 이때 선입선출법에 의하여 재고자산을 평가할 경우, 이동평균법과 비교하여 재무제표에 미치는 영향으로 옳지 않은 것은?

① 당기의 순이익이 과소계상된다.
② 당기의 매출원가가 과소계상된다.
③ 당기의 기말상품재고액이 과대계상된다.
④ 차기의 기초상품재고액이 과대계상된다.

20 무형자산으로 분류하기 위한 조건으로 옳지 않은 것은?

① 물리적 실체는 없지만 식별가능하다.
② 판매목적으로 보유하고 있어야 한다.
③ 미래 경제적 효익이 있는 비화폐성자산이다.
④ 미래 경제적 효익에 대한 제3자의 접근에 대하여 통제력이 있다.

21 다음은 12월 말 결산법인인 (주)상공의 20X1년 12월 31일 현재 재무상태표 일부이다. 20X2년 1월 1일에 건물을 ₩700,000에 처분할 경우 발생하는 손익 계정과목으로 옳은 것은?

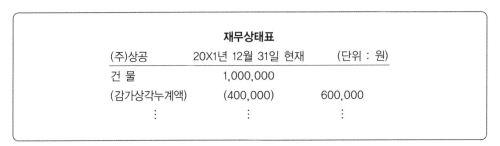

재무상태표

(주)상공	20X1년 12월 31일 현재	(단위 : 원)
건 물	1,000,000	
(감가상각누계액)	(400,000)	600,000
⋮	⋮	⋮

① 유형자산처분손실 ₩300,000   ② 유형자산평가손실 ₩300,000
③ 유형자산처분이익 ₩100,000   ④ 유형자산평가이익 ₩100,000

22 다음 설명에 해당하는 자본 항목의 계정과목으로 옳은 것은?

자본거래를 통해 자본을 변동시키는 항목이지만 자본금과 자본잉여금 중에서 어느 항목으로도 명확하게 확정할 수 없는 항목을 말하는 것으로 자본 전체에 가감하는 형식으로 표시된다.

① 감자차익   ② 자기주식
③ 이익준비금   ④ 자기주식처분이익

23 다음 중 금융자산으로 분류되는 항목만 모두 고른 것은?

가. 미수금 　　　　　　　　　　 나. 선급금
다. 보통예금 　　　　　　　　　　 라. 매출채권
마. 선급비용 　　　　　　　　　　 바. 상각후원가측정금융자산

① 가, 나, 다 　　　　　　　　　 ② 가, 다, 마
③ 가, 다, 라, 바 　　　　　　　 ④ 가, 라, 마, 바

24 다음은 상공상점의 외상매출금 계정원장이다. (가)에 기입될 거래로 옳은 것은?

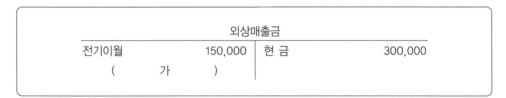

외상매출금			
전기이월	150,000	현 금	300,000
(　　 가 　　)			

① 외상매출금 ₩10,000이 회수불능되다.
② 상품 ₩200,000을 매출하고 대금은 10일 후에 받기로 하다.
③ 외상으로 매출한 상품 중 파손품이 있어 ₩20,000이 반품되어 오다.
④ 외상으로 매출한 상품 중 불량품이 있어 ₩30,000을 에누리해 주다.

25 다음 거래에 대한 회계처리를 누락하였을 때 나타날 수 있는 영향으로 옳은 것은?

이달분 신문대금 ₩1,000을 미지급하다.

① ₩1,000만큼의 수익계정 과소계상
② 시산표에서 차변과 대변 총계의 불일치
③ ₩1,000만큼의 비용계정의 과대계상
④ ₩1,000만큼의 순이익 과대계상

01 다음에서 설명하는 회계용어로 옳은 것은?

> 기업의 재무상태와 경영성과를 파악하기 위하여 인위적으로 구분한 시간적 범위를 말한다.

① 회계단위 ② 회계기간
③ 계정과목 ④ 계정계좌

02 (주)상공의 총계정원장 각 계정에 전기한 내용 중 출금전표에 기입되었던 내용으로 옳은 것은?(단, 3전표제에 의한다)

①
현 금	
미수금 50,000	

②
보통예금	
	현 금 300,000

③
매 출	
	현 금 700,000

④
이자비용	
현 금 20,000	

03 다음 자료에 의하여 개인기업인 상공마트의 기말부채를 계산한 금액으로 옳은 것은?(단, 추가 출자 및 인출액은 없다)

> • 20X1 회계연도 재무상태
>   – 기초자산 : ₩500,000
>   – 기초부채 : ₩200,000
>   – 기말자산 : ₩700,000
>
> • 20X1 회계연도 경영성과
>   – 총수익 : ₩800,000
>   – 총비용 : ₩600,000

① ₩200,000 ② ₩300,000
③ ₩500,000 ④ ₩700,000

04 다음 중 회계순환과정의 각 절차에 관한 설명으로 적절하지 않은 것은?

① 회계거래를 총계정원장에 일단 기입한 후 분개장에 기입하여야 한다.

② 분개장의 차변에 기입된 금액은 해당 원장의 차변계정에 동일한 금액으로 기입된다.

③ 회계거래가 분개장과 원장에 올바르게 기록되고 집계되면, 모든 원장의 차변계정의 합계액과 대변계정의 합계액이 일치된다.

④ 분개장에는 기업의 영업활동에 관한 자료가 발생순서대로 기입되므로 특정일자나 특정기간의 거래에 대한 정보를 얻고자 할 때 거래의 발생일자만으로 분개장을 통한 추적이 가능하다.

05 다음에서 설명하는 재무제표의 종류로 옳은 것은?

> 일정시점에 있어서 기업의 자산, 부채 및 자본의 금액과 구성요소를 표시하는 재무보고서로 기업이 무엇을 소유하고 있고 자금조달의 원천이 어디서 오는지를 나타낸다.

① 자본변동표   ② 재무상태표

③ 현금흐름표   ④ 포괄손익계산서

06 다음 중 물가상승 시 당기순이익을 최대화하기 위한 재고자산 단가 결정 방법으로 옳은 것은?(단, 재고청산은 없다고 가정한다)

① 총평균법   ② 이동평균법

③ 후입선출법   ④ 선입선출법

07 다음 (가)와 (나)의 거래 내용을 분개했을 때 차변 계정과목이 재무상태표에 보고되는 계정으로 옳은 것은?

> (가) 현금 ₩100,000을 보통예금에서 인출하다.
> (나) 현금 ₩500,000을 60일 만기 정기예금에 예입하다.

① 기타채권   ② 매출채권

③ 장기금융상품   ④ 현금및현금성자산

08 다음 중 재무상태표에 표시하는 금융자산의 항목으로 옳지 않은 것은?

① 현금및현금성자산

② 매출채권

③ 당기손익-공정가치측정금융자산

④ 선급비용

09 다음 중 금융부채에 대한 설명으로 옳은 것은?

① 금융기관의 상품 종류를 뜻하는 것으로 선수금 등이 있다.

② 기업의 지분상품을 뜻하는 것으로 기업이 매입한 다른 회사의 주식 등이 있다.

③ 거래 상대방에게 현금 등 금융자산을 수취할 계약상의 권리를 뜻하는 것으로 매출채권 등이 있다.

④ 거래 상대방에게 현금 등 금융자산을 인도하기로 한 계약상의 의무를 뜻하는 것으로 매입채무 등이 있다.

10 다음 거래를 분개할 때 차변에 기입할 계정과목으로 옳은 것은?

> 상공상점에 상품 ₩500,000을 매출하고, 대금은 동 거래처가 발행한 약속어음으로 받다.

① 당좌예금   ② 받을어음

③ 지급어음   ④ 미수금

11 다음 중 통제계정과 보조원장을 작성하는 계정으로 옳은 것은?

① 건 물   ② 현 금

③ 보통주자본금   ④ 외상매출금

12 다음 거래를 분개한 것으로 옳은 것은?

소유하고 있던 타인발행수표 ₩200,000을 은행에 당좌예입하다(단, 당좌예입 전 당좌차월 잔액이 ₩500,000이다).

① (차) 장기차입금   200,000   (대) 현 금   200,000
② (차) 단기차입금   200,000   (대) 현 금   200,000
③ (차) 단기차입금   200,000   (대) 당좌예금   200,000
④ (차) 당좌예금   200,000   (대) 단기차입금   200,000

13 다음 중 재무상태표에 표시될 수 없는 계정과목으로 옳은 것은?

ㄱ. 선급금   ㄴ. 가수금
ㄷ. 미지급금   ㄹ. 현금과부족

① ㄱ, ㄷ   ② ㄴ, ㄷ
③ ㄴ, ㄹ   ④ ㄷ, ㄹ

14 다음과 같이 상품을 취득하는 과정에서 불가피하게 발생한 보험료를 판매비와관리비로 처리한 경우 재무제표에 미치는 영향으로 옳지 않은 것은?

(주)상공으로부터 상품 100개(@₩30,000)를 외상으로 매입하고 보험료 ₩7,000은 현금으로 지급하다.

① 순매입액의 과소계상
② 매출원가의 과소계상
③ 매출총이익의 과대계상
④ 기타비용의 과대계상

15 다음 거래를 분개 시 차변에 해당하는 계정과목과 금액으로 옳은 것은?(단, 상품에 관한 거래는 3분법에 의하며 부가가치세는 고려하지 않는다)

> 상공가구는 대한가구로부터 판매용 책상 20대, @₩50,000을 외상으로 매입하고 운임과 하역료 ₩100,000은 현금으로 지급하였다.

① 매입 ₩1,000,000   ② 매입 ₩1,100,000

③ 비품 ₩1,000,000   ④ 비품 ₩1,100,000

16 상공상사는 회사 업무용으로 사용하는 차량운반구를 개조하였고 개조에 따른 비용은 현금으로 지급하였다. 이에 대한 회계처리로 옳은 것은?(단, 개조에 따른 지출은 유형자산의 인식기준을 충족한다)

① 수익적 지출로 처리한다.   ② 수선비계정으로 처리한다.

③ 차량운반구계정으로 처리한다.   ④ 차량유지비계정으로 처리한다.

17 (주)대한은 일정기간 근무한 종업원에게 지급하는 이익분배제도를 두고 있다. 다음 자료에 의하여 결산 시 이익분배로 인식해야 할 정리분개로 옳은 것은?

> • 이익분배금 총액은 당기순이익의 2.5%이다.
> • 당기순이익은 ₩10,000,000이다(단, 해당 회계연도에 퇴사자가 없다고 가정한다).

①	(차) 종업원급여	250,000	(대) 미지급급여	250,000
②	(차) 종업원급여	300,000	(대) 미지급급여	300,000
③	(차) 선급급여	250,000	(대) 종업원급여	250,000
④	(차) 선급급여	300,000	(대) 종업원급여	300,000

18 다음 중 자본을 증가시키는 거래로 옳지 않은 것은?

① 단기대여금에 대한 이자 ₩350,000을 현금으로 받다.

② 건물의 일부를 빌려주고 사용료 ₩750,000을 현금으로 받다.

③ 상품 판매의 중개를 하고 수수료 ₩100,000을 현금으로 받다.

④ 소지하고 있던 약속어음이 만기가 되어 어음대금 ₩800,000을 현금으로 받다.

19 다음은 급여지급에 관한 거래이다. 분개로 옳은 것은?

> 2월 종업원급여 ₩2,000,000 중에서 소득세 ₩20,000, 건강보험료 ₩50,000, 국민연금 ₩30,000을 차감하고 보통예금 계좌에서 이체하다.

①	(차) 종업원급여	1,900,000	(대) 보통예금		1,900,000
②	(차) 종업원급여	1,900,000	(대) 세금과공과		100,000
			보통예금		1,800,000
③	(차) 종업원급여	2,000,000	(대) 예수금		100,000
			보통예금		1,900,000
④	(차) 종업원급여	2,000,000	(대) 소득세		50,000
			보험료		50,000
			보통예금		1,900,000

20 다음 기중 거래를 바르게 분개한 것은?

> 거래처의 파산으로 인해 외상매출금 ₩300,000이 회수불능되었다(단, 대손충당금 잔액은 ₩350,000이다).

①	(차) 대손충당금	300,000	(대) 외상매출금		300,000
②	(차) 대손상각비	300,000	(대) 외상매출금		300,000
③	(차) 외상매출금	300,000	(대) 대손충당금		300,000
④	(차) 대손충당금	300,000	(대) 대손상각비		300,000

21 비용을 기능별, 성격별로 분류하는 표시방법 중 옳은 것은?

① 기능별 표시방법 : 매출원가를 다른 비용, 즉 물류비, 일반관리비, 마케팅비용 등과 분리해서 표시해야 한다.

② 성격별 표시방법 : 매출액에서 매출원가를 차감한 금액을 매출총이익으로 구분하여 표시한다.

③ 기능별 표시방법 : 당기 상품변동액을 당기 상품매입액에 가감하는 방법으로 표시한다.

④ 성격별 표시방법 : 비용을 종업원급여, 감가상각비, 이자비용 등과 같이 성격별로 구분한 다음 매출원가를 반드시 구분하여 표시한다.

22 상품 보관용 창고로 건물 1동을 빌려서 사용하고, 사용료 ₩100,000을 현금으로 지급한 경우 회계 처리 시 차변 계정과목으로 옳은 것은?

① 임대료　　　　　　　　　　　② 임차료
③ 이자비용　　　　　　　　　　④ 세금과공과

23 다음 자료에 의하여 당기순이익으로 표시될 금액으로 옳은 것은?

가. 세금과공과	₩20,000
나. 당기손익-공정가치측정금융자산처분이익	₩10,000
다. 급 여	₩50,000
라. 임차료	₩30,000
마. 이자수익	₩1,000
바. 매출총이익	₩200,000
사. 기부금	₩2,000
아. 잡이익	₩10,000

① ₩81,000　　　　　　　　　　② ₩98,000
③ ₩119,000　　　　　　　　　④ ₩121,000

24 20X3년도 초의 회계처리 결과가 20X3년도 순이익에 미치는 영향으로 옳은 것은?

20X1년도 1월 1일에 사무용 컴퓨터 1대를 ₩500,000에 구입하여 20X3년도 1월 1일에 ₩350,000에 처분하고 대금은 1개월 후에 받기로 하다(단, 감가상각은 정액법, 내용연수는 5년, 잔존가치는 취득원가의 10%이다).

① ₩30,000(감소)　　　　　　　② ₩30,000(증가)
③ ₩50,000(증가)　　　　　　　④ ₩60,000(감소)

25 다음 중 재무제표에 해당되지 않는 것은?

① 재무상태표　　　　　　　　　② 현금흐름표
③ 시산표　　　　　　　　　　　④ 포괄손익계산서

PART 3
정답 및 해설

많이 보고 많이 겪고 많이 공부하는 것은 배움의 세 기둥이다.

– 벤자민 디즈라엘리 –

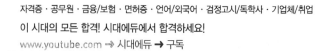

정답

01	02	03	04	05	06	07	08	09	10
②	③	④	③	②	①	①	④	④	④
11	12	13	14	15	16	17	18	19	20
①	②	④	③	②	③	①	③	①	②
21	22	23	24	25					
③	④	③	③	①					

01
- 임대료 관련 회계처리
  - 11월 1일　(차) 현 금　　　　　　　　300,000　(대) 임대료　　　　　　　　300,000
  - 12월 31일　(차) 임대료　　　　　　　100,000　(대) 선수임대료　　　　　100,000

임대료

12/31	선수임대료	100,000	11/1	현 금	300,000
12/31	집합손익	200,000			

① ㉡에 반영될 금액은 10만원이다.
③ ㉠에 들어갈 계정과목은 선수임대료이다.
④ 포괄손익계산서상 반영될 임대료는 20만원이다.

02
- 시산표에서 발견할 수 있는 오류 : 차변과 대변의 금액적인 차이가 발생한 경우
- 시산표에서 발견할 수 없는 오류 : 차변과 대변의 금액이 같은 경우
- ③ 차변의 계정과목 및 금액을 누락한 경우 차변과 대변에 누락한 금액만큼의 차이가 발생하므로 시산표를 통해 발견할 수 있다.

03
회계의 순환과정 : 거래의 발생(거래의 분석) → (분개)분개장 → (전기)총계정원장 → 수정전 시산표 → 기말수정분개 → 수정후 시산표 → 장부마감 → 재무제표 작성

04
③ 내용연수가 비한정인 무형자산은 상각하지 아니하고, 손상검사를 수행하여야 한다.

구 분	후속측정
내용연수가 유한한 무형자산	상각 O
내용연수가 비한정인 무형자산	상각 X, 손상검사 수행

05 • 매출원가 = 기초재고 30,000원 + 당기매입 430,000원 - 기말재고 10,000원 = 450,000원

∴ 매출총이익 = 매출액 500,000원 - 매출원가 450,000원 = 50,000원

06 • 20X2년 1월 1일 장부금액 = 20X1년 말 장부금액 450,000원

• 20X2년 처분손익 = 처분금액 480,000원 - 장부금액 450,000원 = 30,000원(이익)

• 당기손익-공정가치측정금융자산처분이익은 영업외수익에 속하므로 당기순손익에 반영된다.

∴ 해당 처분으로 인하여 20X2년도 포괄손익계산서에 인식해야 하는 당기순손익은 30,000원(이익)이다.

07 ① 매출채권의 장부가액은 490,000원(= 매출채권 500,000원 - 대손충당금 10,000원)이다.

② 포괄손익계산서상의 대손상각비는 아래와 같이 대손충당금을 보충한 금액이다.

• 대손충당금 추가설정(보충) 회계처리　　(차) 대손상각비　　8,000　　(대) 대손충당금　　8,000

③ 기말 대손충당금 10,000원 = 대손충당금 잔액 + 추가설정액 8,000원　　∴ 잔액 = 2,000원

④ 대손충당금 10,000원 = 매출채권 500,000원 × 대손추정율　　∴ 대손추정률 = 2%

08

현 금	통화 : 지폐, 주화
	통화대용증권 : 타인발행수표, 자기앞수표, 송금수표 등

• 당점발행수표(당좌예금), 약속어음(받을어음), 3년 만기 사채(장기금융상품)

09 • 매출원가 = 기초재고 100원 + 당기매입 1,200원 - 기말재고 200원 = 1,100원

∴ 매출총이익 = 매출액 2,000원 - 매출원가 1,100원 = 900원

10 • 당기손익-공정가치측정금융자산의 평가이익 = 19,600원 - 19,000원 = 600원

• 당기손익-공정가치측정금융자산의 이자수익 = 2,000원

∴ 당기손익에 미친 영향 = 평가이익 600원 + 이자수익 2,000원 = 2,600원(이익)

11 비용계정 마감 시 차변 잔액을 집합손익으로 대체한다.

12 유형자산처분손익 = 처분금액 700,000원 - (취득금액 1,000,000원 - 감가상각누계액 400,000원) = 100,000원(이익)

13 ① (차) 현금(자산의 증가)　　(대) 외상매출금(자산의 감소)

② (차) 현금(자산의 증가)　　(대) 선수금(부채의 증가)

③ (차) 매입(자산의 증가)　　(대) 외상매입금(부채의 증가)

④ (차) 현금(자산의 증가)　　(대) 매출(수익의 발생)

14 ① 실제 현금이 장부상 현금보다 20,000원 부족하다.

② 매입대금 300,000원을 현금으로 지급하다.

④ 매출대금 500,000원을 현금으로 수령하다.

15 • ㉠은 자본잉여금이며, 주식발행초과금, 감자차익, 자기주식처분이익 등이 이에 속한다.

② 주식발행초과금에 관한 설명이다.

① 자본금, ③ 이익잉여금, ④ 자본조정에 관한 설명이다.

16 ③ 기말자본을 산정하는데 있어 당기순이익과 당기순손실을 고려한다.

$$\text{기말자본} = \text{기초자본} + \text{추가출자} - \text{인출금} \pm \text{당기순손익}$$

17 ① 자본변동표에 관한 설명이다.

18 ③ 주식으로 대표되는 지분상품은 배당금수익이 발생할 수 있는 계정과목이다.

19 • 매출채권 장부가액 = (800,000원 − 50,000원) − 46,000원 = 704,000원

재무상태표 일부		
매출채권	750,000	
대손충당금	(46,000)	704,000

20 • 수취 시 전액 선수임대료(부채)로 처리한 경우

− 수취 시 분개	(차) 현금 등	300,000	(대) 선수임대료	300,000
− 기말수정분개	(차) 선수임대료	100,000	(대) 임대료	100,000

참 고 수취 시 전액 임대료(수익)로 처리한 경우

− 수취 시 분개	(차) 현금 등	300,000	(대) 임대료	300,000
− 기말수정분개	(차) 임대료	200,000	(대) 선수임대료	200,000

21 • 대손충당금 기말잔액 = 기초잔액 10,000원 − 대손처리 4,000원 + 대손회수 2,000원 = 8,000원

∴ 대손충당금 보충액(대손상각비) = 대손예상액 11,000원 − 기말잔액 8,000원 = 3,000원

22 • 원가의 흐름(※ 가정 : 물가상승 지속 , 재고자산 크기 일정, 재고청산 없음)

구 분	재고자산 단가 결정방법에 따른 크기 비교
기말재고자산	선입선출법 > 이동평균법 > 총평균법 > 후입선출법
매출원가	선입선출법 < 이동평균법 < 총평균법 < 후입선출법
당기순이익	선입선출법 > 이동평균법 > 총평균법 > 후입선출법

∴ 당기순이익을 최대화하기 위한 재고자산 단가결정 방법 : 선입선출법

23 순매입액 = 매입대금 500,000원 + 매입운임 5,000원 − 매입환출 15,000원 = 490,000원

24 • 회계처리

(차) 보통예금(자산의 증가)	2,000,000	(대) 토지(자산의 증가)	2,000,000
미수금(자산의 증가)	500,000	유형자산처분이익(수익의 발생)	500,000

∴ 위 거래로 인한 부채 총액의 변화는 없다.

25 • 회계처리

| (차) 보통예금 | 150,000 | (대) 가수금 | 150,000 |

가지급금	돈이 미리 지급되었으나 계정과목과 금액이 확정되지 않았을 때
가수금	입금된 금액 중 계정과목이나 금액이 미확정 시

정답

01	02	03	04	05	06	07	08	09	10
④	②	④	③	①	②	③	②	④	②
11	12	13	14	15	16	17	18	19	20
④	③	④	③	③	④	③	②	①	①
21	22	23	24	25					
②	③	③	②	①					

01 ① 취득일 당시 3개월 이내의 환매조건인 환매채는 현금성자산으로 처리한다.
② 지불수단인 유통화폐는 현금으로 처리한다.
③ 소액현금(전도금)은 현금으로 처리한다.

02 • 기말자본 210,000원 = 기초자본 140,000원 + 추가출자 50,000원 - 배당금 60,000원 + 총수익 - 총비용 250,000원
∴ 총수익 = 330,000원

03 • 회계의 순환과정

거래 → (분개장) → 총계정원장 → 수정전 시산표 → (기말수정분개) → 수정후 시산표 → 장부마감 → (재무제표 작성)

① 시산표에 대한 설명이다.
② 분개장에 대한 설명이다.
③ 총계정원장에 대한 설명이다.

04 순매입액 = 당기매입 500,000원 - 매입에누리 40,000원 - 매입할인 20,000원 + 매입운임 10,000원 = 450,000원

05 투자회사와 피투자회사 : 갑이 을의 주식을 매입함으로 을에게 유의적인 영향력을 행사하게 되었다면, 갑은 투자회사라 하고 을은 피투자회사라 한다. 이 때 갑이 보유한 주식을 지분상품이라 하며, 을로부터 배당금을 받게되면 지분법을 적용하여 재무제표에 반영한다.

06 • 영업이익 = 매출액 1,500,000원 - 매출원가 700,000원 - 물류원가 150,000원 - 관리비 90,000원 = 560,000원
※ 영업외수익(기타수익, 금융수익), 영업외비용(기타비용, 금융원가)

PART 3

07 • 기말자본(50,000원 + 10,000원) = 기초자본 50,000 + 추가출자 30,000원 - 현금배당 50,000원 + 당기순이익

∴ 당기순이익 = 30,000원

08 • 금융자산의 합계금액 = 현금 150,000원 + 당기손익-공정가치측정금융자산 40,000원 + 외상매출금 220,000원 = 410,000원

※ 선급금, 선수수익은 금융자산과 금융부채에 해당하지 아니한다.

금융자산	현금, 매출채권, 대여금, 미수금, 미수수익 등
비금융자산	재고자산, 유형자산, 무형자산, 투자자산, 선급금, 선급비용 등
금융부채	매입채무, 차입금, 사채, 미지급금, 미지급비용 등
비금융부채	충당부채, 미지급법인세. 선수금, 선수수익 등

09 ④ 유동자산(당좌자산, 재고자산), 비유동자산(투자자산, 유형자산, 무형자산, 기타비유동자산)

10 • 당기순이익 = 총수익 3,000,000원 - 총비용 1,000,000원 = 2,000,000원

※ 총포괄이익 = 당기순이익 2,000,000원 + 기타포괄이익 900,000 = 2,900,000원

11 • 7월 25일 판매가능원가 = 월초재고(100개 × 100원) + 매입액(100개 × 120원) = 22,000원

• 7월 25일 매출원가 = 매출수량 50개 × 월초재고단가 100원 = 5,000원

∴ 월말재고액 = 판매가능액 22,000원 - 매출원가 5,000원 = 17,000원

12 • 매출원가 = 기초재고 50,000원 + (당기매입 300,000원 - 매입에누리와할인 90,000원) - 기말재고 35,000원 = 225,000원

• 매출총이익 100,000원 = 매출액 - 매출원가 225,000원

∴ 매출액 = 325,000원

13

(차) 종업원급여	1,000,000	(대) 현 금	970,000
		예수금	30,000

14 ③ 미처분이익잉여금은 이익잉여금에 속한다.

※ 이익잉여금 : 처분이익잉여금(법정적립금, 임의적립금), 미처분이익잉여금 등

15 • 누락된 회계처리

(차) 미수수익(자산의 증가)　　　　　XXX　　(대) 임대료(수익의 발생)　　　　　XXX

∴ 위 분개가 누락되어 자산과 수익 그리고 당기순이익이 과소계상된다.

16 • 가. (차) 현금및현금성자산　　　　100,000　　(대) 보통예금　　　　100,000

• 나. (차) 현금및현금성자산　　　　200,000　　(대) 매출채권　　　　200,000

17 ③ 무형자산에 대한 설명이며, 특허권은 무형자산에 해당한다.

※ 무형자산 : 컴퓨터 소프트웨어, 개발비, 산업재산권(특허권, 실용신안권, 상표권) 등

18 ② 외상매출금 중 대손이 확정되어 대손충당금으로 처리한 금액은 20,000원이다.

19 ① 이익잉여금은 자본계정으로 영구계정에 속한다.

구 분	내 용	종 류
임시계정	잔액이 차기로 이월되지 않음	손익계산서계정(수익, 비용)
영구계정	잔액이 차기로 이월	재무상태표계정(자산, 부채, 자본)

20

구 분	일반적인 상거래에서 발생한 채권	일반적인 상거래 외에서 발생한 채권
받을 권리	매출채권	미수금
지급 의무	매입채무	미지급금

21 ② 당기손익–공정가치측정금융자산의 취득 시 발생하는 부대비용은 당기 비용으로 처리한다.

구 분	거래원가(취득 시 수수료 등)
당기손익–공정가치측정금융자산	당기 비용으로 인식
기타포괄손익–공정가치측정금융자산	금융자산 취득원가에 가산
상각후원가측정금융자산	금융자산 취득원가에 가산

22 • 동점 부담 운임을 당점이 대신 지급한 경우 외상매입금에서 차감한다.

(차) 매 입   3,000,000   (대) 당좌예금   1,000,000
                                               외상매입금   1,990,000
                                               현 금   10,000

① 외상매입 대금은 1,990,000원이다.
② 인수 운임은 외상매입금에서 차감 처리한다.
④ 당좌예금계정 1,000,000원이 감소한다.

23 • 소모품비(사용된 소모품) = 장부상 소모품 240,000원 − 기말 실제 소모품 100,000원 = 140,000원
• 결산수정분개   (차) 소모품비(비용의 발생)   140,000   (대) 소모품(자산의 감소)   140,000

① 포괄손익계산서의 비용은 140,000원(소모품비) 증가한다.
② 당기순이익은 140,000원(비용 발생 영향) 감소한다.
④ 선급비용은 변화 없다.

24 ② 자본잉여금은 30,000원 증가한다.

(차) 현 금   80,000   (대) 자본금   50,000
                                                 주식발행초과금   30,000

※ 자본잉여금 : 주식발행초과금, 감자차익, 자기주식처분이익 등
① 자본금은 50,000원 증가한다.
③, ④ 부채 및 이익잉여금은 변동 없다.

25 ① 차기에 해당하는 임대료를 당기에 미리 받은 경우 선수임대료(선수수익)계정을 사용하여 해당 금액(수익)을 차기로 이연한다.

구 분	계정과목	내용
이 연	선급비용	당기에 지급하였으나, 차기 이후에 해당하는 비용
	선수수익	당기에 수취하였으나, 차기 이후에 해당하는 수익
발 생	미수수익	당기에 발생하였으나, 대금을 받지 아니한 경우의 수익
	미지급비용	당기에 발생하였으나, 대금을 지급하지 아니한 경우의 비용

정답

01	02	03	04	05	06	07	08	09	10
③	②	③	②	③	②	①	③	③	①
11	12	13	14	15	16	17	18	19	20
②	①	①	③	④	④	②	②	①	②
21	22	23	24	25					
③	③	①	②	④					

01
- 수정전 잔액시산표상 소모품 240,000원 − 실제 소모품 재고액 100,000원 = 사용된 소모품 140,000원
- 결산정리분개   (차) 소모품비   140,000   (대) 소모품   140,000
  ① 포괄손익계산서 : 비용(소모품비) 140,000원 증가
  ② 당기순이익 : 140,000원 감소
  ③ 재무상태표 : 자산(소모품) 140,000원 감소한다.
  ④ 선급비용과는 직접적인 관계가 없다.

02
- 회계처리   (차) 현 금   80,000   (대) 자본금   50,000
                                                 주식발행초과금   30,000
  ① 자본금 : 50,000원 증가
  ② 자본잉여금 : 30,000원 증가 (자본잉여금 예 : 주식발행초과금, 감자차익, 자기주식처분이익 등)
  ③ 해당 주식발행과 관련하여 부채의 증감과 연결지을 만한 내용이 제시되지 않았다.
  ④ 주식발행은 이익잉여금과 직접적인 관련이 없다.

03
- 취득원가 = 500주 × @800원 = 400,000원
  ※ 당기손익-공정가치측정금융자산에 대한 거래원가(취득 시 수수료 등)는 당기비용으로 인식

04
- 회계처리   (차) 외상매입금   100,000   (대) 현 금   100,000
  ※ 출금전표 이용 시 : 외상매입금 100,000원 기재

05
- 매출총이익 200,000원 = 매출액 500,000원 − 매출에누리 20,000원 − 매출원가
  ∴ 매출원가 = 280,000원
- 매출원가 280,000원 = 기초재고 100,000원 + (매입액 300,000원 − 매입에누리 10,000원) − 기말재고
  ∴ 기말재고 = 110,000원

06 외상매입금 결제를 위해 거래처로부터 수취한 약속어음을 배서양도한 경우, 외상매입금(부채)의 감소와 보관 중인 받을어음(자산)의 감소가 일어난다.

07
    매출액
(−) 매출원가
    ───────
    매출총이익
(−) 판매비와관리비
    ───────
    영업이익
- 영업이익이 증감되기 위해서는 매출액, 매출원가, 판매비와관리비의 변동이 있어야 가능하다.
- 매출액이 증가하면 매출총이익과 영업이익이 증가하고, 매출원가가 증가하면 매출총이익과 영업이익이 감소하며, 접대비(판매비와관리비)가 증가하면 영업이익이 감소한다.
- 배당금수익(영업외수익)은 영업이익에 영향을 미치지 않는다.

08
- 지분증권을 단기매매 목적으로 취득한 경우에는 당기손익–공정가치측정금융자산으로 분류하고, 단기매매 목적 이외의 경우에는 기타포괄손익–공정가치측정금융자산으로 분류한다.
- 계약상 현금흐름이 원리금으로만 구성되고 그 현금흐름을 수취하는 사업모형인 채권(국채, 공채, 사채 등)을 수취한 경우 상각후원가측정금융자산으로 분류한다

09
- 매입운임 반영 전 매입액 = 수량 100개 × 단가 200원 = 20,000원
- 매입운임 반영 후 매입단가 = (매입액 20,000원 + 매입운임 2,000원) ÷ 매입수량 100개 = 220원

10 매출원가 = 기초재고 10,000원 + 당기매입(100,000원 + 200,000원) − 기말재고 50,000원 = 260,000원

11 통화(지폐, 주화)는 현금으로 분류한다.

12
(가) 재무상태표 : 일정시점의 재무상태
(나) 현금흐름표 : 현금주의에 의한 정보제공, 발생주의 포괄손익계산서 보완
(다) 포괄손익계산서 : 일정기간의 경영성과, 미래 현금흐름과 수익창출능력 예측에 관한 정보 제공

13

상 황	채권 계정	채무 계정
사용된 계정 확정되지 않은 경우	가지급금	가수금

14 갑이 을의 주식을 매입함으로 을에게 유의적인 영향력을 행사하게 되었다면 갑은 투자회사, 을은 피투자회사의 관계가 되며, 갑이 보유한 을의 주식은 지분상품이 된다. 또한 갑이 을로부터 배당금을 받게 되면 지분법을 적용하여 재무제표에 반영하여야 한다.

15
- 매각 시 감가상각누계액 = (취득원가 10,000,000원 − 잔존가치 0원) ÷ 내용연수 5년 × 보유기간 3년 = 6,000,000원
- 매각 시 장부금액 = 취득원가 10,000,000원 − 감가상각누계액 6,000,000원 = 4,000,000원
- 유형자산처분손익 = 처분가액 7,000,000원 − 장부금액 4,000,000원 = 3,000,000원(이익)

16
- 당기순손익 = 총수익 200,000원 − 총비용 150,000원 = 50,000원(이익)
- 기말자본(나) = 기초자본 200,000원 + 당기순이익 50,000원 = 250,000원
- 기말부채(가) = 기말자산 400,000원 − 기말자본 250,000원 = 150,000원

17

구 분	계정과목
유동부채	외상매입금, 예수금, 미지급금, 선수금
비유동부채	사채, 장기차입금

18

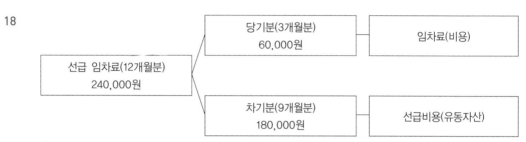

① 당기순이익이 60,000원 감소한다(당기분 임차료 60,000원 비용 발생).
③ 임차보증금 1,000,000원은 비유동자산으로 처리한다.
④ 당기분 포괄손익계산서에 비용으로 처리되는 금액은 60,000원이다.

19 무형자산의 식별가능성, 자원에 대한 통제, 미래의 경제적 효익에 대한 설명이며, 무형자산에 속하는 대표적인 계정과목으로 영업권, 개발비, 산업재산권, 라이선스, 저작권 등이 있다.

20 ① 외상매출 총액 = A상사(5월 10일) 2,000,000원 + B상사(5월 12일) 900,000원 = 2,900,000원
② 매출환입및에누리 : 5월 17일 거래는 '(차) 매출 20,000 (대) 외상매출금 20,000'으로 매출계정이 차변에 위치하는 매출 취소(또는 감소) 거래, 즉 매출환입및에누리임을 알 수 있다.
④ 외상매출금 회수액 : 5월 20일 당좌예금으로 1,500,000원 회수
③ 외상매출금 잔액 = A상사 전월이월 1,100,000원 + B상사 전월이월 400,000원 + 5월 외상매출 총액 2,900,000원 − 매출환입및에누리 20,000원 − 회수액 1,500,000원 = 2,880,000원

21
- 회계처리   (차) 상 품   500,000   (대) 외상매입금   500,000
- 신용카드 거래 시 계정과목

구 분	상품 매입	상품 매출	물품 구입
계정과목	외상매입금	외상매출금	미지급금

※ 위의 물품 구입은 비품이나 소모품의 구입과 같이 일반적인 상거래 이외의 것들을 말한다.

22 ③ 재무회계 : 외부이해관계자의 경제적 의사결정에 유용한 정보 제공
① 관리회계 : 의사결정에 필요한 목적 적합한 내부정보를 내부이해관계자(경영자)에게 제공
② 원가회계 : 제품이나 용역의 생산에 투입된 원가를 계산하여 내부이해관계자에게 유용한 원가정보를 제공
④ 세무회계 : 정부나 국가에 세금을 내기 위한 회계

23
- 재화나 용역에 대한 통제가 고객에게 이전되는 시점에 수익을 인식하므로 5월 1일 상품에 대한 매출이 발생한 시점을 수익의 인식시점으로 본다.
- 계약금 수령, 견본품 제공, 상품매입은 수익의 인식과 관련 없다.

24
- 통화대용증권 : 타인발행수표, 자기앞수표, 우편환증서, 송금수표, 만기도래 국·공채이자표 등
- 현금및현금성자산으로 보지 않는 것 : 우표, 수입인지, 선일자수표 등

25
- 원가흐름의 비교(물가상승 시)

구 분	재고자산 결정방법별 비교
기말재고자산 평가액	선입선출법 > 이동평균법 > 총평균법 > 후입선출법
매출원가	선입선출법 < 이동평균법 < 총평균법 < 후입선출법
매출총이익	선입선출법 > 이동평균법 > 총평균법 > 후입선출법
당기순이익	선입선출법 > 이동평균법 > 총평균법 > 후입선출법

④ 기말재고자산의 평가액은 감소한다 : 선입선출법 > 총평균법
① 매출총이익은 감소한다 : 선입선출법 > 총평균법
② 매출원가는 증가한다 : 선입선출법 < 총평균법
③ 당기순이익은 감소한다 : 선입선출법 > 총평균법

참 고 재고자산 청산효과

판매량이 급증하여 기초재고가 판매된 경우 재고자산이 청산되어 매출원가는 감소되고, 순이익이 증가되는 현상

정답

01	02	03	04	05	06	07	08	09	10
④	③	②	②	②	④	②	①	①	③
11	12	13	14	15	16	17	18	19	20
④	③	③	②	①	②	②	④	④	①
21	22	23	24	25					
③	④	①	①	③					

01 (가) 분개장 : 거래의 발생순서대로 기입하는 장부
(나) 기말수정분개 : 재무상태표와 포괄손익계산서상의 기말수정사항 반영
(다) 재무제표 작성 : 재무상태표, 포괄손익계산서, 자본변동표 등 작성

02 • 매출원가 = 기초재고 45,000원 + 당기매입 390,000원 - 기말재고 57,000원 = 378,000원
∴ 매출액 = 매출원가 378,000원 + 매출총이익 90,000원 = 468,000원

03 외상매입금 결제를 위해 거래처로부터 수취한 약속어음을 배서양도한 경우 외상매입금(부채)의 감소와 보관 중인 받을어음(자산)의 감소로 회계처리한다.

04 ① 해고급여 : 기업이 통상적인 퇴직시점 전에 종업원을 해고하는 결정 또는 종업원이 해고의 대가로 기업에서 제안하는 급여를 받아들이는 결정의 결과로서, 종업원을 해고하는 대가로 제공하는 종업원급여
③ 확정급여 퇴직급여 : 확정기여제도 이외의 모든 퇴직급여제도
④ 단기종업원급여 : 종업원이 관련 근무용역을 제공하는 연차 보고기간 말 후 12개월이 되기 전에 모두 결제될 것으로 예상하는 종업원급여(해고급여 제외)

05

종 목	전기 말 공정가치	당기 말 공정가치	당기 평가손익
(주)A	100,000원	130,000원	이익 30,000원
(주)B	200,000원	180,000원	손실 20,000원
합 계			이익 10,000원

06 유형자산처분손익 = (취득원가 5,000,000원 - 감가상각누계액 1,500,000원) - 판매금액 3,000,000원 = 500,000원(처분손실)

PART 3

07 • 무형자산에 대한 설명이며 컴퓨터 소프트웨어, 개발비, 산업재산권(특허권, 실용신안권, 상표권) 등이 이에 해당한다.
② 건물에 대한 임차보증금은 기타비유동자산이다.

08 (가) 재무상태표 : 일정시점의 재무상태
(나) 현금흐름표 : 현금주의에 의한 정보제공, 발생주의 포괄손익계산서 보완
(다) 포괄손익계산서 : 일정기간의 경영성과, 미래 현금흐름과 수익창출능력 예측에 관한 정보 제공

09 나. (취득가 3,000원 – 처분가 3,000원) × 처분주식 5주 = 0원
다. (취득가 3,000원 – 처분가 2,000원) × 처분주식 10주 = 10,000원(손실)
라. (처분가 4,000원 – 취득가 3,000원) × 처분주식 5주 = 5,000원(이익)
∴ 당기순손익 = 손실 10,000원 – 이익 5,000원 = 5,000원(손실)

10

금융자산	현금및현금성자산, 당기손익–공정가치측정금융자산, 매출채권, 받을어음, 외상매출금, 대여금, 미수금, 미수수익 등
비금융자산	재고자산, 유형자산, 무형자산, 투자부동산, 선급금, 선급비용 등

∴ 금융자산 = 매출채권 + 당기손익–공정가치측정금융자산 + 현금및현금성자산 = 34,000원

11 • 매출액 = 120개 × 600원 = 72,000원
• 매출원가 = (100개 × 500원) + (20개 × 550원) = 61,000원
∴ 매출총이익 = 매출액 72,000원 – 매출원가 61,000원 = 11,000원

12 재무상태표에는 보고기간 말 공정가치로 표시된다.

13 • 올바른 회계처리　　(차) 매 입　　　　　　　20,000　　(대) 받을어음　　　　　　20,000
• 오류수정 회계처리　(차) 지급어음　　　　　　20,000　　(대) 받을어음　　　　　　20,000
∴ 오류수정으로 부채(지급어음)가 감소하고 자산(받을어음)이 감소한다.

14 • 통화대용증권 : 타인발행수표, 자기앞수표, 우편환증서, 송금수표, 만기도래 국·공채이자표 등
• 현금및현금성자산으로 보지 않는 것 : 우표, 수입인지, 선일자수표 등

15 • 기말 매출채권 잔액 = 외상매출금 150,000원 + 받을어음 170,000원 = 320,000원
• 대손충당금 설정액 = 기말 매출채권 잔액 320,000원 × 대손설정률 1% = 3,200원
∴ 대손충당금 보충액 = 대손충당금 설정액 3,200원 – 대손충당금 잔액 2,000원 = 1,200원
• 회계처리　　(차) 대손상각비　　　　　　　　1,200　　(대) 대손충당금　　　　　　　　1,200

16

구 분	종 류
직접 대응(수익·비용 대응)	매출액과 매출원가, 매출액과 판매수수료 등
합리적 체계적 배분	감가상각비, 여러기간에 걸쳐 배분하는 보험료 등
발생시점 즉시 비용화	광고선전비, 급여 등

17 • 당기순이익 = 총수익 2,500,000원 – 총비용 1,800,000원 = 700,000원

- 기말자본 2,500,000원 = 기초자본 1,000,000원 + 추가 출자액 + 당기순이익 700,000원
  ∴ 추가 출자액 = 800,000원

18 재고자산의 취득원가는 해당 재고자산을 현재의 장소에, 현재 상태로 이르게 하는데 발생한 모든 원가를 포함하는데, 상품의 매입과정에서 발생하는 매입운임도 이러한 취득원가에 포함되므로 상품의 매입원가에 가산한다.

19 (A)는 자본잉여금이며, 자본잉여금에 해당하는 계정과목은 주식발행초과금, 감자차익, 자기주식처분이익 등이 있다.

20 당기순이익 = 매출액 5,000,000 − 매출원가 2,800,000원 − (종업원급여 1,000,000원 + 임차료 200,000원 + 통신비 200,000원) + 이자수익 350,000원 = 1,150,000원

21 • 4월 20일 비품 100,000원을 현금으로 구매한 거래로 3전표제에 따른 전표입력 시 아래의 방법 중 1가지를 선택하여 처리한다.
  − 대체전표　　(차) 비 품　　　　　　　　　　 100,000　　(대) 현 금　　　　　　　　　　 100,000
  − 출금전표　　비품 100,000
  • 3전표제의 종류는 입금전표, 출금전표, 대체전표이며, 매입전표는 존재하지 않는다.

22
```
        매출액
(−)  매출원가
     ─────────────
        매출총이익
(−)  판매비와관리비
     ─────────────
        영업이익
(+)  영업외수익
(−)  영업외비용
     ─────────────
        법인세차감전순이익
     ═════════════
```
  ④ 이자비용은 영업외비용이므로 영업이익에 영향을 미치지 않음
  • 소모품비, 종업원급여, 감가상각비는 판매비와관리비에 속한다.

23 • 회계처리　　(차) 현 금　　　　　　　　　　 80,000　　(대) 자본금　　　　　　　　　　 50,000
　　　　　　　　　　　　　　　　　　　　　　　　　　　　　　 주식발행초과금　　　　　　 30,000
  ① 자본금이 50,000원 증가한다.
  ② 자본잉여금(주식발행초과금)이 30,000원 증가한다.
  ③ 부채는 변동없다.
  ④ 주식발행은 이익잉여금과 직접적인 관련이 없다.

24 ① 받을어음의 경우 취득 당시 만기가 3개월 이내라고 하더라도 현금및현금성자산으로 분류되지 않고 매출채권에 해당한다.

25 급여 지급 시 국민연금, 건강보험료, 근로소득세 등 공제항목은 예수금(부채) 계정과목으로 회계처리한다.

정답

01	02	03	04	05	06	07	08	09	10
①	④	③	③	①	②	④	③	④	②
11	12	13	14	15	16	17	18	19	20
④	④	①	①	②	①	③	③	②	②
21	22	23	24	25					
②	③	④	④	③					

01 ・올바른 회계처리   (차) 임차료   40,000   (대) 미지급비용   40,000
                          (비용의 발생)   (부채의 증가)

02 무형자산에 대한 설명으로 대표적인 계정과목으로는 특허권, 소프트웨어, 개발비 등이 있다.

03 ・자본잉여금 : 자기주식처분이익, 주식발행초과금, 감자차익 등
・이익잉여금 : 이익준비금 등

04 ・개인기업의 자본에는 당기순손익도 포함된다.
※ 법인의 경우 당기순손익과 자본조정이 상계되거나 배당금 및 일반 적립 등으로 처분된 후 이익잉여금의 형태
로 자본에 포함되지만 개인사업자의 경우 이러한 과정이 없어 바로 자본에 포함된다.

05 매출원가 = 기초재고 10,000원 + 당기매입(100,000원 + 200,000원) − 기말재고 50,000원 = 260,000원

06

분 류	계정과목
당좌자산	현금및현금성자산
	매출채권
재고자산	상 품
유형자산	차량운반구
무형자산	산업재산권

07 ・7월 25일 판매가능원가 = 기초재고(100개 × 100원) + 매입액(100개 × 120원) = 22,000원
・7월 25일 매출원가 = 매출수량 50개 × 기초재고단가 100원 = 5,000원
∴ 기말재고액 = 판매가능액 22,000원 − 매출원가 5,000원 = 17,000원

08 갑이 을의 주식을 매입함으로 을에게 유의적인 영향력을 행사하게 되었다면, 갑은 투자회사, 을은 피투자회사의 관계가 되며 갑이 보유한 을의 주식은 지분상품이 된다. 또한 갑이 을로부터 배당금을 받게 되면 지분법을 적용하여 재무제표에 반영하여야 한다.

09 • 회계처리   (차) 종업원급여   1,000,000   (대) 현 금   970,000
                                                                            예수금   30,000

10 ② 외상매출금 100,000원이 대손처리(대손충당금 감소)된 것이지 대손충당금을 설정한 것이 아니다.

11 (가)   (차) 현금및현금성자산   100,000   (대) 보통예금   100,000
    (나)   (차) 현금및현금성자산   500,000   (대) 현금및현금성자산   500,000
    ※ 만기일이 3개월 이내의 정기예금은 현금성자산으로 분류된다.

12 (가) 분개장 : 거래의 발생순서대로 기입하는 장부
    (나) 기말수정분개 : 재무상태표와 포괄손익계산서상의 기말수정사항 반영
    (다) 재무제표 작성 : 재무상태표, 포괄손익계산서, 자본변동표 등 작성

13 • 금융자산 취득 시 부대비용에 관한 처리

금융자산의 분류	거래원가(취득 시 수수료 등)
당기손익-공정가치측정금융자산	당기 비용으로 인식
기타포괄손익-공정가치측정금융자산	금융자산 취득원가에 가산
상각후원가측정금융자산	금융자산 취득원가에 가산

    • 유형자산 취득 시 발생하는 부대비용은 해당 자산의 취득원가에 가산한다.

14 • 회계처리   (차) 미수금   1,500,000   (대) 차량운반구   5,000,000
                              감가상각누계액   3,000,000
                              유형자산처분손실   500,000

15 • 영업이익 = 매출총이익 800,000원 - 물류원가 150,000원 - 관리비 90,000원 = 560,000원
    ※ 기타수익, 금융수익은 영업외수익이고 기타비용, 금융원가는 영업외비용이다.

16 • 당기순이익 = 총수익 3,000,000원 - 총비용 1,000,000원 = 2,000,000원
    ※ 총포괄손익 = 당기순손익 ± 기타포괄손익

17 순매입액 = 당기매입액 500,000원 - 매입에누리 40,000원 - 매입할인 20,000원 = 440,000원

18 가.   (차) 현 금   xxx   (대) 배당금수익   xxx
    나.   (차) 현 금   xxx   (대) 이자수익   xxx

19 이자비용은 영업외비용에 해당한다.

20 • 미지급비용은 기중에 용역을 제공받아 비용이 발생하였고 대가를 지불할 권리가 있으나 결산일 현재까지 아직 비용의 지급이 이행되지 않은 경우를 말한다. 이런 경우에는 미지급비용으로 계상하며 그 비용은 대가를 지급하는 시점에서 소멸된다.
- 기말수정분개 (차) 비용계정(비용)   xxx   (대) 미지급비용(부채)   xxx

21 • 금융자산 합계액 = 현금및현금성자산 150,000원 + 매출채권 260,000원 = 410,000원
※ 선급금과 선수금은 금융자산과 금융부채에 해당하지 아니한다.

구 분	계정과목
금융자산	현금, 예치금, 매출채권, 대여금, 투자사채, 미수금, 미수수익 등
비금융자산	재고자산, 유형자산, 무형자산, 투자자산, 선급금, 선급비용 등
금융부채	매입채무, 차입금, 사채, 미지급금, 미지급비용 등
비금융부채	충당부채, 미지급법인세, 선수금, 선수수익 등

22 ③ 매출액의 증가는 영업이익을 증가시킨다.
① 기부금은 영업외비용이므로 영업이익에 영향을 주지 않는다.
② 매출원가가 증가하면 영업이익은 감소한다.
④ 대손처리 시 사용되는 대손상각비는 판매비와관리비에 속하므로 영업이익은 감소한다.

23 • 유형자산의 취득 이후 지출

구 분	지출 내용	처 리
자본적 지출	가치 증대, 내용연수 연장, 생산량 증가, 성능 개선 등을 위한 지출 예 건물 증축, 건물의 냉난방기 설치 등	해당 자산에 가산
수익적 지출	현상 유지, 원상 회복, 보수비 등을 위한 지출 예 건물의 외벽 도색, 파손된 유리 교체	당기 비용으로 처리

24 • 유동자산 : 당좌자산, 재고자산
• 비유동자산 : 투자자산, 유형자산, 무형자산, 기타비유동자산

25 • 회계처리 (차) 매 입   3,000,000 (대) 당좌예금   1,000,000
                                         외상매입금   1,990,000
                                         현 금   10,000
※ 매입 시 거래처(동점)에서 부담할 운임을 본사(당점)가 대신 지급한 경우 외상매입금에서 차감한다.
① 외상매입 대금은 1,990,000원이다.
② 인수 운임은 외상매입금에서 차감 처리한다.
④ 당좌예금계정이 1,000,000원이 감소한다.

정답

01	02	03	04	05	06	07	08	09	10
④	②	②	③	①	②	①	①	④	①
11	12	13	14	15	16	17	18	19	20
③	②	③	①	④	④	②	③	③	①
21	22	23	24	25					
③	④	④	④	①					

01 ① 매출채권은 외상매출금과 받을어음의 합이므로 180,000원이다.
② 제시된 자료는 자산, 부채, 자본에 대한 내용만 확인되며, 당기순이익은 파악할 수 없다.
③ 시산표의 상품과 미지급금의 기재가 잘못 기입되어 상품은 차변으로 미지급금은 대변으로 옮겨 기말자산 총액을 계산하면 730,000원이다.

02   매출액   63,000원 (70개 × @900원)
   (−) 매출원가   44,000원 (7월 24일 매출 30,000원 + 14,000원)
      매출총이익   19,000원
③ 단가결정 : 선입선출법
④ 후입선출법 적용 시 매출원가 : 선입선출법 < 이동평균법 < 총평균법 < 후입선출법

03 ②는 수익의 발생(임대료)으로 당기순손익에 영향을 주지만, 그 외 나머지 거래는 손익이 아닌 재무상태표에 영향을 미침

04 가. (차) 현 금   xxx   (대) 배당금수익   xxx
   나. (차) 현 금   xxx   (대) 이자수익   xxx

05 (차) 소모품   100,000   (대) 당좌예금   70,000
                                          미지급금   30,000

06 포괄손익계산서(기능별)의 매출원가가 증가할 경우 매출총이익 감소, 영업이익 감소, 당기순이익 감소가 나타날 수 있지만 물류원가는 변동 없음

07 • 일반적인 상거래에서 약속어음을 수령한 경우 : 받을어음
   • 일반적인 상거래 외 약속어음을 수령한 경우 : 미수금
   ※ 위 문제는 상품을 판매하고 그에 대한 대금결제로 약속어음을 받았기 때문에 대변을 받을어음 계정과목으로 처리

08 ·무형자산 : 영업권, 저작권
·당기 비용 : 창업비, 교육훈련비

09 ·포괄손익계산서 작성기준 : 총액주의 원칙(수익과 비용은 직접 상계하지 않음)
·기능별 분류 : 매출원가를 물류원가, 관리활동원가 등의 다른 비용과 분리해서 표시
·성격별 분류 : 당기 상품변동액을 당기 상품매입액에 가감하는 방법으로 표시

10 7월 29일 매출원가 = 7월 1일 @150원을 적용하여 100개 × @150원 = 15,000원

11 당기손익-공정가치측정금융자산 : 거래원가(취득 시 수수료 등) → 당기 비용으로 인식
∴ 취득원가 = 500주 × @800원 = 400,000원

12 ·영업외비용 : 이자비용
·판매비와관리비 : 감가상각비, 대손상각비, 종업원급여

13 ·유동자산 : 제품(재고자산)
·비유동자산 : 건설중인자산, 차량운반구, 건물

14 (차) 보통예금   700,000   (대) 정기예금   1,000,000
     현 금   350,000   이자수익   50,000

15 ·자본조정 : 자기주식, 주식할인발행차금, 감자차손, 자기주식처분손실, 미교부주식배당금
·자본잉여금 : 주식발행초과금, 감자차익, 자기주식처분이익

16 ·원가흐름의 비교(물가 상승 시)

매출원가	선입선출법 < 이동평균법 < 총평균법 < 후입선출법
기말재고자산	선입선출법 > 이동평균법 > 총평균법 > 후입선출법
매출총이익(or 당기순이익)	선입선출법 > 이동평균법 > 총평균법 > 후입선출법

17 재고실사법(실지재고조사법)에서는 상품 매입 시 '매입' 계정과목을 사용한다.
(차) 매 입   xxx   (대) 매입채무(외상매입금 등)   xxx
                                          선급금(선지급된 금액)   xxx

18 ·재고실사법(실지재고조사법)에서는 상품 매출 시 '매출' 계정과목을 사용한다.
 (차) 매출채권(외상매출금 등)   xxx   (대) 매 출   xxx
·당사 부담 운임 : 당기 비용(운반비)으로 처리

19 ㄱ. (차) 대여금   2,000,000   (대) 현 금   2,000,000   : 교환거래
     ㄴ. (차) 이자비용   50,000   (대) 현 금   50,000   : 손익거래
     ㄷ. (차) 차입금   2,000,000   (대) 현 금   2,050,000   : 혼합거래
         이자비용   50,000

20 재고자산 취득(매입) 과정에서 지출되는 부대비용 → 해당 자산의 취득원가에 포함

21 시산표 작성 이유 : 분개장 → 총계정원장의 전기가 정확한지 여부 파악

22 반드시 채권자가 확정되어야만 부채의 정의를 충족하는 것은 아님
    ※ 부채에서 말하는 의무란 다른 당사자(또는 당사자들)는 사람이나 또 다른 기업, 사람들 또는 기업들의 집단,
       사회전반이 될 수 있다. 의무를 이행할 대상인 당사자의 신원을 알 필요는 없다.

23 ① 기말 재무상태표에 당기손익-공정가치측정금융자산은 2,500,000원으로 표시된다.
    ② 당기손익-공정가치측정금융자산평가손익은 기말평가 시 인식한다.
    ③ 당기손익-공정가치측정금융자산에 대한 평가이익은 당기손익에 반영한다.
       (기타포괄손익-공정가치측정금융자산의 평가손익 : 기타포괄손익 반영)

24 • 자산(상품) 취득 이후 지출되는 비용(후속지출)
       - 수익적 지출 : 현상유지의 경우 당기 비용처리 예 건물의 외벽 도색, 파손된 유리 교체
       - 자본적 지출 : 가치증가의 경우 해당 자산에 가산 예 건물 증축, 건물의 냉난방기 설치

25 • 자본금에 영향을 미치는 거래
       - 유상감자 : 자본금 ↓
       - 유상증자 : 자본금 ↑
       - 무상증자 : 자본금 ↑
       - 배당금 현금 지급 : 자본금에 영향을 미치지 않음
          (차) 미지급배당금(부채)   ×××   (대) 현 금   ×××

PART 3

2022년 기출복원문제

정답 및 해설

정답

01	02	03	04	05	06	07	08	09	10
①	③	③	③	④	③	②	④	④	②
11	**12**	**13**	**14**	**15**	**16**	**17**	**18**	**19**	**20**
①	④	②	④	①	④	④	②	①	③
21	**22**	**23**	**24**	**25**					
③	③	④	①	①					

01
- 통화대용증권 : 타인발행수표, 자기앞수표, 우편환증서, 송금수표, 만기도래 국·공채이자표 등
- 현금및현금성자산으로 보지 않는 것 : 우표, 수입인지, 선일자수표 등

02
- 직접 대응 : 매출원가, 판매원 수당 등(특정 수익항목의 가득과 관련된 경우)
- 체계적 · 합리적 배분 : 감가상각비, 무형자산상각비 등
- 기간 비용 : 광고선전비

03
③ 20X1년 말 재무상태표에 반영될 당기손익-공정가치측정금융자산의 금액은 2,500,000원이다.

04
- 3전표제 : 입금전표, 출금전표, 대체전표 사용
  - 3월 5일   (차) 현 금   100,000   (대) 보통예금   100,000
  - 4월 20일 (차) 비 품   50,000   (대) 현 금   50,000
- 입금전표 : 차변이 현금으로만 구성(3월 5일)
- 출금전표 : 대변이 현금으로만 구성(4월 20일)

05
- 매출액 = 120개 × 1,500원 = 180,000원
- 매출원가 = 100개 × 500원 + 20개 × 550원 = 61,000원
- ∴ 매출총이익 = 매출액 180,000원 − 매출원가 61,000원 = 119,000원

06
- 올바른 회계처리   (차) 매 입   20,000   (대) 받을어음   20,000
  대변에 지급어음이 아닌 받을어음 계정과목이 사용되어야 한다.
- 오류수정 분개   (차) 지급어음   20,000   (대) 받을어음   20,000
  오류수정으로 증가된 부채(지급어음)가 감소하고, 자산(받을어음)이 감소됨

07
당기순이익 = 매출액 1,500,000원 − 매출원가 800,000원 − (종업원급여 300,000원 + 임차료 200,000원)
+ 이자수익 100,000원 − 이자비용 100,000원 = 200,000원

08
- 매출원가 = 기초상품재고 200,000원 + 당기매입액 700,000원 − 기말상품재고 300,000원 = 600,000원
- 매출총이익 400,000원 = 당기매출액 − 매출원가 600,000원
- ∴ 당기매출액 = 1,000,000원

09
소지하고 있던 어음을 만기 이전에 상품의 매입대금 또는 매입채무(외상매입금, 지급어음) 결제를 위해 어음 뒷면에 배서하여 양도할 경우 '(대) 받을어음 ×××'으로 처리함

10

구 분	20X1년	20X2년	평가손익
(주)A	100,000원	130,000원	+30,000원
(주)B	200,000원	180,000원	−20,000원
합 계			+10,000원

11
(가) 재무상태표 : 일정시점의 재무상태
(나) 현금흐름표 : 현금주의에 의한 정보제공, 발생주의 포괄손익계산서 보완
(다) 포괄손익계산서 : 일정기간의 경영성과, 미래현금흐름과 수익창출능력 예측에 관한 정보 제공

12
- 무형자산의 정의
  (1) 식별가능성
  (2) 자원에 대한 통제
  (3) 미래의 경제적 효익
- 무형자산의 종류 : 영업권, 개발비(자산성 요건 충족), 산업재산권(특허권, 실용신안권, 상표권), 소프트웨어 등

13
① 상품 매입 시 반품으로 처리되는 부분은 매입환출 계정과목을 사용한다.
③ 선입선출법에 의할 경우 기말재고자산은 현행원가 근사치로 반영된다.
④ 수입관세와 제세금은 매입원가를 결정할 때 가산한다.

14
- 영업외비용 : 이자비용(영업이익에 영향을 미치지 않음)

① (차) 소모품비	×××	(대) 소모품		×××
② (차) 종업원급여	×××	(대) 예수금		×××
		현 금		×××
③ (차) 감가상각비	×××	(대) 감가상각누계액		×××

15
(가) 분개장 : 거래의 발생순서대로 기입하는 장부
(나) 시산표 : 분개장에서 총계정원장으로의 전기가 정확한가를 검증하기 위해 작성하는 계정집계표
(다) 재무제표 작성 : 재무상태표, 포괄손익계산서, 현금흐름표 등
※ 총계정원장 : 거래의 내용을 계정과목별로 구분해서 전기하여 기록할 수 있도록 설정되어 있는 장부

16
예수금 : 원천징수한 근로소득세와 지방소득세, 국민연금 및 건강보험료 등 근로자 본인 부담분

17
자본잉여금 : 주식발행초과금, 감자차익, 자기주식처분이익

18 • 회계처리   (차) 현 금   80,000   (대) 자본금   50,000
                                                     주식발행초과금   30,000

19 • 투자회사와 피투자회사
  갑이 을의 주식을 매입함으로 을에게 유의적인 영향력을 행사하게 되었다면 투자회사를 갑, 피투자회사를 을이라 한다. 이 때 갑이 보유한 주식을 지분상품이라 한다. 을로부터 배당금을 받게 되면 지분법을 적용하여 재무제표에 반영한다.

20 ① 해고급여 : 해고 시 정상적인 퇴직급여 이외의 일시적으로 지급되는 급여
  ② 확정급여형 : 퇴직 시 지급할 급여수준을 사전에 약정, 근로기간과 퇴직 시 임금수준에 따라 퇴직금 결정
  ④ 명예퇴직급여 : 조기 퇴직으로 인한 명예퇴직수당

21 • 기말자본 = 기초자본 80,000원 + 당기순이익 50,000원(= 당기 수익 200,000원 − 당기 비용 150,000원)
                 = 130,000원
  • 기말자산 400,000원 = 기말부채 + 기말자본 130,000원
  ∴ 기말부채 = 270,000원

22 • 기말자본과 기초자본을 고려하여 당기순이익을 계산할 때 추가출자액을 고려하여 검토한다.
  • 기말자본 2,500,000원 − (기초자본 1,000,000원 + 추가출자액 800,000원) = 당기순이익 700,000원
  • 총수익 2,500,000원 − 총비용 = 당기순이익 700,000원
  ∴ 총비용 = 1,800,000원

23 • 처분 시 장부금액 = 취득원가 5,000,000원 − 감가상각누계액 1,500,000원 = 3,500,000원
  • 유형자산처분손실 = 장부금액 3,500,000원 − 처분가액 3,000,000원 = 500,000원

24 • 당기손익−공정가치측정금융자산을 처분한 경우 처분손익은 당기 처분금액과 장부금액을 비교하여 산정한다.
  ∴ 처분손익 = 처분금액 480,000원 − 장부금액 450,000원 = 처분이익 30,000원

25 받을어음의 경우 취득 당시 만기가 3개월 이내라고 하더라도 현금및현금성자산으로 분류되지 않고 매출채권에 해당한다.

정답

01	02	03	04	05	06	07	08	09	10
④	④	④	①	②	①	③	①	④	④
11	12	13	14	15	16	17	18	19	20
③	④	②	④	④	②	③	②	①	②
21	22	23	24	25					
①	①	③	②	②					

01

차 변	대 변
자산의 증가(잔액)	자산의 감소
부채의 감소	부채의 증가(잔액)
자본의 감소	자본의 증가(잔액)
비용의 발생(잔액), 수익의 소멸	수익의 발생(잔액), 비용의 소멸

02
① (차) 대손충당금　　　　　　　　300,000　　(대) 외상매출금　　　　　　　300,000
② 대손충당금 잔액 : 500,000원 → 200,000원
③ 대변의 계정과목 : 외상매출금
④ 예 대손 발생 전 : 외상매출금 1,000,000원, 대손충당금 500,000원 → 장부가액 500,000원
　　대손 발생 후 : 외상매출금 700,000원, 대손충당금 200,000원 → 장부가액 500,000원

03
• 한국채택국제회계기준(K-IFRS)상 재무제표
재무상태표, 포괄손익계산서, 자본변동표, 현금흐름표, 주석

04
• 투자회사와 피투자회사
갑이 을의 주식을 매입함으로 을에게 유의적인 영향력을 행사하게 되었다면 투자회사를 갑, 피투자회사를 을이
라 한다. 이 때 갑이 보유한 주식을 지분상품이라 한다. 을로부터 배당금을 받게 되면 지분법을 적용하여 재무
제표에 반영한다.

05
당좌예입 시 당좌차월(단기차입금) 잔액이 있다면 이에 대한 상환을 우선적으로 처리한다.

06
② 이자비용 : 영업외비용
③ 개발비 : 자산
④ 기부금 : 영업외비용

07 · 기말자산 = 기말부채 400,000원 + 기말자본 600,000원 = 1,000,000원
· 당기순이익 = 매출총이익 500,000원 − 종업원급여 400,000원 + 이자수익 100,000원 = 200,000원
∴ 기초자본 = 기말자본 600,000원 − 당기순이익 200,000원 = 400,000원

08 나. 주식 5주를 주당 3,000원에 매각 : 매각에 따른 손익없음
다. 주식 10주를 주당 2,000원에 매각 : 손실 10,000원
라. 주식 5주를 주당 4,000원에 매각 : 이익 5,000원
∴ 당기순손익 = 손실 10,000원 − 이익 5,000원 = 순손실 5,000원

09 기말자본 = 기초자본 500,000원 + 추가출자 200,000원 − 인출금 100,000원 + 당기순이익 300,000원
= 900,000원

10 ① 이월시산표는 자산, 부채, 자본의 마감된 잔액을 집계한 것이므로 포괄손익계산서상 수익의 내용에 대해 확인할 수 없다.
② 기말재고자산은 250,000원이다.
③ 외상매출금에 대해 차기에 1%만큼 대손이 발생할 것으로 예상하여 대손충당금을 설정하다.

11 ③ 성격별 포괄손익계산서 작성에 관한 설명임
· 포괄손익계산서 작성기준 : 발생주의, 실현주의, 수익비용 대응의 원칙, 총액주의 원칙(상계 ×), 구분표시의 원칙
· 기능별 분류 : 매출원가를 물류원가, 관리활동원가 등의 다른 비용과 분리해서 표시
· 성격별 분류 : 당기 상품변동액을 당기 상품매입액에 가감하는 방법으로 표시

12 무형자산의 종류 : 영업권, 개발비(자산성 요건 충족), 산업재산권(특허권, 실용신안권, 상표권), 소프트웨어 등

13 · 포괄손익계산서
(1) 수익 : 매출액, 기타수익(수수료수익, 외환차익, 유형자산처분이익 등), 금융수익(이자수익, 배당금수익)
(2) 비용 : 매출원가, 물류원가, 관리비, 기타비용, 금융원가 등
※ 감가상각누계액은 자산의 차감적 평가계정으로 포괄손익계산서상 수익에 해당되지 아니함

14 · 재고자산 청산효과 : 판매량이 급증하여 기초재고가 판매된 경우 재고자산이 청산되어 매출원가는 감소되고, 순이익이 증가되는 현상
· 원가흐름의 비교(물가 상승 시)

매출원가	선입선출법 < 이동평균법 < 총평균법 < 후입선출법
기말재고자산	선입선출법 > 이동평균법 > 총평균법 > 후입선출법
매출총이익(or 당기순이익)	선입선출법 > 이동평균법 > 총평균법 > 후입선출법

① 매출총이익은 감소한다 : 선입선출법 > 총평균법
② 매출원가는 증가한다 : 선입선출법 < 총평균법
③ 당기순이익은 감소한다 : 선입선출법 > 총평균법
④ 재고자산의 크기는 감소한다 : 선입선출법 > 총평균법

15	가. (차) 상 품	550,000	(대) 외상매입금		500,000
			현 금		50,000
	나. (차) 외상매출금	200,000	(대) 매 출		200,000
	운반비	20,000	현 금		20,000

16 • 금융자산 취득 시 부대비용에 관한 처리

금융자산의 분류	거래원가(취득 시 수수료 등)
당기손익-공정가치측정금융자산	당기 비용으로 인식
기타포괄손익-공정가치측정금융자산	금융자산 취득원가에 가산
상각후원가측정금융자산	금융자산 취득원가에 가산

• 재고자산, 유형자산 취득 시 부대비용에 관한 처리
취득(매입) 과정에서 지출되는 부대비용 → 해당 자산에 포함(건물, 기계장치 등)

17 • 자산(상품) 취득 이후 지출되는 비용(후속지출)
(1) 수익적 지출 : 현상유지의 경우 당기 비용처리
(2) 자본적 지출 : 가치증가의 경우 해당 자산에 가산
• 어음 발행
(1) 일반적인 상거래 : 지급어음
(2) 일반적인 상거래 외 : 미지급금

18 재고자산 취득(매입) 과정에서 지출되는 부대비용 → 해당 자산의 취득원가에 포함

19 • 원천징수한 소득세 등을 납부한 경우
(차) 예수금 　　　　　　　　　　　　xxx　　(대) 현 금 　　　　　　　　　　　　xxx
• 예수금 : 원천징수한 근로소득세와 지방소득세, 국민연금 및 건강보험료 등 근로자 본인부담분

20 • 6월 1일　(차) 현 금 　　　　　　　120,000　　(대) 임대료 　　　　　　120,000
• 12월 31일 기말 결산정리 선수수익을 통해 유추한다면 임대료 1년치를 현금으로 일시 수령한 것이다. 이 중
당해 연도 귀속분은 70,000원, 차기분은 50,000원이 된다. 따라서 12월 31일 분개는 다음과 같다.
(차) 임대료 　　　　　　　　　　　50,000　　(대) 선수수익 　　　　　　　50,000
∴ 선수수익 T-계정으로 변환하게 되면 (가) 선수수익, (나) 임대료 50,000원이 된다.

21
금융자산의 분류	사 례
당기손익-공정가치측정금융자산	단기매매목적으로 주식 취득
기타포괄손익-공정가치측정금융자산	그 외 나머지
상각후원가측정금융자산	주로 채권(국채, 공채, 사채 등)

22 • 현금 수령한 임대료 중 당기분 200,000원, 차기분 100,000원이다.
② 재무상태표에 기입될 선수임대료는 100,000원이다.
③ 포괄손익계산서에 기입될 임대료는 200,000원이다.
④ 임대료 당기분을 차기로 이월하는 것을 수익의 이연이라 한다.

23 ① 현금을 보통예금에 예입한 경우 현금및현금성자산 간의 거래이므로 금액적 변동은 없다.

② 외상매출금을 받을어음으로 수령한 경우 매출채권 간의 거래이며 현금및현금성자산에 영향을 미치지 않는다.

③ 1년 만기 금융상품이 만기되어 현금으로 인출한 경우 현금및현금성자산의 증가를 가져온다.

④ 취득 당시 환매조건이 2개월인 환매채의 매입은 현금성자산이고 이에 대한 지급을 수표로 발행하였기 때문에 현금및현금성자산의 금액적 변동에 영향을 주지 않는다.

24 타인발행수표는 통화대용증권이므로 현금 계정과목으로 처리한다.

25 합계잔액시산표 : 일정기간 동안 발생한 모든 계정과목의 합계와 잔액을 하나의 표로 작성하는 시산표의 형식(분리하여 작성하지 않음)

2021년 기출복원문제
정답 및 해설

정답

01	02	03	04	05	06	07	08	09	10
④	①	③	③	③	①	③	②	④	③

11	12	13	14	15	16	17	18	19	20
①	②	③	④	③	③	②	④	①	③

21	22	23	24	25
②	④	④	①	③

01 재고자산의 취득원가는 재고자산을 현재의 장소에, 현재 상태로 이르게 하는데 발생한 원가 모두를 포함하는데, 상품매입 시 운임은 취득과정에 직접 관련된 것이므로 매입자는 상품의 매입원가에 가산한다.

02 3분법에 따라 차변에 계정과목 매입을 기입하고 상품 구입대금 100,000원과 인수운임 7,000원을 합산한 107,000원을 반영한다.

03 • 20X1년 감가상각비 = 취득원가 1,000,000원 ÷ 내용연수 10년 = 100,000원
∴ 장부금액 = 취득원가 1,000,000원 − 감가상각누계액 100,000원 = 900,000원

04 ① 주식회사의 설립 규정은 상법에 규정되어 있다.
② 수권주식의 4분의 1 이상 발행하면 회사가 설립되는 제도가 수권자본제도이다.
④ 회사의 설립 후 미발행주식을 액면가액 이하로 발행하는 경우 법원의 허가에 의해서 추가로 발행할 수 있다.

05 20X1년 말 재무상태표에 반영될 당기손익–공정가치측정금융자산 금액 = 20X1년 말 공정가치 2,500,000원
= 20X1년 취득원가 2,000,000원 + 평가이익 500,000원 = 2,500,000원

06 • 20X1년 말 당기손익–공정가치측정금융자산의 공정가치 상승 시 기말 평가 회계처리(주식 보유 중)
(차) 당기손익–공정가치측정금융자산　　　　xxx　　(대) 당기손익–공정가치측정금융자산평가이익　xxx
• 평가이익 = 취득원가 1,000,000원 − 결산 시 주식의 공정가치 1,500,000원 = 500,000원
• 처분이익은 매각 시 장부금액과 처분금액을 비교하여 계산

07 • 장부금액 = 취득원가 2,000,000원 − 감가상각누계액 800,000원 = 1,200,000원
• 유형자산 처분이익 = 처분가액 1,500,000원 − 장부금액 1,200,000원 = 300,000원
※ 영업용 건물 처분은 일반적인 상거래가 아니므로 대금을 월말에 받기로 한 경우 외상매출금이 아닌 미수금 계정과목 사용

08 • 급여 지급 시 분개
  – 국민연금, 건강보험료, 근로소득세 등 공제항목 : 예수금(부채) 계정과목으로 회계처리
  – 수표발행 : 당좌예금(자산) 계정과목으로 회계처리

09 • 매출액 = 120개 × 1,500원 = 180,000원
  • 매출원가 = 100개 × 500원 + 20개 × 550원 = 61,000원
  ∴ 매출총이익 = 매출액 180,000원 – 매출원가 61,000원 = 119,000원

10 ③ 복리후생비 : 본사 직원을 대상으로 하는 체육대회, 단합회, 식사, 경조금 등
  ② 접대비 : 거래처 대상 식사, 경조금 등

11 • 당기손익–공정가치측정금융자산의 처분손익은 취득금액이 아닌 장부금액과 처분금액을 비교하여 계산한다.
  ∴ 처분이익 = 처분금액 480,000원 – 장부금액 450,000원 = 30,000원

12 • 수익 · 비용 대응원칙
  – 인과관계에 의한 직접대응 : 매출액과 매출원가, 판매수수료 등
  – 합리적 체계적 배분 : 감가상각비 등
  – 발생시점 즉시 비용화 : 광고선전비 등

13 • 결산 누락된 회계처리
  (차) 이자비용(비용의 발생)   50,000   (대) 미지급금(부채의 증가)   50,000
  ∴ 재무제표 결과 : 비용 50,000원 과소계상, 부채 50,000원 과소계상

14 ① 자산계정은 증가를 차변에, 감소를 대변에 기입하며, 잔액은 차변에 남는다.
  ② 부채계정은 증가를 대변에, 감소를 차변에 기입하며, 잔액은 대변에 남는다.
  ③ 자본계정은 증가를 대변에, 감소를 차변에 기입하며, 잔액은 대변에 남는다.

15 • 기말 자본 2,500,000원 = 기초 자본금 1,000,000원 + 추가 출자액 800,000원 + 당기순이익
  ∴ 당기순이익 = 700,000원
  • 당기순이익 700,000원 = 당기 수익총액 2,500,000원 – 당기 비용총액
  ∴ 당기 비용총액 = 1,800,000원

16 ③ 취득 당시 만기가 3개월 이내 도래하는 받을어음은 매출채권으로 회계처리
  • 현금성자산 : 취득일로부터 만기 3개월 이내 정기예금, 정기적금, 환매채, 양도성예금증서, 상환우선주 등

17 외상매입금 결제를 위해 거래처로부터 수취한 약속어음을 배서양도한 경우 이로 인해 외상매입금(부채)의 감소와 보관 중인 받을어음(자산)의 감소가 일어난다.

18 ④ 운반비를 판매비와관리비로 처리하였기 때문에 기타비용에는 영향을 미치지 않음
　　① 순매입액의 과소계상 : 107,000원(상품매입액에 합산 시) → 100,000원(판매비와관리비로 처리 시)
　　② 매출원가의 과소계상 : 당기 매입액이 과소계상되므로 매출원가도 과소계상됨
　　③ 매출총이익의 과대계상 : 매출원가가 과소계상되므로 매출총이익은 과대계상됨

　　참 고

　　손익계산서상 기준으로 판매비와관리비는 영업손익 위쪽에 반영되고, 기타비용은 그 아래쪽에 위치함. 기타비용은 영업손익 계산 시 고려하지 않는 항목임

19 • 장부금액 = 취득원가 5,000,000원 − 감가상각누계액 3,000,000원 = 2,000,000원
　　∴ 유형자산처분이익 = 처분가액 2,500,000원 − 장부금액 2,000,000원 = 500,000원

20 • (주)상공 원장내역 회계처리

(차) 현 금	103,000	(대) 단기금융상품	100,000
		이자수익	3,000

　　• 단기금융상품이란 취득일로부터 만기가 3개월 이후 ~ 1년 이내 도래하는 금융상품을 말하므로, 보기 중 정기적금(6개월 만기), 기업어음(5개월 만기), 양도성예금증서(7개월 만기)가 해당하며, 사채는 3년 만기이므로 장기금융상품으로 분류
　　※ 제좌 : 분개장에서 총계정원장으로 전기할 때 상대 계정과목이 2 이상인 경우 사용

21 • 거래의 8요소
　　− 차변 : 자산의 증가, 부채의 감소, 자본의 감소, <u>비용의 발생</u>
　　− 대변 : 자산의 감소, 부채의 증가, 자본의 증가, 수익의 발생

22 • 금융자산 O : 매출채권, 단기대여금, 단기매매금융자산, 현금및현금성자산
　　• 금융자산 × : 선급금

　　참 고

　　금융상품은 거래당사자 어느 한쪽에게는 금융자산이 생기게 하고 거래상대방에게 금융부채나 지분상품이 생기게 하는 계약을 말하는데 선급금은 기업의 주된 영업활동인 재화나 용역의 매입대금 일부를 미리 지급한 금액으로 선급금의 미래 경제적 효익이 현금 등 금융자산을 수취할 권리가 아니라 재화·용역의 수취이므로 금융자산이 아님

23 • 회계순환과정 절차

　　수정전 시산표 → (기말)수정분개 → 수정후 시산표 → 결산분개(마감) → 역분개(차기 수행)

24 • 재무상태표 : 특정시점의 재무상태를 나타냄
　　• 포괄손익계산서 : 소유주와의 자본거래에 따른 자본의 변동을 제외한 기업 순자산의 변동을 표시하는 보고서로 일정기간 동안의 경영성과를 나타냄
　　• 자본변동표 : 일정기간 동안 자본변동에 관한 정보 제공

25 • 3전표제 : 입금전표, 출금전표, 대체전표 사용

3월 5일	(차) 현 금	100,000	(대) 보통예금	100,000
4월 20일	(차) 비 품	50,000	(대) 현 금	50,000

　　• 입금전표 : 차변이 현금으로만 구성(3월 5일)
　　• 출금전표 : 대변이 현금으로만 구성(4월 20일)

정답

01	02	03	04	05	06	07	08	09	10
①	④	③	①	③	④	①	②	②	②
11	12	13	14	15	16	17	18	19	20
④	③	③	①	②	③	②	①	③	④
21	22	23	24	25					
③	①	①	②	④					

01
- 대손예상액 = 외상매출금 100,000원 × 2% = 2,000원
- 대손충당금 추가설정액 = 대손예상액 2,000원 − 기말 대손충당금 잔액 1,500원 = 500원

  (차) 대손상각비   500   (대) 대손충당금   500

  ※ 매출채권에는 외상매출금뿐만 아니라 받을어음도 포함됨

02 도착지인도기준은 도착시점에 매입자에게 소유권이 이전되기 때문에 운임은 판매자가 부담한다. 따라서 판매자의 비용으로 처리되어야 한다.

03
- 시산표에서 발견할 수 없는 오류
  - 거래 전체의 분개가 누락되거나, 전기가 누락된 경우
  - 분개는 틀렸으나 대차의 금액은 일치하는 경우
  - 어떤 거래의 분개가 이중으로 분개된 경우 등

04
- 시산표에서 확인되지 않는 오류 : 거래 전체 누락(①)
- 시산표에서 확인되는 오류 : 차변과 대변 금액 불일치(②, ③, ④)

05
- ③ 1년 만기 금융상품이 만기되어 현금으로 인출한 경우 현금및현금성자산의 증가를 가져온다.
- ① 현금을 보통예금에 예입한 경우 현금및현금성자산 간의 거래이므로 금액적 변동은 없다.
- ② 외상매출금을 받을어음으로 수령한 경우 매출채권 간의 거래이며 현금및현금성자산에 영향을 미치지 않는다.
- ④ 취득 당시 환매조건이 2개월인 환매채의 매입은 현금성자산이고 이에 대한 지급을 수표 발행하였기 때문에 현금및현금성자산의 금액적 변동에 영향을 주지 않는다.

06
- ④ 매출할인 : 총매출액에서 차감하기 때문에 당기순손익에 영향을 미침
- ① 배당금 지급 : 미처분이익잉여금과 미지급배당금(당기순손익에 영향을 미치지 않음)
- ② 해외사업환산이익 : 기타포괄손익누계액(자본거래)
- ③ 기타포괄손익−공정가치측정금융자산평가손익 : 기타포괄손익누계액(자본거래)

07　① 현금 매출한 300,000원이 취소(환입)되는 거래가 발생하여야 한다.

08　• 손익계정의 매입 : 매출원가
　• 손익계정의 매출 : 순매출액
　• 이월시산표의 이월상품 : 기말상품재고액
　• 매출원가 210,000원 = 기초상품재고액 50,000원 + 당기매입액 − 기말상품재고액 40,000원
　∴ 당기매입액 = 200,000원

09　② 단기차입을 통해 기계장치를 구입함
　(차) 기계장치　　　　　　　　　　　　　　200,000　　　　(대) 단기차입금　　　　　　　　　　200,000

10　• 매출총이익률법 : 과거의 매출총이익률을 이용하여 기말재고자산을 추정하는 방법
　• 매출총이익 = 매출액 90,000원 × 30% = 27,000원
　• 매출원가 = 매출액 90,000원 − 매출총이익 27,000원 = 63,000원
　∴ 당기매입액 = 매출원가 63,000원 + 기말상품재고액 70,000원 − 기초상품재고액 50,000원 = 83,000원

11　• 선입선출법을 적용하므로 기중판매량 320개는 기초상품 100개와 기중매입 220개로 구성된다.
　• 기초상품 : 100개 × @100원 = 10,000원
　• 기중매입 : 300개 × @200원 = 60,000원
　• 기중판매 : 기초상품 10,000원(100개 × @100원) + 기중매입 44,000원(220개 × @200) = 54,000원
　∴ 기말재고액 = 기초상품 10,000원 + 기중매입 60,000원 − 기중판매 54,000원 = 16,000원

12　급여 지급 시 국민연금, 건강보험료, 근로소득세 등 공제항목은 예수금(부채) 계정과목으로 회계처리한다.

13　• 취득원가 : 500주 × @100원 = 50,000원
　• 기말평가 : 500주 × @90원 = 45,000원(재무제표 계상)
　• 평가손실 = 취득원가 50,000원 − 기말평가 45,000원 = 5,000원(재무제표 계상)

14　• 단기매매목적으로 주식을 취득한 경우 당기손익−공정가치측정금융자산으로 회계처리한다.
　• 당기손익−공정가치측정금융자산 매입 시 수수료는 당기 비용으로 인식한다.
　　− 10월 1일　(차) 당기손익−공정가치측정금융자산 500,000　　　(대) 현　금　　　　　　　　　510,000
　　　　　　　　　　　　수수료비용　　　　　　　　　10,000
　• 처분 시 회계처리 : 장부금액과 처분금액을 비교하여 계산하고 매도 시 수수료는 처분이익에 차감하거나 처분손실에 가산함
　　− 12월 1일　(차) 당좌예금　　　　　　　　　685,000　　　(대) 당기손익−공정가치측정금융자산　500,000
　　　　　　　　　　　　　　　　　　　　　　　　　　　　　　당기손익−공정가치측정금융자산　185,000
　　　　　　　　　　　　　　　　　　　　　　　　　　　　　　처분이익

15 • 포괄손익계산서 기능별 분류

영업외수익	금융수익	이자수익, 배당금수익
	기타수익	수수료수익, 외환차익, 유형자산처분이익 등
영업외비용	금융원가	이자비용
	기타비용	수수료비용, 기부금 등

• 법인세차감전순이익 150,000원 = 영업이익 200,000원 − 기부금 30,000원 + 이자수익 10,000원 − 이자비용 50,000원 + 기타수익

∴ 기타수익 = 20,000원

16 • 동점 부담 운임 당점 대신 지급 시 외상매입금에서 차감한다.

  ① 외상매입 대금은 1,990,000원이다.

  ② 인수 운임은 외상매입금에서 차감 처리한다.

  ④ 당좌예금계정이 1,000,000원이 감소한다.

17 • 건설중인자산은 유형자산을 건설하기 위하여 발생된 원가를 집계하는 임시계정으로 완성 후 해당 계정으로 대체함(건설중인자산 → 건물)

∴ 건물 6,000원 = 당좌예금 5,000원 + 건설중인자산 1,000원

18 처분가액과 장부금액이 동일하므로 유형자산처분손익은 발생하지 않고, 월말에 받기로한 대금은 기업의 주된 영업활동 이외의 거래에서 발생한 받을 권리이므로 미수금으로 회계처리한다.

19 다음 달 급여에서 차감하기로 하였으므로 단기, 종업원에게 현금으로 빌려주었으므로 대여금으로 회계처리한다.

20 • 주식발행초과금은 자본을 구성하는 항목 중 자본잉여금에 속한다.

• 자본잉여금 : 주식발행초과금, 자기주식처분이익, 감자차익 등

21 • 재무제표의 종류 : 재무상태표, 포괄손익계산서, 자본변동표, 현금흐름표, 주석

• 재무제표가 아닌 것 : 시산표, 정산표 등

22 • A는 매입자로 상품매입 후 약속어음(지급어음)을 발행하여 대금을 지급하였다.

• B의 입장에서 거래를 분개하면 다음과 같다.

   (차) 받을어음   100   (대) 상품매출   100

23 • 매출원가 260,000원 = 기초재고액 + 당기매입액 300,000원 − 기말재고액

• 이 경우 내용을 파악하기 위해 가장 단순한 숫자를 기초재고액에 반영한다. 기초재고액을 0원이라고 가정할 경우 기말재고액은 40,000원이 된다. 이런 식으로 기초재고액을 10,000원으로 늘리면 기말재고액은 50,000원이 되므로 기말시점에서 상품재고액은 기초시점에서의 상품재고액에 비해 40,000원 만큼 크다는 것을 알 수 있다.

24
- 당기 임대료(9월 1일 ~ 12월 31일 4개월분) = 120,000원 $\times \dfrac{4}{12}$ = 40,000원

- 차기 임대료(1월 1일 ~ 8월 31일 8개월분) = 120,000원 $\times \dfrac{8}{12}$ = 80,000원

- 9월 1일에 차기 임대료까지 전액 당기 수익으로 인식하였으므로 12월 31일에는 차기 임대료 80,000원을 선수 임대료계정을 사용하여 결산정리분개를 한다.

25
- 손익법 : 회계기간의 총수익과 총비용을 비교하여 당기순손익을 계산하는 방법
  - 총수익 > 총비용 : 총수익 − 총비용 = 당기순이익
  - 총수익 < 총비용 : 총비용 − 총수익 = 당기순손실

참 고
재산법 : 기초자본과 기말자본을 비교하여 당기순손익을 계산하는 방법

정답 및 해설

정 답

01	02	03	04	05	06	07	08	09	10
③	③	③	②	②	①	③	②	②	④

11	12	13	14	15	16	17	18	19	20
④	④	④	①	③	①	③	③	③	③

21	22	23	24	25
①	①	①	④	④

01 ③ 한 기업의 재무상태를 파악하기 위해서는 재무제표 중 <u>재무상태표</u> 중심의 접근을 해야한다.

02 • 회계순환과정

거래발생 → <u>분개</u> → <u>전기</u> → 총계정원장 → 수정전 시산표 → <u>기말수정분개</u> → 수정후 시산표 → 장부마감 → <u>재무제표의 작성</u>

03 ③ 수익계정의 발생은 대변, 소멸은 차변에 기록한다.

04 • 급여 지급 시 국민연금, 건강보험료, 근로소득세 등 공제항목은 예수금(부채) 계정과목으로 회계처리한다.

(차) 급여(비용의 발생)	100,000	(대) 예수금(부채의 증가)	20,000
		현금(자산의 감소)	80,000

05 • 경과된 보험료 = 수정 전 선급보험료 70,000원 − 미경과 보험료 20,000원 = 50,000원

∴ 경과된 보험료 50,000원을 당기 비용(보험료)으로 반영하여 선급보험료(자산)를 감소시킨다.

(차) 보험료	50,000	(대) 선급보험료	50,000

06 • 대손 회계처리

– 1단계 : 대손충당금 잔액 검토 : 20,000원

– 2단계 : 대손발생액과 대손충당금 잔액을 우선 상계하고 잔액이 충분하지 않은 경우 초과분(30,000원)은 대손상각비 처리

07 자본금으로 회계처리할 금액은 발행주식수에 1주당 액면가액을 곱하여 계산

08 • 수익 인식시점

구 분	원 칙
상품판매	인도기준(판매하는 때)
배당금수익	주주로서 배당을 받을 권리가 확정되는 시점(수취한 날 ×)

09 • 급여(비용)를 50,000원 증가시키고, 소득세를 예수금(부채) 증가로 수정분개한다.

(차) 급 여　　　　　　　　1,000,000　　(대) 예수금　　　　　　　　　　50,000
　　　　　　　　　　　　　　　　　　　　　　현 금　　　　　　　　　　950,000

10 • 기초자본 = 기초자산 500,000원 − 기초부채 300,000원 = 200,000원
　• 당기순이익 = 총수익 300,000원 − 총비용 210,000원 = 90,000원
　∴ 기말자본 = 기초자본 200,000원 + 당기순이익 90,000원 + 추가출자 20,000원 = 310,000원

11 ④ 약속어음의 만기로 인한 대금회수 시 거래요소 관계 중 자산의 증가와 감소로 처리하며 이로 인해 자본의
　　증가가 일어나지 않음
　　①, ②, ③은 수익의 발생으로 자본을 증가시킴
　　① (차) 현 금(자산의 증가)　　　　20,000　　(대) 이자수익(수익의 발생)　　　　20,000
　　② (차) 현 금(자산의 증가)　　　150,000　　(대) 임대료수익(수익의 발생)　　150,000
　　③ (차) 현 금(자산의 증가)　　　　50,000　　(대) 중개수수료(수익의 발생)　　　50,000
　　④ (차) 현 금(자산의 증가)　　　300,000　　(대) 받을어음(자산의 감소)　　　300,000

12 • 당기분 보험료 = 총 보험료 100,000원 − 선급보험료 60,000원 = 40,000원
　• 차기분 보험료 = 선급보험료 60,000원

13 약속어음의 당사자는 발행인, 수취인 2인이다.

> **참 고**
> 환어음의 당사자 : 발행인, 수취인, 지급인

14 • 회계처리 오류로 인해 재무제표에 미치는 영향
　　− 자본적 지출을 수익적 지출로 처리 시 : 자산 과소계상, 비용 과대계상, 이익 과소계상
　　− 수익적 지출을 자본적 지출로 처리 시 : 자산 과대계상, 비용 과소계상, 이익 과대계상

15 • 주식발행초과금, 자기주식처분이익, 감자차익은 모두 자본잉여금에 속한다.

> **참 고**
> 이익잉여금 : 처분이익잉여금(법정적립금, 임의적립금), 미처분이익잉여금 등

16 전표제도는 분개장을 대신해서 사용할 수 있으므로 장부조직을 간소화할 수 있음

17 • 상품판매액(원가) = 상품 총 매입액 500,000원 − 기말상품재고액 100,000원 = 400,000원
　• 외상매출금 = 상품판매액 400,000원 × (1 + 30%) = 520,000원
　∴ 외상매출금 회수액 = 외상매출금 발생액 520,000원 − 기말 외상매출금 잔액 200,000원 = 320,000원

18 자산 취득시점에서 1회 납부하는 취득세 등은 해당 자산에 반영한다(당기 비용처리 ×).

> **참 고**
> 재산세, 자동차세는 자산 보유 단계에서 매년 부과되며 당기 비용(세금과공과금)으로 회계처리한다.

19
• 기 회계처리	(차) 보통예금	20,000	(대) 가수금	20,000
• 해당 거래내역 확인 시	(차) 가수금	20,000	(대) 선수금	20,000

20
- 기중 미지급급여 발생액 = 기말 미지급급여 40,000원 − 기초 미지급급여 30,000원 = 10,000원
- 손익계산서상 급여 200,000원은 발생주의에 의해 미지급급여가 반영된 금액이므로 미지급급여 10,000원을 차감한 금액이 당기 지급한 급여이다.
- ∴ 20X1년도 지급한 급여 = 손익계산서상 급여 200,000원 − 미지급급여 10,000원 = 190,000원

21
- 판매비와관리비 = 급여 30,000원 + 보험료 20,000원 = 50,000원
- 영업외수익 = 이자수익 50,000원 + 임대료 40,000원 = 90,000원
- 영업외비용 = 이자비용 60,000원 = 60,000원
- ∴ 당기순이익 = 상품매출이익 70,000원 − 판매비와관리비 50,000원 + 영업외수익 90,000원 − 영업외비용 60,000원 = 50,000원

22 4월 15일 외상매출금 잔액 = 4월 1일 제좌 12,000원 − 4월 15일 현금 2,000원 = 10,000원

23
- 단위당 원가 = 총 매입액 3,700원 ÷ 총 매입수량 50개 = @74원
- ∴ 매출원가 = @74원 × 15개 = 1,110원, 기말재고액 = @74원 × 35개 = 2,590원

24
- 손익계정의 매입은 매출원가를 의미한다.
- 과대계상된 기초상품재고액 20,000원과 과소계상된 기말상품재고액 30,000원을 반영하기 전에 가장 단순한 형태로 매출원가를 구하면 다음과 같다.
  - 수정 전 매출원가 150,000원 = 기초상품재고액 20,000원 + 당기매입액 130,000원 − 기말상품재고액 0원
- 이어서 과대계상된 기초상품재고액 20,000원을 줄이고, 과소계상된 기말상품재고액 30,000원을 증가시키면 수정 후 매출원가를 구하게 된다.
  - 수정 후 매출원가 = 기초상품재고액 0원 + 당기매입액 130,000원 − 기말상품재고액 30,000원 = 100,000원
- ∴ 매출총이익 = 매출액 250,000원 − 매출원가 100,000원 = 150,000원

25
- 유형자산의 취득원가에는 구입가격뿐만 아니라 경영진이 의도하는 방식으로 자산을 가동하는 데 필요한 장소와 상태에 이르게 하는 데 직접 관련되는 원가도 포함된다.
- ∴ 토지 취득원가 = 구입원가 5,000,000원 + 취득세 60,000원 + 등기비용 40,000원 + 중개수수료 200,000원 = 5,300,000원

정답

01	02	03	04	05	06	07	08	09	10
④	②	①	④	①	③	③	④	①	③
11	12	13	14	15	16	17	18	19	20
③	①	①	③	①	④	④	③	④	③
21	22	23	24	25					
③	③	③	③	③					

01　④ 단기차입금 T-계정 관련하여 '현금을 단기차입하다'라는 (차)현금 (대)단기차입금 분개와 '당좌예금으로 단기차입금을 상환하다'라는 (차)단기차입금 (대)당좌예금 분개는 논리적으로 타당하다.

① 임차료는 기중 차변에 발생하며 대변에 나타나는 것은 일반적이지 않다.

② 외상매출금 T-계정 관련하여 6월 26일자 회계처리는 '(차)외상매출금 (대)당좌예금'이다. 이 경우 외상매출금이 증가하였는데 당좌예금이 감소되는 기현상이 발생되어 적절한 계정과목으로 볼 수 없다.

③ T-계정에 대한 분개 시 상품매출이익은 '수익의 발생'으로 대변에 나타난다. (차)상품매출이익 (대)당좌예금의 분개는 수익의 입장에서 일반적인 회계처리가 아니다.

※ 편저자 주 : 임차료가 대변에 나온다거나 상품매출이익이 차변에 나오는 것이 불가능한 회계처리는 아니며, 실무적으로는 이러한 분개를 하는 경우도 있다. 다만 제시된 내용 중 가장 적절한 계정과목을 선택하는 입장에서 답을 고른다면 ④ 단기차입금이 타당하다고 본다.

02　① 시산표에서 발견할 수 없는 오류
－ 거래 전체의 분개가 누락되거나, 전기가 누락된 경우
－ 분개장에서 원장에 대차를 반대로 전기하였을 때
－ 다른 계정과목에 잘못 전기하였을 때
－ 오류에 의하여 전기된 금액이 우연히 일치하여 서로 상계되었을 때
－ 2개의 오류가 서로 겹쳐서 상계된 경우

③ 분개는 틀렸으나 대차의 금액은 일치하는 경우에는 시산표 작성으로 해당 오류를 발견할 수 없다.

④ 시산표의 차변 총계와 대변 총계가 일치하더라도 시산표에서 발견할 수 없는 오류가 있으므로 언제나 거래가 올바르게 기록되었다고 볼 수 없다.

03

수정 전 당기순이익	100,000	
(+) 보험료 선급액	5,000	보험료(비용) 감소
(+) 이자 미수액	3,000	이자수익(수익) 증가
(−) 임대료 선수액	10,000	임대료(수익) 감소
수정 후 당기순이익	98,000	

04
① 10월 2일 소모품 매입 시 자산처리법으로 처리하였다.
② 당기분 소모품 사용액은 60,000원이다.
③ 결산 시 소모품 재고액은 40,000원이다.

05
• 당기 발생하였으나, 기말 현재 미지급된 이자비용은 다음과 같이 회계처리한다.
　(차) 이자비용　　　　　　　　　　　　　xxx　　(대) 미지급이자　　　　　　　　　　　xxx
• 미지급비용이란 기중에 용역을 제공받고도 현금을 지급하지 않아서 아직 비용을 장부에 기록하지 않은 미지급분을 말한다.
• 미지급비용의 기말수정분개
　(차) 비용계정(비용의 발생)　　　　　　　xxx　　(대) 미지급비용(부채의 증가)　　　　　xxx

06
• 결산예비절차 → 결산본절차 → 결산보고서의 작성
③은 결산보고서의 작성이며, ①, ②, ④는 결산예비절차이다.

07
• 출금전표 : 청색바탕으로 대변이 현금으로만 구성되어 있다. 일반적인 상거래에서 발생한 외상이므로 외상매입금계정을 사용한다(일반적인 상거래 외 : 미지급금).
　(차) 외상매입금　　　　　　　　　600,000　　(대) 현 금　　　　　　　　　　　600,000

08
• 일정기간 동안의 경영성과 : 포괄손익계산서
• 일정시점의 재무상태 : 재무상태표

09
• 금융자산 : 현금성자산, 단기대여금, 당기손익-공정가치측정금융자산

금융자산	금융부채
매출채권(외상매출금, 받을어음), 대여금 : ○	매입채무(외상매입금, 지급어음), 차입금, 사채 : ○
미수금, 미수수익 : ○	미지급금, 미지급비용 : ○
선급금, 선급비용 : ×	선수금, 선수수익 : ×
재고자산(상품), 유형자산(비품), 무형자산, 투자부동산 등 : ×	미지급법인세, 충당부채 : ×

10

대한상사

9/1	전기이월	20,000	9/3	현 금		(10,000)
9/10	매 출	(230,000)	9/30	차기이월		240,000
		250,000				250,000

민국상사					
9/1	전기이월	(90,000)	9/17	현 금	100,000
9/12	매 출	30,000	9/30	차기이월	(20,000)
		120,000			120,000

③ 9월에 회수한 외상매출금은 대한상사 10,000원과 민국상사 100,000원 합계 110,000원이다.

① 9월의 외상매출금 기초잔액은 대한상사 20,000과 민국상사 90,000원 합계 110,000원이다.

② 9월의 외상매출금 기말잔액은 대한상사 240,000원과 민국상사 20,000원 합계 260,000원이다.

④ 9월에 외상으로 매출한 상품은 대한상사 230,000원과 민국상사 30,000원 합계 260,000원이다.

11 • 신용카드 거래 시 계정과목

물품구입	미지급금
상품매입	외상매입금
상품매출	외상매출금

(차) 상 품   30,000   (대) 외상매입금   30,000

12 ① 신용카드 : 사용 후 일정기간 단위로 후불 결제되어 사용금액을 부채로 처리함

②, ③ 직불카드와 체크카드 : 사용시점에서 출금 계좌에서 결제되어 대변에 보통예금(자산의 감소)으로 처리함

④ 자기앞수표 : 통화대용증권으로 사용 시 대변에 현금(자산의 감소)으로 처리함

13 • 대손 발생 시

1단계	대손충당금 잔액 검토 350,000	
2단계	잔액 충분한 경우 (대손충당금 350,000 > 대손 발생액 300,000)	(차) 대손충당금 300,000
	잔액 충분하지 않은 경우	(차) 대손충당금 대손상각비(초과분)

따라서, 대손충당금이 대손발생액보다 크므로 차변에 대손충당금으로 회계처리한다.

14 • 금융부채 ○ : 미지급금, 외상매입금

• 금융부채 × : 선수금

∴ 금융부채의 합계 = 미지급금 60,000원 + 외상매입금 100,000원 = 160,000원

15 • 업무용 비품 매각

(차) 미수금   100,000   (대) 비 품   100,000

참 고 상품(책상) 판매 시 차변 외상매출금

16 • 예수금은 거래처나 종업원이 납부해야 할 금액을 일시적으로 보관하였다가 국가 및 공공기관 등에게 지급해야 하는 금액을 말한다.

예 급여 지급 시 각종 공제 내역(근로소득세, 지방소득세, 국민연금, 건강보험료, 고용보험료 등)

17   ④ 상품 판매계약 계약금 수령 : 선수금(부채)
       ① 대한호텔 객실료 : 매출(수익)
       ② 외상매입금 전액 면제 : 채무면제이익(수익)
       ③ 부동산임대업 임대료 : 매출(수익)

18   상품재고장은 재고자산의 종류별로 매입(인수)과 매출(인도)을 취득원가로 기록・관리하며, 매출제비용과 매출
       에누리는 기록되지 않는다.

19   • 정액법에 의한 상각이므로 매년 200,000원씩 상각함
       • 20X1년 ~ 20X4년 동안 총 감가상각누계액은 800,000원(= 200,000원 × 4년)이다.

20   • 기계장치 취득원가 = 기계장치 구입대금 300,000원 + 택배회사에 지급한 운반비 20,000원 + 설치비 10,000원
                          = 330,000원
       ※ 구입 이후 수선비는 취득원가에 포함되지 아니한다.

21   (A) 상품을 외상매출하다(상품재고장, 총계정원장). : 상품에 대한 구체적인 매출처가 제시되어 있지 않으므로
          매출처원장에 기입된다고 보기는 어렵다.
          (차) 외상매출금   3,000,000   (대) 매 출   3,000,000
       (B) 제주상점 외상매입금 수표 발행하여 지급하다(당좌예금출납장, 총계정원장).
          (차) 외상매입금   200,000   (대) 당좌예금   200,000

22   회계상 거래란 자산・부채・자본의 변동을 초래하는 모든 사건으로서 화폐액으로 표시 가능한 것을 말한다. 상
       품의 주문, 종업원 채용 등은 자산, 부채, 자본의 변동을 일으키지 않으므로 회계상 거래에 해당되지 않는다.

23   • 기초 재무상태
       기초 자본금 500,000원 = 자산 870,000원(현금, 외상매출금, 상품) − 부채 370,000원(외상매입금, 단기차입금)
       • 당기 중의 경영성과
       당기순이익 10,000원 = 수익 60,000원(매출총이익, 임대료, 수수료 수익) − 비용 50,000원(급여, 통신비, 보험료)
       • 기말 재무상태
       기말 자본금 510,000원 = 기초 자본금 500,000원 + 당기순이익 10,000원

24   • 어음의 배서양도(외상매입금 결제를 위해 거래처로부터 수취한 약속어음을 배서한 경우)
       (차) 외상매입금   5,000   (대) 받을어음   5,000

25   • 실수나 잘못된 장부기입으로 인해 장부상 현금과 실제 현금잔액이 일치하지 않는 경우가 있다. 이 경우 현금과
       부족 계정으로 통해 그 차이내역을 규명하여 해당 계정으로 회계처리한다.
       • 회계기간 중에는 현금과부족계정을 사용하나, 결산 당일에는 현금계정을 이용하여 회계처리한다. 장부잔액보
       다 30,000원이 많은 경우이므로 원인불명 초과액은 잡이익으로 처리한다.

원인 불명(부족액)	잡손실계정 처리
원인 불명(초과액)	잡이익계정 처리

2020.05.17 시행

정답 및 해설

정답

01	02	03	04	05	06	07	08	09	10
②	③	①	③	①	④	④	②	④	①
11	12	13	14	15	16	17	18	19	20
②	③	①	④	①	④	③	③	②	①
21	22	23	24	25
②	②	②	①	④

01
- 3전표제의 경우 입금전표, 출금전표, 대체전표를 사용하며, 차변이 현금으로만 구성되는 입금전표에 기입될 거래는 ②이다.

  (차) 현 금　　　　　　　　　　　500,000　　　(대) 보통예금　　　　　　　　　　　500,000

  ①은 출금전표, ③, ④는 대체전표이다.

02
- 20X1년 10월 1일 지급된 화재보험료 1년 120,000원 중 당기분은 30,000원(10월 ~ 12월)이고 차기분은 90,000원(다음 해 1월 ~ 9월)이다.
- 지급된 화재보험료 120,000원 중 차기분은 90,000원(선급보험료)이다.

  – 차기분 = 120,000원 $\times \dfrac{9}{12}$ = 90,000원

  – 10월 1일　　(차) 보험료　　　　　　　120,000　　　(대) 현 금　　　　　　　120,000
  – 12월 31일　　(차) 선급보험료　　　　　90,000　　　(대) 보험료　　　　　　　90,000

03
- 이연이란 현금의 유입과 유출이 먼저 일어나고 이후 회계사건이 나타나는 것을 말하며, 선급비용과 선수수익이 이에 해당된다. 이 중 선수수익이 수익의 이연과 관련된 것이다.
- ※ 미수수익, 미지급비용은 발생항목에 해당한다.

04
- ① 손익계산서의 두 가지 기본요소는 <u>수익과 비용</u>이다.
- ② 재무상태표는 <u>일정시점</u> 기업의 재무상태를 나타낸 보고서이다.
- ④ 주석은 재무제표에 포함된다.

05
- 유동부채 : 미지급금, 예수금, 유동성장기부채
- 비유동부채 : 사채, 장기차입금
- ※ 장기부채의 경우 빌릴 당시에는 비유동부채로 표시되나, 이후 기간 경과되어 만기가 1년 이내 도래하면 유동부채(유동성장기부채)로 분류한다.

06 ・포괄손익계산서 구성 항목 : 매출액, 매출원가, 용역수익
・재무상태표 구성 항목 : 자본조정

07 ・현금및현금성자산 180,000원 = 당좌예금 100,000원 + 보통예금 80,000원
・단기차입금 10,000원(당좌차월 해당 금액)
・비유동자산(기타금융자산) 40,000원(정기예금 해당 금액)

08 단기시세차익 목적으로 취득한 당기손익-공정가치측정금융자산의 취득 시 수수료 등 거래원가는 당기 비용으로 인식한다. 따라서 주식의 취득원가는 1,000주 × 주당 6,000원으로 계산한다.

09 ・갑상점 외상매입금 미지급액 = 전기이월 30,000원 + 매입 240,000원 − 현금 20,000원 = 250,000원
・을상점 외상매입금 미지급액 = 전기이월 20,000원 + 매입 500,000원 − 당좌예금 400,000원 = 120,000원
∴ 1월 말 현재 외상매입금 미지급액 = 갑상점 250,000원 + 을상점 120,000원 = 370,000원

10 매입채무 잔액 = 외상매입액 200,000원 − 외상대금 현금상환액 100,000원 − 외상대금 조기상환에 따른 할인액 1,000원 = 99,000원

11 (가) 가지급금 : 현금이 먼저 지급되었으나 그 계정과목과 금액이 확정되지 않았을 때 사용하는 계정으로 출장 시 여비를 지급하는 것이 대표적인 사례이다.
(나) 선급금 : 일반적 상거래에 속하는 재고자산의 구입 등을 위하여 선지급한 계약금

12 ・선입선출법은 먼저 매입한 재고자산을 먼저 판매하고 기말재고로 남아 있는 항목을 가장 최근에 매입한 것이라고 가정하는 방법이다.
・선입선출법에 의한 기말재고액 : 가장 최근 매입한(7월 20일) 12,000원
・매출원가 : 기말재고 7월 20일을 제외한 7월 1일 기초, 7월 10일 매입 합계 20,000원

13 ・물가가 지속적으로 상승하고 재고자산의 크기가 일정하게 유지되는 경우

매출원가	선입선출법 < 이동평균법 < 총평균법 < 후입선출법
기말재고자산	선입선출법 > 이동평균법 > 총평균법 > 후입선출법
당기순이익	선입선출법 > 이동평균법 > 총평균법 > 후입선출법

・당기순이익은 선입선출법이 이동평균법에 비해 과대계상된다.
・기말재고자산은 선입선출법이 이동평균법에 비해 과대계상되며 차기 기초재고자산에도 동일한 영향을 미친다.

14 ・유형자산을 취득하는데 있어 관련된 직접원가(취득부대비용)는 취득원가에 포함시킨다.
∴ 기계장치 취득원가 = 구입가격 500,000원 + 인수운임 30,000원 + 시운전비 20,000원 = 550,000원

15 ① 개발비는 자산이므로 손익계정에 대체하지 아니한다.
・결산 시 손익계정에 대체하는 계정과목으로 연구비, 세금과공과, 무형자산상각비 등이 있다.

16 • 종업원급여와 관련한 소득세를 현금으로 납부한 경우

(차) 예수금   15,000   (대) 현 금   15,000

17 • T-계정과 관련한 회계처리 방법(p.30 (5) 전기의 과정)을 참고하여 분개하면 다음과 같다.

(차) 손 익   100,000   (대) 자본금   100,000

18 • 복리후생비 : 직원 복리를 위해 지급하는 금액(직원들 체력 단련 비용 500,000원)

• 접대비 : 영업 목적상 거래처 접대를 위하여 지출하는 금액(협력 업체 체육대회 행사 기부할 모자 구입 대금 300,000원)

※ 기부금은 영업과 무관하게 기부하는 금품 및 물품을 의미하므로 협력 업체 체육대회 행사에 기부할 모자 구입 비용은 접대비로 보아야 한다.

19 • 순매출액 = 75,000원

• 매출원가 = 기초상품재고액 30,000원 + 당기순매입액 55,000원 − 기말상품재고액 35,000원 = 50,000원

• 상품매출이익 = 순매출액 75,000원 − 매출원가 50,000원 = 25,000원

20 • 수익인식 5단계 모형

(1) 고객과의 계약 식별

(2) 별도의 수행의무 식별

(3) 거래가격의 산정

(4) 각 수행의무에 거래가격 배분

(5) 각 수행의무 충족 시 수익인식

※ 문제는 4단계로 축약하여 출제함

21 • 포괄손익계산서 영업이익 = 매출총이익 800,000원 − 물류원가 150,000원 − 관리비 90,000원 = 560,000원

• 영업외수익(기타수익, 금융수익), 영업외비용(기타비용, 금융원가)

22 ② 건물에 대한 임차보증금은 기타비유동자산이다.

• 식별가능성, 자원에 대한 통제, 미래의 경제적 효익을 제공하는 자산은 <u>무형자산</u>이며 컴퓨터 소프트웨어, 개발비, 산업재산권(특허권, 실용신안권, 상표권) 등이 이에 해당한다.

23 • '비용의 발생'은 거래의 8요소 중 차변에 위치한다.

② (차) 부채의 감소, 비용의 발생   (대) 자산의 감소

차 변	대 변
자산의 증가(잔액)	자산의 감소
부채의 감소	부채의 증가(잔액)
자본의 감소	자본의 증가(잔액)
비용의 발생	수익의 발생(잔액)

24   • 당기손익–공정가치측정금융자산을 처분한 경우 처분손익은 당기 처분금액과 장부금액을 비교하여 산정한다.
        • 20X2년 처분가액 480,000원 − 장부금액 20X1년 기말 주식 시가 450,000원 = 처분이익 30,000원

25   • 성격별 분류란 당기손익에 포함된 비용을 그 성격(예를 들어 감가상각비, 종업원급여, 광고비, 제품과 재공품의 변동 등)별로 통합하여 표시하는 방법을 말한다.

참 고

기능별 분류는 비용을 매출원가, 물류원가, 관리원가 등 기능별로 분류하는 방법으로 성격별과 달리 매출원가가 분리되어 공시되는 특징을 가지고 있다.

PART 3

정답

01	02	03	04	05	06	07	08	09	10
④	③	③	③	①	②	④	②	③	③
11	12	13	14	15	16	17	18	19	20
④	②	③	④	①	③	①	④	②	①
21	22	23	24	25					
④	③	①	②	③					

01 • 회계의 목적
- 정부와 유관기관에 과세결정의 기초 자료를 제공한다.
- 경영자에게 경영 방침과 경영계획 수립을 위한 자료를 제공한다.
- 공급자 그 밖의 거래 채권자에게 지급능력을 측정하는데 필요한 기준 정보를 제공한다.
- 회계는 기업의 이해관계자들(투자자, 주주, 채권자, 거래처, 경영자, 종업원, 정부기관 등)이 합리적인 판단과 의사결정을 할 수 있도록 유용한 정보를 제공(식별, 측정, 전달)하는 것을 목적으로 한다.

02 ③ 입금전표 외상매출금 20,000원의 의미는 '외상매출금 20,000원을 현금으로 회수하다'이다.

03 • 20X1년 4월 1일 1년분 보험료 240,000원 중 당기분은 180,000원(4월 ~ 12월)이고 차기분은 60,000원(다음 해 1월 ~ 3월)이다.
• 지급된 보험료 240,000원 중 당기분은 180,000원(보험료)이다.
당기분 = 240,000원 × 9/12 = 180,000원

– 4월 1일	(차) 선급보험료	240,000	(대) 현 금	240,000
– 12월 31일	(차) 보험료	180,000	(대) 선급보험료	180,000

04 • 현금의 장부금액과 실제금액이 차이가 있을 때 실제금액을 기준점으로 회계처리한다.
실제금액 90,000원을 기준으로 한다면 장부금액 100,000원을 90,000원으로 조정해서 10,000원 줄여야 한다.
• 이때 주의할 것은 기중거래인지 결산 시 행해야 하는 분개인지를 구분해야 한다.

– 기중거래	(차) 현금과부족	10,000	(대) 현 금	10,000
– 결산 시	(차) 잡손실	10,000	(대) 현 금	10,000

• 문제에서는 '결산 시'라고 하였기 때문에 그 원인을 알 수 없는 분개에서 차변은 '잡손실'로 처리해야 한다.

05 회계의 순환과정은 거래의 발생 → (분개장) → (총계정원장) → (시산표) → 결산정리분개·기입 → 장부마감 → (재무제표)의 과정을 거친다.

06 • 유동자산 : 선급금, 선급비용, 미수수익
   • 비유동자산 : 임차보증금

07 • 비유동자산 : 투자자산, 유형자산, 무형자산, 기타비유동자산
   • 무형자산 : 영업권, 개발비, 산업재산권 등

08 • 포괄손익계산서 구성항목 : 당기순손익, 기타포괄손익, 총포괄손익
   • 재무상태표 구성항목 : 이익잉여금, 유동자산, 자본조정

09 • 신용카드 거래 시 계정과목

상품매입	외상매입금
상품매출	외상매출금
물품구입	미지급금

10

금융자산	금융부채
매출채권(외상매출금, 받을어음), 대여금 : ○	매입채무(외상매입금, 지급어음), 차입금, 사채 : ○
미수금, 미수수익 : ○	미지급금, 미지급비용 : ○
선급금, 선급비용 : ×	선수금, 선수수익 : ×
재고자산(상품), 유형자산(비품), 무형자산, 투자부동산 등 : ×	미지급법인세, 충당부채 : ×

11 ① 매입처에서 제시한 환어음을 인수하면 어음상의 채무가 발생한다.
   ② 상품매출 대금으로 약속어음을 받으면 매출채권 자산이 증가한다.
   ③ 상품매입 대금으로 약속어음을 발행해 주면 어음상의 채무가 발생한다.
   ④ 상품을 매입하고 환어음을 발행하면 어음상의 채권, 채무는 발생하지 않는다.
   • 발행인이 환어음을 발행 교부 시 아래와 같이 처리되기 때문에 어음상의 채권, 채무가 직접적으로 발생되지 않는다는 의미이다.
   (차) 매 입   xxx   (대) 외상매출금   xxx

12

선급금	일반적 상거래에 속하는 재고자산의 구입 등을 위하여 선지급한 계약금
선수금	상품 등을 매매할 때 거래의 이행을 명확하게 하기 위하여 수수한 계약금

(차) 현 금   50,000   (대) 선수금   50,000

13

		당좌예금			
9/1	기 초	500,000	9/15	비 품	1,000,000
9/20	매 출	300,000	9/30	매 입	200,000
	단기차입금	400,000			
		1,200,000			1,200,000

14

매입계정 증가	상품의 운송비, 하역비, 구입원가
매입계정 감소	상품의 불량으로 에누리 받은 금액, 대금 조기 결제에 따라 할인 받은 금액

15 유형자산에 대한 처분가액과 장부금액을 비교하여 유형자산처분손익으로 처리한다. 해당 문제의 경우 처분가액 700,000원과 장부금액(취득원가 − 감가상각누계액) 700,000원이 동일하여 별도의 처분손익이 나타나지 않는다. 유형자산 처분 시 받을 대금은 미수금으로 처리한다.

16 ③ 회계기간 말 재무상태표상의 이익잉여금은 주주총회 승인 전의 금액으로 나타내야 한다.
- 재무제표 작성 기준일에는 이익잉여금의 사용 등에 대한 회계처리가 어려워지지 않으며, 주주총회 승인 후 내역은 다음 연도 재무제표에 반영된다.

▶ 전산회계운용사 3급 필기 수준이 아닌 2급 수준의 문제가 출제되었다.

17 자기앞수표는 통화대용증권이며 회계상 현금으로 분류되기 때문에 해당 분개를 할 경우 대변은 현금으로 처리한다.

18 비용 인식은 직접 대응, 합리적 체계적 배분, 발생시점 즉시 비용화로 나눠 볼 수 있다. 비용의 간접 대응의 대표적인 사례는 급여, 광고선전비, 판매촉진비, 취득 즉시 비용 인식 등을 들 수 있으며 매출원가, 판매수수료 등은 직접 대응하는 것으로 본다.

19
- 20X1년 6월 1일 받은 1년분 임대료 120,000원 중 당기분은 70,000원(6월 ~ 12월)이고 차기분은 50,000원(다음 해 1월 ~ 5월)이다.

− 20X1년	6월 1일	(차) 현 금	120,000	(대) 임대료	120,000
	12월 31일	(차) 임대료	50,000	(대) 선수임대료	50,000
	12월 31일	(차) 임대료	70,000	(대) 손 익	70,000
				(수익계정 마감)	
− 20X2년	1월 1일	(차) 선수임대료	50,000	(대) 임대료	50,000

- 손익계산서상 비용계정을 마감하여 대차를 맞추기 위해 잔액을 집합손익계정으로 대체하기 위한 분개를 12월 31일에 반영한다. 다음 해 기초에 기말결산 분개한 것을 반제(차, 대변을 서로 반대로 하여 분개함) 처리한다. 이렇게 함으로써 20X1년 미경과분을 20X2년에 수익을 인식하는 것이다.

20 상품 5,000원 매입하고 당좌수표를 발행하는데 현 잔액은 4,000원이므로 1,000원을 초과하여 발행한다. 이 경우 1,000원 초과되는 것은 당좌차월 한도액이 3,000원이므로 발행이 가능하다. 이때 초과 발행되는 1,000원은 단기차입금으로 처리한다.

21 ④ 매출원가는 순매출액의 구성요소가 아니다.
  • 순매출액 = 총매출액 − (매출에누리 + 매출환입 + 매출할인)

22

자본적 지출	내용연수 연장, 생산량 증가, 불량률 감소 등
수익적 지출	성능 유지, 부품 등 교체

23

수정 전 당기순이익	540,000	
(−) 이자수익 미경과분	65,000	이자수익(수익) 감소
(+) 수수료 미회수분	52,000	수수료수익(수익) 증가
(−) 급여 미지급액	45,000	급여(비용) 증가
(+) 미사용분 소모품	25,000	소모품비(비용) 감소
수정 후 당기순이익	507,000	

24

상품구입 어음 발행	지급어음
비품 등 자산구입 어음 발행	미지급금

25 • 유형자산처분이익 30,000원 = 처분가액 150,000원 − (취득원가 300,000원 − 감가상각누계액)
  ∴ 감가상각누계액 = 180,000원

T·E·S·T **15**

2019.09.07 시행
정답 및 해설

정답

01	02	03	04	05	06	07	08	09	10
①	②	①	①	③	④	④	③	①	①
11	12	13	14	15	16	17	18	19	20
④	①	④	③	④	②	②	①	④	①
21	22	23	24	25					
③	②	②	①	④					

01 ① 자산 = 부채 + 자본

02

결산의 예비절차		결산 본절차		결산보고서의 작성
• 수정전 시산표 작성 • 재고조사표 작성 • 결산정리 • 수정후 시산표 작성 • 정산표 작성	⇨	• 수익과 비용계정의 집계와 마감 • 집합손익계정의 설정 • 순손익을 자본금계정에 대체 • 자산·부채·자본계정의 마감 • 총계정원장의 마감 • 분개장의 마감	⇨	• 포괄손익계산서 • 재무상태표 • 현금흐름표 • 자본변동표 등

03 ① 외상매입금 1,000원을 현금으로 지급한 거래 전체를 기장 누락한 경우는 거래 전체의 분개가 누락되거나, 전기가 누락된 경우에 속하므로 시산표에서 발견할 수 없는 오류이다.
• 시산표에서 발견할 수 없는 오류
  – 거래 전체의 분개가 누락되거나, 전기가 누락된 경우
  – 분개는 틀렸으나 대차의 금액은 일치하는 경우
  – 어떤 거래의 분개가 이중으로 분개된 경우
  – 분개장에서 원장에 대차를 반대로 전기하였을 경우

04 ① 미래 경제적 효익이 없거나 미래 경제적 효익에 대한 불확실성이 큰 비용은 발생시점에서 즉시 비용화한다.
  예 광고선전비, 급여 등
• 결산수정사항
  ② 결산일 현금과부족 발견
  ③ 기말 대손충당금 설정
  ④ 감가상각비 계상

PART 3

05 • 포괄손익계산서
　　－ 기능별 분류 : 비용을 매출원가, 물류원가와 관리비, 기타비용, 금융원가, 법인세비용으로 그 기능별로 구분
　　　하여 표시하는 방법
　　－ 성격별 분류 : 당기손익에 포함된 비용을 그 성격별(감가상각비, 원재료의 구입, 종업원급여, 광고비 등)로
　　　구분하여 표시하는 방법
　　－ 기능별 및 성격별 분류 동일한 명칭 표시 : 매출액

06 ④ 재무상태표 : 일정시점의 재무상태(자산, 부채, 자본)를 나타내는 재무제표
　　① 자본변동표 : 일정기간 동안의 자본변동에 관한 정보를 제공하는 재무제표
　　② 포괄손익계산서 : 일정기간 동안의 경영성과를 나타내는 재무제표
　　③ 현금흐름표 : 일정기간 동안의 현금및현금성자산의 변동에 관한 정보를 제공하는 재무제표

07 ④ 가지급금 : 임시계정(자산)

금융부채에 속하는 계정	• 매입채무(<u>외상매입금</u>, <u>지급어음</u>), <u>차입금</u>, 사채 • 미지급금, 미지급비용 등
금융부채에 속하지 않는 계정	• 선수금, 선수수익 • 미지급법인세, 충당부채 등

08 • 총수익 = 당기손익–공정가치측정금융자산처분이익 10,000원 + 이자수익 1,000원 + 매출총이익 200,000원
　　+ 잡이익 10,000원 = 221,000원
　• 총비용 = 세금과공과 20,000원 + 급여 50,000원 + 임차료 30,000원 + 기부금 2,000원 = 102,000원
　∴ 당기순이익 = 총수익 221,000원 − 총비용 102,000원 = 119,000원

09

금융자산에 속하는 계정	• <u>현금및현금성자산</u>(보통예금, 당좌예금), <u>정기예금</u> • <u>매출채권</u>(외상매출금, 받을어음), 대여금 • 미수금, 미수수익 • 당기손익인식–공정가치측정금융자산, 상각후원가측정금융자산, 기타포괄손익 　–공정가치측정금융자산 등
금융자산에 속하지 않는 계정	• <u>선급금</u>, 선급비용 • 재고자산, 유형자산, 무형자산, 투자부동산 등

10 • 동점발행 약속어음을 수령한 경우(3분법)
　　(차) 받을어음　　　　　　　　　　　　　　xxx　　(대) 매 출　　　　　　　　　　　　　xxx
　※ 2분법으로 회계처리할 경우 대변에 상품매출이 위치한다.

11

(차) 매입(3분법)	1,000,000	(대) 지급어음(약속어음 발행)	600,000
		받을어음(환어음 배서양도)	400,000

　참 고　환어음 회계처리
　• 환어음의 수취
　　(차) 받을어음　　　　　　400,000　　(대) 매 출　　　　　　　400,000
　• 환어음의 배서양도
　　(차) 매 입　　　　　　　400,000　　(대) 받을어음　　　　　400,000

12	재고자산 평가방법	기말재고액	기말재고 평가
	선입선출법	기말재고자산(최근 매입분)	시가에 가장 가깝게 반영
	후입선출법	기말재고자산(이전 매입분)	기말재고자산 시가 반영 X

13   (차) 현금[주1](자산의 증가)   20,000   (대) 토지(자산의 감소)   100,000

        미수금[주2](자산의 증가)   100,000   유형자산처분이익(수익의 발생)   20,000

   주1) 타인발행수표 : 현금

   주2) 동사발행어음 : 미수금

   • 수익의 발생은 자본의 증가로 연결된다(기초자본 + 당기순손익 = 기말자본).

14   가. (차) 가지급금   200,000   (대) 당좌예금   200,000

     나. (차) 여비교통비   150,000   (대) 가지급금   200,000

          현 금   50,000

   • 가지급금 : 회사에서 돈이 미리 지급되었으나 그 계정과목과 금액이 확정되지 않았을 때 사용하는 계정으로 출장 시 여비를 지급하는 것이 대표적인 사례이다.

15   차량 구입 시 가입한 자동차보험료는 차량운반구 취득원가로 포함하지 아니하고 당기 비용으로 처리한다.

16   • 종업원급여 지급 시 근로소득세, 지방소득세, 건강보험료 본인부담분, 국민연금 본인부담분, 고용보험료 본인 부담분은 예수금계정으로 처리한다.

   • 해당 예수금을 차감한 나머지 차인지급액은 지급수단에 따라 현금, 보통예금 등으로 반영한다.

17

구 분	종 류
직접 대응(수익·비용 대응)	매출액과 매출원가, 판매수수료 등
합리적 체계적 배분	감가상각비, 여러기간에 걸쳐 배분하는 보험료 등
발생시점 즉시 비용화	광고선전비, 급여 등

18

매출채권

매출채권 기초잔액	150,000	매출채권 회수액	120,000
당기 중 매출액	270,000	당기 중 매출환입액	50,000
		당기 중 대손액	50,000
		매출채권 기말잔액	200,000
	420,000		420,000

19   재무회계는 경영자의 경영의사결정뿐 아니라 재무제표 이용자의 합리적인 의사결정을 위한 정보전달 수단으로서 역할을 감당하고 있다.

20   대손충당금 추가설정액 = 대손충당금 설정액 2,000원[주1] − 대손충당금 기말잔액 1,500원 = 500원

   주1) 대손충당금 설정액 = 기말 외상매출금 100,000원 × 대손추정률 2% = 2,000원

   ※ 매출채권에는 외상매출금뿐만 아니라 받을어음도 포함되지만 이 문제에서는 받을어음의 잔액이 없기 때문에 외상매출금으로만 계산한다.

21 • 자산취득 이후 지출

    − 자본적 지출 : 가치증대, 내용연수 연장, 생산량 증가, 성능개선 등을 위한 지출

    − 수익적 지출 : 현상유지, 원상회복, 보수 등을 위한 지출

22 • 7월 15일 사무용 소모품 70,000원 구입(자산처리법)

(차) 소모품(자산의 증가)	70,000	(대) 현금(자산의 감소)	70,000

    • 12월 31일 기말 미사용 소모품 12,000원 남음

(차) 소모품비(비용의 발생)	58,000	(대) 소모품(자산의 감소)	58,000

23 ① 발행금액 > 액면금액

③ 할증발행 결과 자본잉여금이 변동된다.

④ 발행가액과 액면가액의 차액을 주식발행초과금으로 처리한다.

> **참고**   주식 할증발행 시 자본 총액의 증가
>
> 할증발행하여 주식발행초과금이 발생하더라도 주식할인발행차금이 존재하는 경우에는 주식발행초과금과 주식할인발행차금을 우선상계하여야 하기 때문에 자본 총액이 반드시 증가하는 것은 아니다.

24 • 매출할인 : 외상매출금을 회수 약정일 이전에 회수하는 경우 일정액을 할인하여 주는 것으로 당기 매출액에서 직접 차감하여 처리할 수 있다.

(차) 현 금	98,000	(대) 외상매출금	100,000
매 출	2,000		

25 • 현금계정에 포함되는 것

통 화	지폐, 동전
통화대용증권	타인발행수표, 자기앞수표, 우편환증서, 송금수표, 만기도래 국·공채이자표, 배당금수령통지표 등

※ 우표, 수입인지, 선일자수표 등은 현금계정에 포함되지 아니한다.

정답

01	02	03	04	05	06	07	08	09	10
②	①	③	④	②	①	④	④	④	①
11	12	13	14	15	16	17	18	19	20
②	①	②	④	④	②	④	③	①	②
21	22	23	24	25					
③	②	③	②	④					

01
- 9월 1일 받은 1년분 임대료 120,000원 중 당기분은 40,000원(9월 ~ 12월)이고 차기분은 80,000원(다음 해 1월 ~ 8월)이다.
- 9월 1일 받은 1년분 임대료는 지급 당시 전액 임대료로 반영하였기 때문에 기말 결산 시 차기분에 해당하는 80,000원을 선수임대료로 회계처리하여 임대료에서 차감한다.
- 전액 임대료로 처리한 경우
  - 9월 1일   (차) 현 금   120,000   (대) 임대료   120,000
  - 12월 31일   (차) 임대료   80,000   (대) 선수임대료   80,000
- 전액 선수임대료로 처리할 경우
  - 9월 1일   (차) 현 금   120,000   (대) 선수임대료   120,000
  - 12월 31일   (차) 선수임대료   40,000   (대) 임대료   40,000

02
- 수정전 잔액시산표 소모품계정 240,000 − 실제 소모품 재고액 100,000 = 사용된 소모품 140,000
- 결산정리분개
  (차) 소모품비   140,000   (대) 소모품   140,000
  ① 포괄손익계산서의 비용 : 140,000원 증가
  ② 당기순이익 : 140,000원 감소
  ③ 재무상태표 : 자산 140,000원 감소
  ④ 자본 : 140,000원 감소

03
- 결산일에 누락된 회계처리
  (차) 이자비용   50,000   (대) 미지급이자   50,000
                                              (미지급비용 또는 미지급금)
  ∴ 비용 50,000원 과소계상, 부채 50,000원 과소계상

PART 3

04 ④ 기업어음을 취득한 거래와 금융회사에 수표를 발행하여 입금한 내역은 현금및현금성자산에 대한 금액 증감에 영향을 미치지 않는다(금융회사에 수표 발행과 입금한 내역은 자산의 증가와 자산의 감소를 유발하기 때문에 현금및현금성자산에 대한 금액에 영향을 미치지 아니한다).

① (차) 현 금　　　　　　　100,000　　(대) 차입금　　　　　　　　100,000
② (차) 현 금　　　　　　　500,000　　(대) 외상매출금　　　　　　500,000
③ (차) 당좌예금　　　　　　300,000　　(대) 매 출　　　　　　　　300,000

05 ㄱ : 결산 본절차
ㄴ : 결산보고서의 작성
ㄷ : 결산 본절차
ㄹ : 결산의 예비절차

• 결산절차

결산의 예비절차		결산 본절차		결산보고서의 작성
• 수정전 시산표 작성 • 재고조사표 작성 • 결산정리 • 수정후 시산표 작성 • 정산표 작성	⇨	• 수익과 비용계정의 집계와 마감 • 집합손익계정의 설정 • 순손익을 자본금계정에 대체 • 자산·부채·자본계정의 마감 • 총계정원장의 마감 • 분개장의 마감	⇨	• 포괄손익계산서 • 재무상태표 • 현금흐름표 • 자본변동표 등

06 • 재무상태표 유동성 순서배열법 적용 시 자산은 현금화가 빠른 순서대로 나열한다.
• 현금및현금성자산 → 매출채권 → 상품 → 건물 → 산업재산권

07 • 판매비와관리비 : 종업원에 대한 급여, 사무실 임차료, 사무실 전기료 등
• 기타비용 : 수재의연금(기부금)

08 • 12월 20일 현금을 실사한 결과, 장부보다 25,000원이 부족함을 발견
(차) 현금과부족　　　　　　25,000　　(대) 현 금　　　　　　　　　25,000
• 12월 21일 현금부족액 중 20,000원은 사무실 인터넷 사용료 납부 내용 누락임을 확인
(차) 통신비　　　　　　　　20,000　　(대) 현금과부족　　　　　　20,000
• 12월 31일 현금 부족분에 대해 결산일까지 원인을 파악하지 못한 경우 잡손실로 처리
(차) 잡손실　　　　　　　　5,000　　(대) 현금과부족　　　　　　5,000

09 • 거래처에 대한 외상매입 대금을 당점발행수표로 지급하다.
(차) 외상매입금　　　　　　×××　　(대) 당좌예금　　　　　　　×××

10 ① 금융자산에 속하는 보통예금이 차변에 위치하였으므로 금융자산이 증가한 내용이다.
• 그 외의 거래는 기계장치(유형자산), 단기차입금(부채), 외상매입금(부채), 지급어음(부채)과 관련한 내용이다.

11 • 금융자산의 합계금액 = 현금 150,000원 + 당기손익–공정가치측정금융자산 40,000원 + 외상매출금 220,000원
    = 410,000원
• 선급금, 선수수익은 금융자산과 금융부채에 해당하지 아니한다.

구 분	계정과목
금융자산	현금, 예치금, 매출채권, 대여금, 투자사채, 미수금, 미수수익 등
비금융자산	재고자산, 유형자산, 무형자산, 투자자산, <u>선급금</u>, 선급비용 등
금융부채	매입채무, 차입금, 사채, 미지급금, 미지급비용 등
비금융부채	충당부채, 미지급법인세. 선수금, <u>선수수익</u> 등

12 • 기타포괄손익–공정가치측정지분상품을 처분하는 경우 처분 시 공정가치, 즉 처분금액으로 먼저 평가하고 동
    평가손익은 기타포괄손익으로 처리한다.
• 기타포괄손익으로 처리한 누계액은 다른 자본계정으로 대체할 수 있으나, 당기손익으로 재순환을 할 수는 없
    다. 따라서 기타포괄손익–공정가치측정지분상품을 처분하는 경우에는 처분손익을 인식하지 않는다.

〈금융자산 처분〉

구 분	당기손익–공정가치측정	상각후원가측정	기타포괄손익–공정가치측정
처분손익	당기손익 (처분금액 – 장부금액)	당기손익 (처분금액–장부금액)	(지분상품) 처분손익 인식하지 않음
			(채무상품) 당기손익

13 • 약속어음에 대한 은행 추심수수료 : (차) 수수료비용
• 정상적으로 추심처리된 경우 : (대) 매출채권(받을어음)
• 10월 25일

(차) <u>수수료비용</u>   500   (대) 현 금   500
　　↳ 약속어음에 대한 은행 추심수수료
• 10월 27일

(차) 은행예금   100,000   (대) <u>매출채권(받을어음)</u>   100,000
                                              ↳ 정상적인 추심처리

14 • 대손 발생 시 대손충당금 잔액이 전혀 없는 경우에는 '대손상각비' 계정과목을 사용한다.
• 만일 대손충당금 잔액이 있다면 충분한지 여부를 검토하여 충분할 경우 '대손충당금'을, 잔액이 충분하지 않은
    경우 '대손충당금'을 먼저 차감하고 초과분은 '대손상각비' 계정과목으로 처리한다.

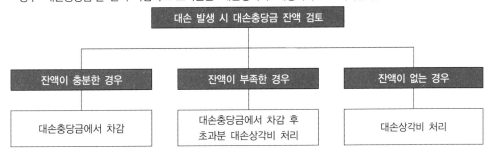

15 • 9월 16일 거래 분석
   – (주)서울 : 환어음 발행
     (차) 외상매입금　　　　　　500,000　　(대) 매출채권(외상매출금)　　500,000
   – (주)인천 : 환어음 인수
     (차) 매입채무(외상매입금)　　500,000　　(대) 매입채무(지급어음)　　500,000
   – (주)수원 : 환어음 수취
     (차) 매출채권(받을어음)　　500,000　　(대) 매 출　　　　　　　　500,000

16

구 분	계정과목
금융자산	현금, 예치금, 매출채권, 대여금, 투자사채, 미수금, 미수수익 등
비금융자산	재고자산, <u>유형자산</u>, <u>무형자산</u>, 투자자산, <u>선급금</u>, 선급비용 등
금융부채	매입채무, 차입금, 사채, 미지급금, 미지급비용 등
비금융부채	충당부채, 미지급법인세, <u>선수금</u>, 선수수익 등

17 예수금 : 일시적으로 차감 보관분(예 근로소득세, 지방소득세, 건강보험료(본인부담분), 국민연금(본인부담분), 고용보험료(본인부담분))

18 • 가정 : 상품의 구입원가 계속 상승

재고자산 평가방법	기말재고액	기말재고 평가
<u>선입선출법</u>	기말재고자산(최근 매입분)	<u>시가에 가장 가깝게 반영</u>
후입선출법	기말재고자산(이전 매입분)	기말재고자산 시가 반영 ×

19 • 가정 : 원자재 가격 상승으로 상품 매입단가 지속 상승

구 분	물가상승 시
매출원가	선입선출법 < 이동평균법 < 총평균법 < 후입선출법
기말재고자산	선입선출법 > 이동평균법 > 총평균법 > 후입선출법
당기순이익	선입선출법 > 이동평균법 > 총평균법 > 후입선출법

   • 이동평균법이 아닌 선입선출법으로 평가 시 당기순이익 과대계상된다.

20 • 무형자산의 분류 조건
   ① 식별가능성
   ④ 자원에 대한 통제
   ③ 미래의 경제적 효익
   • 판매목적 보유 : 재고자산

21 • 건물 장부금액 = 취득원가 1,000,000원 − 감가상각누계액 400,000원 = 600,000원
   • 처분가액 700,000원 − 장부금액 600,000원 = 유형자산처분이익 100,000원

구 분		내 용
자본잉여금	주식발행초과금	주식발행가액이 액면가액을 초과하는 경우 그 초과액
	감자차익	주식소각 시 상환가액이 액면가액에 미달하는 경우 그 미달액
	자기주식처분이익	자기주식을 처분 시 처분대가가 취득원가를 초과하는 경우 그 초과액
자본조정	자기주식	회사가 이미 발생한 주식을 일정한 사유, 특정목적으로 재취득 보유하는 주식(자본에서 차감 표시)
	주식할인발행차금	주식발행금액이 액면가액에 미달하는 경우 그 미달액
	감자차손	주식소각 시 상환가액이 액면가액을 초과하는 경우 그 초과액
	자기주식처분손실	자기주식을 처분 시 처분대가가 취득원가보다 작을 경우 그 차액
	미교부주식배당금	주식배당을 결의한 경우 실제 주식배당이 이루어지기 전까지 계상되는 자본항목

22

23

금융자산에 속하는 계정	• 보통예금, 당좌예금, 정기예금 • 매출채권(외상매출금, 받을어음), 대여금 • 미수금, 미수수익 • 당기손익인식–공정가치측정금융자산, 상각후원가측정금융자산, 기타포괄손익 –공정가치측정금융자산 등
금융자산에 속하지 않는 계정	• 선급금, 선급비용 • 재고자산, 유형자산, 무형자산, 투자부동산 등

24 • 외상매출금의 T–계정

외상매출금

외상매출금 증가 항목	외상매출금 감소 항목
– 전기이월 – 발생(타인발행 약속어음 수취, 외상판매)	– 외상매출금 회수·대손 – 어음 배서양도, 어음의 부도 – 외상매출 상품 반품, 에누리 등 – 차기이월

② 외상매출금 발생(외상판매) : 외상매출금 T–계정 차변
① 외상매출금 회수불능 : 외상매출금 T–계정 대변
③ 외상매출한 상품반품 : 외상매출금 T–계정 대변
④ 외상매출한 상품에누리 : 외상매출금 T–계정 대변

25 • 누락된 회계처리
  (차) 도서인쇄비   1,000   (대) 미지급금   1,000
④ 1,000원 만큼 비용이 누락되었으므로 순이익은 1,000원 과대계상됨
① 1,000원 만큼의 비용계정 과소계상
② 해당 분개 자체가 누락되었으므로 시산표에서 차변과 대변의 총계는 일치함
③ 1,000원 만큼의 비용계정 과소계상

정답

01	02	03	04	05	06	07	08	09	10
②	④	①	①	②	④	④	④	④	②
11	12	13	14	15	16	17	18	19	20
④	②	③	④	②	③	①	④	③	①
21	22	23	24	25					
①	②	③	②	③					

01 ① 기업의 자산, 부채, 자본의 증감 변화와 그 원인을 기록, 계산하는 장소적 범위를 <u>회계단위</u>라 한다.

② 기업의 경영활동은 영업을 개시하여 폐업에 이르기까지 계속적으로 이루어지지만 일정기간 동안의 경영성과를 명백히 계산하기 위하여 6개월 또는 1년 등의 적당한 기간을 구분·설정하는데, 이것을 <u>회계연도 또는 회계기간</u>이라 한다.

③ 어떤 항목의 증가와 감소를 구분하여 기록하는 장소를 <u>계정</u>이라고 하고 이때 자산·부채·자본·수익·비용에 속하는 개별적인 계정의 명칭을 <u>계정과목</u>이라고 한다.

④ 각 계정마다 금액이 들어오고 나가는 것을 차변, 대변으로 나누어 기록하고 계산하는 자리를 <u>계정계좌</u>라고 한다.

02
①	(차) 현 금	50,000	(대) 미수금	50,000
②	(차) 현 금	300,000	(대) 보통예금	300,000
③	(차) 현 금	700,000	(대) 매 출	700,000
④	(차) 이자비용	20,000	(대) 현 금	20,000

※ (본문 참고) : p.30 (5) 전기의 과정

03
- 당기순이익 = 총수익 800,000원 − 총비용 600,000원 = 200,000원
- 기초자본 = 기초자산 500,000원 − 기초부채 200,000원 = 300,000원
- 기말자본 = 기초자본 300,000원 + 당기순이익 200,000원 = 500,000원
- ∴ 기말부채 = 기말자산 700,000원 − 기말자본 500,000원 = 200,000원

04 ① 회계 거래를 <u>분개장</u>에 기입한 후 <u>총계정원장</u>에 기입(전기)하여야 한다.
- 회계의 순환과정 : 거래의 발생 → 분개장(분개) → 총계정원장(전기)

05 ② 재무상태표 : <u>일정시점의 재무상태</u>(자산, 부채, 자본)를 나타내는 재무제표
① 자본변동표 : 일정기간 자본변동에 관한 정보를 제공하는 재무제표
③ 현금흐름표 : 일정기간 현금및현금성자산의 변동에 관한 정보를 제공하는 재무제표
④ 포괄손익계산서 : 일정기간 동안의 경영성과를 타나내는 재무제표

06 • 당기순이익을 최대화하기 위한 재고자산 단가결정 방법 : 선입선출법

구 분	물가상승 시
매출원가	선입선출법 < 이동평균법 < 총평균법 < 후입선출법
기말재고자산	선입선출법 > 이동평균법 > 총평균법 > 후입선출법
당기순이익	선입선출법 > 이동평균법 > 총평균법 > 후입선출법

07 (가) (차) 현금및현금성자산   100,000   (대) 보통예금   100,000
(나) (차) 현금및현금성자산   500,000   (대) 현금및현금성자산   500,000
※ 만기일이 3개월 이내인 정기예금은 현금성자산이다.

08

구 분	계정과목
금융자산	현금, 예치금, 매출채권, 대여금, 투자사채, 미수금, 미수수익 등
비금융자산	재고자산, 유형자산, 무형자산, 투자자산, 선급금, <u>선급비용</u> 등
금융부채	매입채무, 미지급금, 미지급비용, 차입금, 사채 등
비금융부채	충당부채, 미지급법인세. 선수금, 선수수익 등

09 ① 선수금은 금융부채에 해당되지 아니한다.
② 기업의 지분상품을 뜻하는 것으로 기업이 매입한 다른 회사의 주식 등은 금융자산이다.
③ 거래 상대방에게 현금 등 금융자산을 수취할 계약상의 권리를 뜻하는 것은 금융자산이다.

10 • 3분법 처리
(차) 받을어음   500,000   (대) 매 출   500,000

11 외상으로 거래하는 매출처와 매입처의 수가 많은 경우 간편한 회계 업무처리를 위하여 외상매출금과 외상매입금 계정으로 통합하여 처리(통제계정)하고, 보조원장인 매출처원장과 매입처원장을 작성하여 거래처별로 관리한다.

12 (차) 단기차입금   200,000   (대) 현 금   200,000
• 타인발행수표 등 통화대용증권 : 현금계정으로 처리
• 당좌차월 잔액이 있는 경우 : 단기차입금(회계기간 중 초과분에 대해 2계정제 처리방법에서는 '당좌차월'로 구분하여 분개할 수 있으며 이를 1계정제 처리방법에서는 구분하지 않은 '당좌예금'으로 처리하다가 결산 시점에 당좌차월분을 '단기차입금'으로 분류하는 방식도 사용된다. 위 문제에서는 회계기간 중 당좌차월에 해당하는 부분을 단기차입금으로 바로 분류하여 처리하는 방식을 사용하였다)

13 현금과부족, 가지급금, 가수금 등의 임시계정은 재무상태표에 표시되지 아니한다.

14 • 자산을 취득하는 과정에서 불가피하게 발생하는 비용은 해당 자산에 포함하여 처리한다. 따라서 상품을 취득하는데 있어 발생된 보험료는 해당 상품계정에 합산되어야 한다.
 • 보험료 금액만큼 상품계정에 적게 반영되어 순매입액이 과소계상되며, 이로 인해 매출원가가 과소계상되고 매출총이익은 과대계상된다.
 • 상품계정에 포함될 금액을 판매비와관리비로 처리한 경우 기타비용에는 영향을 미치지 않는다.

15 • 상품을 매입하는데 있어 발생된 운임과 하역료는 매입에 가산하여 처리
   ∴ 매입 = 책상 외상매입 1,000,000원 + 운임과 하역료 100,000원 = 1,100,000원
 • 회계처리(3분법 : 매입, 매출, 이월상품)
  (차) 매 입   1,100,000   (대) 현 금   1,100,000

16 유형자산 취득 이후의 지출은 자본적 지출과 수익적 지출로 구분하며, 개조에 따른 지출이 유형자산의 인식기준을 충족(자본적 지출)하였으므로, 이를 해당 차량운반구계정에 포함하여 처리한다.

17 • 종업원급여 중 단기종업원급여란 종업원이 관련 근무용역을 제공한 회계기간의 말부터 12개월 이내에 결제될 종업원급여를 말하며, 이익분배금과 상여금 등이 이에 포함된다.
 • 결산시점에서는 지급되지 아니한 것이므로 대변은 미지급급여로 회계처리한다.
  (차) 종업원급여   250,000   (대) 미지급급여   250,000

18 ① 이자수익 → 수익의 증가 → 자본 증가
 ② 사용료 수익 → 수익의 증가 → 자본 증가
 ③ 중개 수수료 수익 → 수익의 증가 → 자본 증가
 ④ (차) 현 금   800,000   (대) 받을어음   800,000
    → 자산의 증가와 자산의 감소 → 자본의 증가와 관련 없음

19 예수금 : 근로소득세, 지방소득세, 건강보험료(본인부담분), 국민연금(본인부담분), 고용보험료(본인부담분) 등

20 • 대손 발생 시
   – 1단계 : 대손충당금 잔액 검토 → 잔액 350,000원
   – 2단계 : 잔액이 충분한 경우[잔액(350,000원) > 회수불능(300,000원)] → 대손충당금(300,000원) 처리

21 ② 매출액에서 매출원가를 차감한 금액을 매출총이익으로 구분하여 표시하는 방법은 <u>기능별 표시방법</u>에 해당한다.
 ③ 당기 상품변동액을 당기 상품매입액에 가감하는 방법으로 표시하는 것은 <u>성격별 표시방법</u>이다.
 ④ 성격별 표시방법은 비용을 종업원급여, 감가상각비, 이자비용 등과 같이 성격별로 구분하고 있으나 <u>매출원가를 구분하여 표시하는 것은 기능별 표시방법</u>에 해당된다.

22 • 임대료(수익) : 월세(사용료)를 받다.
 • 임차료(비용) : 월세(사용료)를 지급하다.

23 • 총수익 = 당기손익–공정가치금융자산처분이익 10,000원 + 이자수익 1,000원 + 매출총이익 200,000원 + 잡이익 10,000원 = 221,000원
   • 총비용 = 세금과공과 20,000원 + 급여 50,000원 + 임차료 30,000원 + 기부금 2,000원 = 102,000원
   ∴ 당기순이익 = 총수익 221,000원 – 총비용 102,000원 = 119,000원

24 • 20X1년 1월 1일 사무용 컴퓨터 비품 구입 : 500,000원
   • 20X1년 기말 정액법에 의한 감가상각비 : 90,000원(= (500,000원 − 50,000원) ÷ 5년)
   • 20X2년 기말 정액법에 의한 감가상각비 : 90,000원
   • 20X2년 기초 장부금액 = 취득원가 500,000원 − 감가상각누계액 180,000원 = 320,000원
   ∴ 처분가액 350,000원 − 장부금액 320,000원 = 유형자산처분이익 30,000원

25

재무제표 ○	재무상태표, 포괄손익계산서, 현금흐름표, 자본변동표, 주석
재무제표 ×	시산표, 정산표, 이익잉여금처분계산서 등

무료 동영상을 제공하는 전산회계운용사 3급 필기

개정6판1쇄 발행	2025년 03월 05일 (인쇄 2024년 12월 26일)
초 판 발 행	2019년 03월 05일 (인쇄 2019년 01월 11일)
발 행 인	박영일
책 임 편 집	이해욱
편 저	고민석
편 집 진 행	김준일 · 백한강
표 지 디 자 인	조혜령
편 집 디 자 인	고현준 · 김기화
발 행 처	(주)시대고시기획
출 판 등 록	제10-1521호
주 소	서울시 마포구 큰우물로 75 [도화동 538 성지 B/D] 9F
전 화	1600-3600
팩 스	02-701-8823
홈 페 이 지	www.sdedu.co.kr

I S B N	979-11-383-8502-2 (13320)
정 가	19,000원

시대에듀
회계 · 세무 관련 수험서 시리즈

한국 세무사회	전산회계 1급 이론 + 실무 + 기출문제 한권으로 끝내기	4×6배판	25,000원
	전산세무 2급 이론 + 실무 + 기출문제 한권으로 끝내기	4×6배판	26,000원
	hoa 기업회계 2 · 3급 한권으로 끝내기	4×6배판	34,000원
	hoa 세무회계 2 · 3급 전과목 이론 + 모의고사 + 기출문제 한권으로 끝내기	4×6배판	36,000원
	전산회계 1급 엄선기출 20회 기출문제해설집	4×6배판	20,000원
삼일 회계법인	hoa 재경관리사 전과목 핵심이론 + 적중문제 + 기출 동형문제 한권으로 끝내기	4×6배판	37,000원
	hoa 재경관리사 3주 완성	4×6배판	28,000원
	hoa 회계관리 1급 전과목 핵심이론 + 적중문제 + 기출문제 한권으로 끝내기	4×6배판	27,000원
	hoa 회계관리 2급 핵심이론 + 최신 기출문제 한권으로 끝내기	4×6배판	23,000원
한국공인 회계사회	TAT 2급 기출문제해설집 7회	4×6배판	19,000원
	FAT 1급 기출문제해설 10회 + 핵심요약집	4×6배판	20,000원
	FAT 2급 기출문제해설 10회 + 핵심요약집	4×6배판	18,000원
대한상공 회의소	무료 동영상 강의를 제공하는 전산회계운용사 2급 필기	4×6배판	20,000원
	무료 동영상 강의를 제공하는 전산회계운용사 2급 실기	4×6배판	20,000원
	무료 동영상 강의를 제공하는 전산회계운용사 3급 필기	4×6배판	19,000원
	무료 동영상 강의를 제공하는 전산회계운용사 3급 실기	4×6배판	18,000원
한국생산성 본부	ERP 정보관리사 회계 2급 기출문제해설집 14회	4×6배판	17,000원
	ERP 정보관리사 인사 2급 기출문제해설집 14회	4×6배판	18,000원
	ERP 정보관리사 생산 2급 기출문제해설집 10회	4×6배판	17,000원
	ERP 정보관리사 물류 2급 기출문제해설집 10회	4×6배판	17,000원
한국산업 인력공단	세무사 1차 회계학개론 기출문제해설집 10개년	4×6배판	24,000원
	세무사 1차 세법학개론 기출문제해설집 8개년	4×6배판	22,000원
	세무사 1차 재정학 기출문제해설집 10개년	4×6배판	23,000원

※ 도서의 제목 및 가격은 변동될 수 있습니다.

시대에듀와 함께하는
합격의 STEP

Step. 1 회계를 처음 접하는 당신을 위한 도서

★☆☆☆☆
회계 입문자

무료 동영상 + 기출 24회
**전산회계운용사
3급 필기**

무료 동영상으로 학습하는
**hoa 전산회계운용사
3급 실기**

핵심이론 + 기출 600제
**hoa 회계관리 2급
한권으로 끝내기**

자격증, 취업, 실무를 위한
회계 입문서
왕초보 회계원리

Step. 2 회계의 기초를 이해한 당신을 위한 도서

★★☆☆☆
회계 초급자

무료 동영상 + 기출 23회
**전산회계운용사
2급 필기**

실기이론 + 모의고사
**hoa 전산회계운용사
2급 실기**

기출 핵심요약집을 제공하는
**[기출이 답이다]
FAT 1급**

무료 동영상으로 학습하는
**[기출이 답이다]
전산회계 1급**

Step. 3 회계의 기본을 이해한 당신을 위한 도서

★★★☆☆
회계 중급자

전과목 핵심이론 +
기출 1,700제가 수록된
hoa 세무회계 2·3급
한권으로 끝내기

핵심이론 + 적중문제 +
기출문제로 합격하는
hoa 회계관리 1급
한권으로 끝내기

기출 트렌드를
분석하여 정리한
hoa 기업회계 2·3급
한권으로 끝내기

동영상 강의 없이
혼자서도 쉽게 합격하는
[기출이 답이다]
TAT 2급

Step. 4 회계의 전반을 이해한 당신을 위한 도서

★★★★★
회계 상급자

기출유형이 완벽 적용된
hoa 재경관리사
3주 완성

합격으로 가는 최단코스
hoa 재경관리사
한권으로 끝내기

※ 도서의 이미지 및 세부사항은 변경될 수 있습니다.